刘国新·主编

读点国史
辉煌年代国史丛书

大业宏图
1954年的中国

刘国新 著

四川人民出版社

图书在版编目（CIP）数据

大业宏图：1954年的中国/刘国新著. —成都：四川人民出版社，2017.12（2024.7重印）
（读点国史：辉煌年代国史丛书）
ISBN 978－7－220－10476－3

Ⅰ. ①大… Ⅱ. ①刘… Ⅲ. ①中国历史－1954 Ⅳ. ①K275

中国版本图书馆CIP数据核字（2017）第278320号

DAYE HONGTU：1954NIAN DE ZHONGGUO
大业宏图：1954年的中国
刘国新 著

策划组稿	谢 雪
责任编辑	董 玲 谢 寒
封面设计	张迪茗
内文设计	戴雨虹
责任校对	袁晓红
责任印制	祝 健
出版发行	四川人民出版社（成都市三色路238号）
网 址	http://www.scpph.com
E-mail	scrmcbs@sina.com
新浪微博	@四川人民出版社
微信公众号	四川人民出版社
发行部业务电话	（028）86361653 86361656
防盗版举报电话	（028）86361653
照 排	四川胜翔数码印务设计有限公司
印 刷	四川五洲彩印有限责任公司
成品尺寸	165mm×240mm
印 张	20.75
字 数	215千
版 次	2018年6月第1版
印 次	2024年7月第3次印刷
书 号	ISBN 978－7－220－10476－3－01
定 价	59.80元

总 序

◎李 捷

肩负起以史为鉴、资政育人的神圣使命

《读点国史：辉煌年代国史丛书》主编刘国新同志要我为丛书写篇序。要说的很多，想来想去，还是从国史的地位和国史研究的意义说起。

2013年6月25日，习近平总书记在中共中央政治局第七次集体学习时提出："学习党史、国史，是坚持和发展中国特色社会主义、把党和国家各项事业继续推向前进的必修课。"这就把党史、国史的学习、宣传和研究提到很高的地位。

学习、宣传和研究国史，有助于我们认清党和国家发展的历史方位，认清肩负的历史责任和神圣使命，更加坚定自觉地坚持和发展中国特色社会主义。中华人民共和国如今已经走过近七十年的光辉历程。这个光辉历程，是中华民族伟大复兴史的辉煌篇章。新中国的成立，标志着中华民族伟大复兴第一个历史任务的实现，中华民族的历史从此进入一个新纪元。但是，这只是万里长征走完第一步，中国共产党继续承担起为实现国家繁荣富强、

人民共同富裕的中华民族伟大复兴第二大历史任务。为此，我们完成了社会主义革命，进行了社会主义建设，进行了改革开放新的伟大革命，终于找到了中国特色社会主义这一实现中华民族伟大复兴的必由之路。重温这段历史就会发现，中国共产党领导、马克思主义指导、改革开放和中国特色社会主义道路，都是历史和人民的选择。中国革命、建设和改革为什么只能由中国共产党来领导，而不能由其他政党来领导？为什么中华民族伟大复兴只能以马克思主义为指导，而马克思主义又必须同中国实际相结合？为什么中国只能走社会主义道路，其他的道路为什么走不通？这些本需要从理论上用许多笔墨来阐释的道理，只要站在人民的立场上，紧密结合中国革命、建设和改革的历程，就不难得到解答。这本身就说明，科学理论的逻辑根植于历史发展的总趋势和总脉络之中。只要是站在人民大众的立场，而不是站在少数人的立场，秉承实事求是的原则，而不是抱有某些先入为主的偏见，就不难得出历史的结论。因此，国史同党史一样，都是认清历史方位、历史走向、历史结论最为生动的教科书。

学习、宣传和研究国史，有助于我们深入理解马克思主义中国化的探索史和发展史。新中国所取得的巨大成就，就在于执政的中国共产党是一个在理论上富于探索和创新精神的马克思主义政党。这种理论创新，根源于马克思主义指导，根源于马克思主义基本原理与实际的结合和运用，更根源于自身的历史和实践，根源于历史经验和实践经验的科学总结。马克思主义中国化，都是科学总结党和国家历史正反两方面经验的结果，都是在此基础上对中国革命基本规律、基本理论、基本路线、基本纲领、基本经验的认识产生新飞跃的结晶。改革开放以来逐步形成的党在社会主义初级阶段的基本理论、基本路线、基本纲领、基本经验、基本要求，也是在一代又一代党和国家领导人的带领下，经过不断艰辛探索，不断概括总结，不断推动理论创新和实践创新的基础上，接力发展得来的。尽管改革开放以前的探索经历过严重的曲折，直到党的十一届三中全会成功实现伟大的历史性转折之后，这一探索才真正走上了中国特色社会主义的康庄大道。但历史是不能割断的。改革开放以前成功的探索所提供的宝贵经验、理论准备、物质基础是宝贵财富，改革开放以前严重失误的探索所提供的历史借鉴同样是使我们党坚定不移地走上中国特色社会主义道路的宝贵财富。为什么说无论搞革命、搞建设、搞改革，道路问题都是最根本的问题？为什么说新中国的一切成就，归结到一点，就是开辟形成确立了中国特色社会主义道路、中国特色社会主义理论体系、中国特色社会主义制度？要正确回答这些问题，必须系统地而不是零散地学习研究共和国的历史，深入地了解党的治国理论是如何从自身的历史和实践中总结出来的，又是如何随着时代和实践的发展变化而不断丰富、完善、创新、发展的。因此，国史是深刻理解马克思主义基本原理和科学社会主义原理在中国的成功运用和创造性发展最为生动的教科书。

学习、宣传和研究国史，有助于我们深入把握历史发展的主题和主线、主流与本质，更加自觉地划清历史唯物主义同历史虚无主义的原则界限，增强辨别真伪、明辨是非的能力。新中国成立后我们也有过“大跃进”和“文化大革命”这种全局性的严重失误。然而，这些曾经给建设事业造成严重损失的失误，都依靠党和国家自身得到了彻底纠正。不仅如此，从这些失误中得到的教训，还转化为实现伟大历史转折、推动党在理论上更加成熟、成功开辟新路的宝贵财富。正所谓“吃一堑长一智”。只要我们把这些作为完整的历史过程联系起来看，既看到党和国家在艰辛探索中犯错误的历史，也看到党和国家自觉纠正错误探寻新路的历史，更看到党和国家在探索中走向成熟、走向辉煌的历史，就不难认清新中国历史的主题和主线、主流和本质。为什么说必须坚持改革开放前后两个历史时期的辩证统一，既不能用改革开放后否定改革开放前的历史，也不能用改革开放前否定改革开放后的历史，其深刻的道理就在这里。自中国共产党成立之日起，党团结带领全国各族人民为实现民族独立、人民解放和国家繁荣富强、人民共同富裕这两大历史任务而不懈奋斗，这就是国史的主题和主线。一部共和国史，就是党领导人民完成新民主主义革命和社会主义革命、进行社会主义建设和改革开放新的伟大革命的历史，就是不断推进马克思主义中国化，最终形成中国特色社会主义道路、理论和制度的历史，就是党在中国革命、建设和改革各个历史时期坚持全心全意为人民服务的宗旨、永葆先进性和纯洁性的历史。这就是国史的主流和本质。在这方面，通过拨乱反正实现伟大历史转折形成的第二个历史决议，为我们用历史唯物主义正确对待历史树立了榜样。历史反复证明，把握国史的主题和主线、主流和本质，不但不会妨碍对自身所犯错误的反思与纠正，而且正是彻底纠正错误、总结经验、吸取教训的科学前提。这正是历史唯物主义同历史虚无主义的根本区别。因此，国史是启迪人们从成功中吸取经验、从失误中吸取教训，不断开辟走向胜利的道路、提高领导水平和执政能力最为生动的教科书。

学习、宣传和研究国史，还有助于我们弘扬中国精神、凝聚中国力量，团结一切可以团结的力量，调动一切可以调动的积极因素，为实现民族复兴“中国梦”而奋斗。新中国在不同历史时期形成了雷锋精神、“铁人”精神、“两弹一星”精神、改革开放时代精神等，形成了理论联系实际、密切联系群众、批评和自我批评的优良传统作风。毛泽东、刘少奇、周恩来、朱德、任弼时、邓小平、陈云等老一辈革命家不仅亲手培育了这些精神和优良传统作风，而且身体力行、率先垂范，为我们党树立了坚持理想信念和党性修养的精神与道德的楷模。无论在发展顺利之时，还是身处逆境之时，中国共产党人始终秉持理想信念的力量，秉持崇高精神的力量，所向披靡，无坚不摧。中国共产党用牺牲了上千万英雄儿女的事实，用自身的先锋模范作用，用革命、建设和改革的辉煌业绩，用全心全意为人民服务的赤诚，感召了全中国各族人民聚集在中国特色社会主义旗帜之下，为实现民族复兴“中国梦”而共同奋斗。因此，国史是继承中华文明 5000 多年优良传统，坚持近代 170 多年以来形成的革命传统，在当代弘扬中国精神、凝聚中国力量最为生动的教科书。

研究国史是神圣的事业，一定要投入真感情。也就是说，不仅仅要把研究国史看成是一项工作，有科学严谨的研究方法和研究态度，更要把研究国史看成是一份神圣的事业，一份值得投入精力、倾注感情的事业。有了这份深厚的感情，才能有研究的动力和出发点，也才能取得经得住时间检验的科研成果。《读点国史：辉煌年代国史丛书》由一批国史研究领域的专家担纲撰写，他们有专业背景，曾承担过国家级重大课题，也都有个人的研究著述，形成学风严谨、功力扎实的品格。我相信这套丛书是他们用心写就的。

如今社会上存在着一种质疑国史和党史的倾向，这种质疑恰恰是对历史缺乏深入了解的结果。一方面，极少数人为了某种目的，想要刻意否定这段历史，因此就把历史上共产党人的缺点和错误无限夸大，这是一种歪曲历史的行为；另一方面，有些人以“历史解密”“历史内幕曝光”为噱头，在网上抛出许多没有依据的、鲜为人知的历史来吸引人们的好奇心和注意力，这也是对历史的一种误导。这套丛书以正史的姿态普及国史知识。它所选取的12个年份，是有影响和充实着重大事件的12年，构成了共和国历史的基本框架。该丛书采用纪事本末体，分别立传，既不歪曲历史也不误导读者。创作理念上以平实为要，不求新奇，不发空论。古代史学家刘知幾认为“良史以实录直书为贵”，顾炎武也说“古人作史有不待论断而于序事中即见其指者”，都讲的是论从史出的道理。该丛书秉承了中国史学的这一传统。在行文上力求鲜活、生动、明快。内容铺陈上又能做到严谨而不失于呆板，摆脱了偏重政治史的范式，特别注意对社会风尚、时代精神、民间习俗以及大众意识的描述，每一本书相对来说都有一个知识增量。

站在今天去理解历史、感知历史，可以更好地把握未来。我们在感知共和国脉搏律动的同时，也在书写共和国不同凡响的篇章。一位老同志曾经说过，共和国千秋万代，国史研究也千秋万代。让我们在千秋万代的事业中贡献自己的一点一滴。

总前言

◎刘国新

在中华人民共和国成立近七十周年之际，将自己多年的研究成果和心得付梓，是从事国史研究的专业人士理应做到的分内之事。

2013年6月25日，习近平总书记在中共中央政治局第七次集体学习时提出："学习党史、国史，是坚持和发展中国特色社会主义、把党和国家各项事业继续推向前进的必修课。"把党史、国史的学习提到各项事业前进的必修课的高度，这还是第一次。《读点国史：辉煌年代国史丛书》正是落实习近平这个号召的具体行动。它以正史的姿态普及国史知识，用它的品位在"读点国史"中尽一份社会责任。

这套《读点国史：辉煌年代国史丛书》选择在共和国历史上产生过重大影响或者引起社会加速发展并充实着重大事件的12个年份为时间节点，一年一本，各自成卷，构成了共和国历史的基本框架。

如果从完整的纪年看，1950年无疑是新中国的第一年。中国20世纪最伟大的女性、被人们称为"国之瑰宝"的宋庆龄，当年是中央人民政府副主席，她将1950年称作"第一年的新中国"。

这一年，我们的共和国到处洋溢着欣欣向荣的新气象。新社会、新政府、新生活、新天地……大到国家关系，小到百姓的日常起居，人们都实实在在地感受到新旧社会两重天，感受到中国的历史巨变。当然，这仅仅是开始，更为波澜壮阔的变迁还在后面。在共和国历史中，1950 年之所以具有里程碑意义，就在于它是“一元初始，万象更新”。

1954 年之所以是“大业宏图”，皆因这一年召开了第一届全国人民代表大会，毛泽东主持制定了共和国第一部宪法。中国第一次以大国身份出席重要的国际会议，提出划时代的和平共处五项原则，为建立国际关系新秩序奠定了坚实的理论基础和令人信服的实践基础。这一年又是过渡时期总路线公布后的第一年，公私合营和农业合作化运动，迈出了决定性的一步。

1956 年，社会主义改造全面完成。接下来召开的中共八大清醒地认识到我国无产阶级和资产阶级之间的矛盾已经基本解决，国内主要矛盾是人民对于建立先进的工业国的要求同落后的农业国的现实之间的矛盾，是人民对于经济文化迅速发展的需要同当前经济文化不能满足人民需要的状况之间的矛盾。为此，党和国家的工作重点就是把我国尽快地从落后的农业国建设成为先进的工业国。这一年，“双百”方针的提出，“向科学进军”的号召，使整个科学文化事业呈现出勃勃生机。1956 年的的确确是“意气风发”的一年。

从 1956 年至 1966 年的十年是共和国开始全面建设社会主义的十年。这其中既充满艰辛的探索，也不可避免地在探索中曲折发展。这十年间，有代表性的是 1962 年。年初召开的七千人大会，初步总结了“大跃进”以来的经验教训，对推动国民经济全面调整起到了积极作用。9月召开的党的八届十中全会未使“左”倾错误在经济工作的指导思想上得到彻底纠正，而在政治和思想文化方面还有发展。国内形势困难曲折，国际局势错综复杂。印度不断在中印边界制造事端，中国军队被迫自卫反击。中苏两党分歧加剧，国际共运的争论和分歧达到新阶段。用“关山飞渡”来概括这一年，较为贴切。

1976年可谓大悲大喜。“文化大革命”这一全局性的错误至此已进入第十个年头，三位伟人相继离世，“四人帮”倒行逆施，唐山大地震损失惨重，国民经济濒临崩溃边缘。中国人民在关乎国家与民族命运的大搏斗中终于再次赢得胜利。噩梦醒来，艳阳高照。所谓“激荡岁月”，暗含这一年各种矛盾胶着、较量，经历着动荡和激变，代表着正义的力量终于取得了胜利的那样一种状态。

1978年是共和国历史上经历伟大转折的一年。粉碎“四人帮”后，我党为肃清“左”的影响，为发展国民经济进行了大量的卓有成效的工作，但也遇到阻力。关于真理标准问题的大讨论，在全党再次确立了实事求是的思想路线。党的十一届三中全会的召开，在政治、思想、组织等领域全面开始了拨乱反正，揭开了改革开放的序幕，标志着一个新时代的开始，“伟大转折”成为新的起点。

1984年，农村改革使粮食产量第一次突破4亿吨，基层政权建设完成了政社分离，建立了乡政府和村民委员会，人民公社体制不复存在。党的十二届三中全会的决定突破了把计划经济同商品经济对立起来的传统观念，为经济体制改革提供了新的理论指导，改革的重点从农村转向城市。对外开放迈出新的步伐，开放14个沿海港口城市。根据“一国两制”的构想，中英两国政府签订了联合声明，香港问题圆满解决。这一年，可谓“春潮涌动”。

1992年，邓小平视察南方并发表重要谈话，从理论上深刻回答了长期困扰和束缚人们思想的许多重大问题。同年召开的党的十四大作出三项具有深远意义的决策：确立邓小平中国特色社会主义理论在全党的领导地位；明确我国经济体制改革的目标是建立社会主义市场经济体制；强调抓住机遇，加快我国经济社会的发展，推进改革开放跃上新台阶，中国改革开放的大船“迎风破浪”，驶上新的航程。

1997年，江泽民在党的十五大报告中，进一步阐述邓小平理论的历史地位和指导意义，进一步阐述党在社会主义初级阶段的基本路线和基本纲领，并就建设中国特色社会主义的政治、经济、文化作出全面部署，确定了跨世纪发展的宏伟蓝图，明确回答了国际国内普遍关注的邓小平逝世后中国怎样“继往开来”的重大问题。

2003年，是中国发展进程中重要而非同寻常的一年，也是改革开放和社会主义现代化建设取得显著成就的一年。以胡锦涛为总书记的新一届中央领导集体从改革开放25年的实践中、从抗击“非典”疫情的斗争中获得重要启示：坚持以人为本，树立全面、协调、可持续的科学发展观，促进经济社会和人的全面发展。从单纯追求经济增长，到促进经济、社会和人的全面发展，这是中国发展观的重大进步，适应了全面建设小康社会的迫切要求。

2008年，是深入贯彻落实党的十七大精神、推进“十一五”规划顺利实施的关键一年，也是我们应对国际经济形势复杂变化、保持经济平稳较快发展的重要一年。中国人民同心同德、顽强拼搏，成功抗击南方部分地区严重低温雨雪冰冻灾害和四川汶川特大地震灾害，成功举办北京奥运会，完成“神舟”七号载人航天飞行任务，举办第七届亚欧首脑会议，中国的经济实力和综合国力进一步增强，人民生活水平继续提高。中国人民同世界各国人民加强友好交流和务实合作，共同应对国际金融危机等严峻挑战，为维护世界和平、促进共同发展做出了新的贡献。这一年恰逢改革开放30周年，中国人民隆重纪念这一重要历史时刻，在总结经验的基础上对继续推进改革开放作出了部署。

2013年在新中国历史上值得书写，不仅因为这一年是新一届政府产生之年，而且因为执政的中国共产党的作风和纪律切实需要加以整顿，党内腐败蔓延正在侵蚀党的肌体，引起人民的强烈不满；改革开放到了深水区和攻坚期，如何让多年的改革开放成果惠及全体人民，而不仅仅是一句漂亮的口号；粗放的经济发展模式，付出了太多的资源和环境成本的代价，必须下大决心转变。这一年，以习近平为首的中共中央在治党治国治军、改革发展稳定的征程上都迈出了坚定的步伐。中华民族伟大复兴的“中国梦”是人民永续辉煌的不竭动力。

尽管有人把国史看作是中国历史“自然的延伸”，但我觉得国史与历代中国断代史还是有所区别的。中国是历史积淀异常深厚的国度，不仅历史悠久，而且史官文化高度发达，史籍经典延绵不绝，史志资料浩如烟海。按照中国史学的一般传统，是后人记前人事，盖因后人看前人更客观，档案文献的查找也更便利。但也不尽然。被鲁迅称为“史家之绝唱，无韵之离骚”的《史记》，其作者司马迁就生活在汉武帝时代，书中就曾记录了不少当时的人和事，无怪乎有人干脆称《史记》为“实录”（《汉书·司马迁》）。今天人讲今天事，当代人修当代史继承的就是中国史学的这一特殊传统，尽管在秉笔直书、正视历史真相方面多多少少还是有距离和难度的。但本套丛书还是做到了“存史”的目的。把过去发生的事情娓娓道来，写清楚它们的来龙去脉，应了孔子所说的“物有本末，事有始终，知所先后，则近道矣”和刘知幾强调的“良史以实录直书为贵”的要求。

这套国史丛书由一批国史研究领域的专家担纲撰写，他们有严谨的治学态度和深厚的学术功力，不会轻易受干扰和动摇。笔者相信这些著作会给读者以不同的感受。

目 录

第二章　出席日内瓦会议和首倡和平共处五项原则

第三章　建立国家新体制

第四章　高饶事件和七届四中全会

第五章 对《红楼梦》研究的批判

第六章　贯彻过渡时期总路线（上）

第七章 贯彻过渡时期总路线（下）

第八章　文学、社会及其他

引　言

在1954年，毛泽东曾经留下荡气回肠的一首诗篇和一段演说。

这年夏天，毛泽东站在北戴河海滨，放眼海天，感念于怀，随咏道：

> 大雨落幽燕，白浪滔天，秦皇岛外打鱼船。一片汪洋都不见，知向谁边？
>
> 往事越千年，魏武挥鞭，东临碣石有遗篇。萧瑟秋风今又是，换了人间。

这首《浪淘沙·北戴河》是作者在1954年所写的唯一的一首诗词。词中“萧瑟秋风今又是，换了人间”一句可谓千古绝唱。倘若把它与1950年10月新中国成立一周年时毛泽东写的另一首词中的“一唱雄鸡天下白”一句作一对比，作者感怀的底蕴，差异明显。八年以后，在1962年那雪压冬云寒流急的日子里，毛泽东用他那如椽之笔写下“独有英雄驱虎豹，更无豪杰怕熊罴”。短短十四字，透出气吞万里如虎的磅礴之势，其不屈不挠之情之慨，跃然纸上。但细细品味，和“萧瑟秋风今又是，换了人间”相比，心境到底不同。

文坛世纪老人冰心认为毛泽东写诗词，不像词人那样，是“作”的，是“填”的。它是思想感情的自然倾吐，像爆发的火山一样，红光冲天，像奔流的巨瀑一样，浪花飞溅。触景生情，歌以咏志。是什么使毛泽东在1954年夏发出如此大气磅礴、隽永精深的诗叹？

这年9月15日，中华人民共和国第一届全国人民代表大会第一次会议隆重开幕。毛泽东在开幕词中宣读了一段无比豪迈、堪称当代佳言警句的话：

> 我们的事业是正义的。正义的事业是任何敌人也攻不破的。
>
> 领导我们事业的核心力量是中国共产党。
>
> 指导我们思想的理论基础是马克思列宁主义。
>
> 我们有充分的信心，克服一切艰难困苦，将我国建设成为一个伟大的社会主义共和国。
>
> 我们正在前进。
>
> 我们正在做我们的前人从来没有做过的极其光荣伟大的事业。
>
> 我们的目的一定要达到。
>
> 我们的目的一定能够达到。

这段话在宣讲的当时，博得了无数次热烈的掌声。今天重读，自豪之情，仍不能自禁。又是什么使毛泽东如此有感而发？

也许本书所述的 1954 年发生的一件件大事，都会令毛泽东欣然命笔。

第一章

财经战线上的第二个战役

大业宏图——1954 年的中国

粮棉统购统销是新中国成立初期我国财经战线上进行的第二个大战役，它和稳定物价、统一财经以及社会主义改造并称为“三大战役”。

粮棉统购统销政策酝酿和动员于1953年，贯彻落实于1954年，后来的发展则延至1955年。1954年是居于上挂下连的位置，也是十分关键的一年。

一、严峻的粮食购销形势

◎东北的灾情很重

◎现在山区农民每个月可以吃四五顿、七八顿白面

◎吃商品粮的人知多少

◎只要粮价一波动，搞粮食投机的人一个晚上就可以增加几十万

◎粮贩子连青苗也抢着买

◎北京、天津的面粉不够供应

◎有人请愿要求卖掉棉花和生猪买粮食

严峻的粮食问题，出现在1953年。

本来，中国人口众多是好事。人多，热情高，干劲大。但人多嘴也多，喂饱肚子的绝对量也大得惊人。所以，新中国成

立时，曾有人预言，中共领导不了经济。国外更有人对中国粮食上的困难幸灾乐祸，断言新中国政府无法解决人民的“吃饭问题”。

新中国成立初期，稳定物价的斗争，在很大程度上就是稳定粮食价格的斗争。1950年3月，平抑了第四次物价波动的同时，也结束了自抗日战争以来持续十几年的粮食市场剧烈动荡，把人民群众从解放前粮价一日数涨的痛苦中解救出来。此后在三年国民经济恢复过程中，农业生产得到很大发展，粮食、棉花这两种最主要的农产品生产一年好于一年，出现了连年增长的喜人局面。到1952年，粮食产量达到3278亿斤，是1949年的144.8%（1949年产量为2264亿斤），比解放前最高年产量的1936年增长18.2%（1936年产量为2774亿斤）。按1952年不变价格计算，全国农业总产值由1949年的326亿元，增长到1952年的484亿元，三年增长幅度为48.5%，平均每年递增14.2%，是新中国成立后农业生产取得的第一个阶段性的伟大成就。

但是，旧的问题解决了，新的问题产生了。谁能料到，1952年粮食大丰收，紧接着的是1953年粮食不够用。

粮食紧张，原因多多。

首先是东北的灾情很重。东北1953年因水灾减产，计划产量440亿斤，实际产量最多只有370亿斤。计划收购100亿斤，只能收购76亿斤。东北上调中央的粮食数应是42亿斤，现只能上调26亿斤，减少了16亿斤。中央掌握的粮食是96亿斤，减少16亿斤，就占1/6，数目可观。

二是土改后粮食产量虽有大幅度的提高，但由于农民生活改善，增产的粮食中相当一部分被农民自己消费了。据统计，1949年农村人均消费粮食370斤，1952年增加到444斤。同三年前相比，每个农村人口多消耗粮食74斤。全国农村人口5亿多，加起来就是一个惊人的370亿斤。仅新增加消费的就有这么多。1953年11月7日，薄一波在华北作了几十天调查之后，给毛泽东的报告中写道："过去山区农民一年只吃上十顿的白面，现在则每个月可以吃四五顿、七八顿，面粉需求量空前增大了，这是国家收购小麦困难的主要原因之一。"[①] 薄一波的调查与粮食部的分析是一致的。

三是农民生活水平相对提高，还导致一个变化：他们有的为了防备灾荒，把余粮贮存起来（有的地方农民有存粮如存金的心理）或者囤积惜售，待价而沽。因此，国家需要的商品粮不仅没有随着生产量的增长而相应地提高，相反却在下降。公粮和商品粮占粮食总产量的比例，1951～1952年度为28.2%，1952～1953年度下降为25.7%。

四是粮食需求量急剧增加，城乡粮食供应面迅速扩大。1953年城镇人口达到7800多万，比1949年增加2000多万，比1952年也增加了660多万，已经占全国总人口的13.3%。城镇人口的增加，除自然增长的以外，绝大部分来自农村。他们在农村时吃粮自给，进城后则需要国家供应商品粮。而同时，随着经济建设和发展工业的需要，经济作物产区迅速扩

① 薄一波：《若干重大决策与事件的回顾》上卷，中共中央党校出版社1991年版，第257页。

大，种植经济作物的农民和其他缺粮农民增加到1个亿，也都需要国家供应粮食。1953年返销农村的粮食多达317亿斤。这使得国家承担的社会粮食供销量越来越大，在前三年曾有所缓和的粮食产需矛盾骤然又尖锐起来。

粮食形势已经如此紧张，粮贩子和投机商还趁机兴风作浪，抢购粮食，火上浇油。

当时的粮食市场是自由市场，农民除缴纳农业税（即公粮）外，粮食可以自由上市。经营粮食的，除国营粮食公司和供销合作社外，还有私营粮商。在1952年7月1日至1953年6月30日这个粮食年度（粮食年度是指在流通领域中计算粮食的购、销、调、存所使用的全国统一的年度，当时规定的粮食年度是从本年7月1日起到下年6月底止。后来改为从本年4月1日起到下年3月底止）内，全国上市粮348亿斤，国家和供销合作社收购69.9％，私商收购30.1％，接近于1/3。粮食形势一吃紧，私商同国家争夺粮源的斗争立时趋于尖锐。在江苏省苏南地区，投机商利用变相提价、拦路收购等方式争购新稻，1952年10月至11月间，个别粮点私商收购比例高达90％以上。江西省吉安市，1952年12月18日至22日的5天内，上市的稻谷全部被私商收去。江苏徐州专区是江苏省黄豆主要产区，黄豆产量占全省总产量的50％以上。徐州专区各县1952年黄豆收割时，大江南北粮商蜂拥而至。国营粮食部门和合作社以合理的价格挂牌收购，不法私商勾结当地粮商和粮贩子，深入农村抢购。无锡的私商王雨农在邳县、新沂等县的集镇上安排了十多家“代理店”，收买了20多个小驴贩子，先后抢购黄豆和杂粮30多万斤（其中黄豆有20多万斤）。有个叫陈生的则用抬高价格的办法，一次就抢购黄豆6万多斤。在交通不便的农村，他们就杀价收购，使农民吃亏很大。不法私商甚至还在农村大肆买青苗和禾花谷。1953年青黄不接时，湖北省潜江县腰河乡被私商买去青苗谷13万多斤。石首县有一私商，令其女儿先后拜了八个农民为干爹，以这种方式抢购大批青苗。浙江省温州专署粮食局在温州蒲江乡36个村调查，有74%的农民卖了青苗或禾花谷。粮食投机商预购青苗的价格，一般比牌价低20%～30%，有的则低了40%以上。

各地私商抢购粮食还有一套与国营粮食部门作斗争的策略：从集中转向分散，从公开转向隐蔽，从城市转向农村。私商买走粮食，虽然也可以满足市场需要，但抬高了粮价。当时私商活动频繁的地区，粮食市价一般高出牌价20%～30%。那时，人民收入偏低，很难承受这样的价格。大批粮贩子活动于小城镇与乡村之间，只要粮价一波动，搞粮食投机的人一个晚上就可以增加几十万，如果波动两三个月，粮贩子就可以增加几百万。这种情况又助长了农民不肯卖粮的惜售情绪。

由于以上原因，国家粮食收购计划不能完成，销售计划大大突破。1952年下半年，全国许多地区出现抢购粮食的现象。河南省洛阳、许昌等地群众纷纷出售棉花、生猪，抢购小麦。12月，抢购之风，由局部地区蔓延到河南全省。到1953年上半年，各地抢购之风继续发展。河南省南阳市各地粮食供应点经常聚集上千人排队争购。江苏省如东县的白蒲镇，竟发生万人请愿，要求卖掉棉花、生猪而购买粮食的事情。抢购之风，造成粮食牌价与市价脱节。这年春天，江苏省杂粮市价高于牌价15%，有的地区高出30%。河南、江西、安徽、山东、山西、河北、陕西等省的粮食市价一般高出牌价10%～20%。粮食市价高于牌价，使国家在产粮区也收购不上粮食。如江西省赣州地区稻谷牌价每百斤5.05元，而私商抬高到5.50～5.80元。国家粮食收购比重由原来占上市量的70%，下降到只占2.9%。湖南、湖北两省的粮食产区，国家收购的粮食所占的上市量亦由60%～70%下降为10%～30%。[①] 到夏季，这种情况愈演愈烈。在受灾地区和小城镇，已发生混乱现象，有的地区有数千人乃至上万人在国家售粮店排成长龙争购粮食。国家粮食部门购少销多，逆差急剧扩大。1953年10月，全国粮食销售量比1952年同期增加了31.3%，而收购量却不能完成任务，1953年9月份只完成计划的80.1%，西北地区只完成月计划的46%。过去规定全国供应京、津23亿斤粮食，其中面粉16亿斤，结果实际掌握的只有10亿斤。从7月1日到10月初的三个月已卖出5亿多斤，其中9月份销售面粉154万余袋，而同年1月份只销售93万袋，从10月份到1954年6月的七个月只剩4亿多斤。由于面粉销售量上升过快，生产和库存极为紧张，供销矛盾十分尖锐，一些不法商贩又趁北京城市面粉价格低于郊区价格之机，向京郊附近各县倒卖面粉牟取暴利，每天市内外流面粉达3000～4000袋。京、津面粉供应严重不足，“出现了令人担心的情况”。

① 参见当代中国丛书编辑部：《当代中国的粮食工作》，中国社会科学出版社1988年版，第70页。

二、一担“炸药”，八种选择

◎陈云早有预见

◎“一要吃饭，二要建设”

◎四个不能减少

◎处理好四种关系

◎八种方案选其优

◎中央人民政府要天天做“叫花子”，天天过“年三十”

◎“前面是‘黑色炸药’，后面是‘黄色炸药’，两个中间要选择一个，都是危险家伙”

粮食形势如此严峻，解决粮食问题已成为当时党和政府面临的极为重大的任务。在这紧要关头，政务院副总理兼中财委主任陈云受中共中央和政务院的委托，研究对策。

其实，对粮食问题，陈云早有预见。1950年11月，统一财经工作取得决定性胜利。欣喜之余，陈云就提醒大家：“人心乱不乱，在城市，中心是粮食”，“为了把城市维持好，必须密切注意粮食的供应”。1952年1月15日，陈云在起草以他和薄一波、李富春三人名义给中央的报告中，明确提出粮食征购的主张：“今后若干年内我国粮食将不是宽裕的，而且城市人口将逐年增加，政府还必须有粮食储备（备荒及必需的对外贸易），因此征购粮食是必要的”；并提出1952年秋后扩大征购面。后来，陈云把这一思想概括为“一要吃饭，二要建设”。

由于一些地方同志感到这个问题事关重大，希望从缓推行，中央在 1952 年实际上没有进行试点。

1953 年上半年，粮食供销矛盾进一步加剧，毛泽东要求中财委拿出具体办法，当时，陈云因病在外地休息，中财委工作由薄一波主持。薄一波组织粮食部和中财委粮食组共同研究，草拟了《粮食收购办法》《粮食计划供应办法》等文件，没有提到征购。据薄一波讲："那是考虑到农村工作人员和农民可能难于接受。"这些草案报中央初步审阅后，于 6 月 15 日提交正在召开的全国财经会议讨论、修改。

财经会议是 6 月至 8 月开的，陈云回到北京，已是 7 月下旬。他拿出很大的精力进行研究。农业不像工业，可以加班加点增加产量。农业还是要靠天吃饭。供求紧张，增加供应不可能，只有减少支出了。但减少支出的途径，用陈云的话说，叫作："一个一个都想到了，都不行。"为什么呢？

一是粮食销售不能减少。城市和集镇人口的吃粮必须按数供应，农村受灾地区和缺粮户的口粮也必须保证供应。

二是军队和机关人员的口粮不能减少。公家每年发给他们 33 亿斤，他们还要从市场上购买一点，这是一点不能少的。

三是出口粮不能减少。在新中国受到以美国为首的西方国家的经济封锁和禁运时，苏联、东欧和其他友好国家政府给中国提供的积极支持和援助，是十分宝贵的。中国也努力组织出口和进口，开展对这些国家的贸易。由于我国资金有限，只能进行以物易物的现货贸易。每年出口 32 亿斤粮食，其中 20 亿斤是大豆，主要是用来跟苏联等国换机器设备，5.4 亿斤是跟锡兰（今斯里兰卡）换橡胶。这些都是大规模经济建设所必需的，当然不能减。

四是储备粮不能减少。本粮食年度内的储备粮为 23 亿斤，增加库存粮为 54 亿斤，共 77 亿斤。用这两项全部来弥补 87 亿斤的差额，也还差 10 亿斤，就要从老库里再挖掉 10 亿斤。这样，库存的 194 亿斤就减为 184 亿斤。如果这样做了，明年的情况会比今年还紧张，波动的面比今年还要大。而且，184 亿斤，听起来挺多，实际上其中的 179 亿斤根本就是不能动的。因为由 6 月底到新粮上市，东北、西北最早要到 10 月底，华北是 10 月上旬，华东、华南是 9 月底，中南是 8 月底，平均要准备出三个月的口粮，最低限度需要 118 亿斤。另外，还有 21 亿斤麦子是供应全年的，不能动。死角粮（指存放地点偏僻，根本运不出来的粮食；或者能够运出，但估计运出后按发粮地成本计算，亏损百分之百以上的粮食）和难运粮 20 亿斤，以及加工生产和运输的周转粮 20 亿斤，四项合计 179 亿斤，剩下来只有 5 亿斤。如果真到了库存 5 亿斤的地步，那可真是等于吃光分净，扫地出门了。因为当时全国人口已经超过 5 个亿，库存尚不及人均 1 斤，真是在开天大的玩笑！

减少不下去，增加不上来，粮食就要发生混乱。而且会提前发生，会由过去的四五月或五六月提前到过了阴历年发生。粮食混乱绝对要波及物价。因为粮食对劳动者的影响太大了。他们的收入，60%～70%用在吃上。用在穿的方面只占 10%左右。而吃的东西，如蔬菜、猪肉、鸡蛋等，价格统统跟着粮价走。粮价涨了，物价就要全面涨。物价一涨，工资也要跟着涨。

工资一涨，预算就要超过，就会造成人心恐慌。人民政府成立以来被老百姓叫好的“物价稳定”这一条就有丢掉的危险。

所以，陈云认为，对粮食问题，必须采取坚决的措施。在大的政策上，有四种关系要处理好。这就是：国家跟农民的关系；国家跟消费者的关系；国家跟商人的关系；中央跟地方、地方跟地方的关系。这四种关系中，难处理的是头两种，而最难的是第一种。只要把粮食收上来，分配是容易的。正所谓“处理好了第一种关系，天下事就好办了”。

在具体的选择上，用陈云的话说，叫作“从‘改良主义’想起”，共提出八种方案。经过缜密、细致、周详的考虑，逐个进行比较，权衡利弊得失，其中的七种被否定了，这七种是：

第一种，“只配不征”。即只在城市搞配售，农村不征购。这种办法所以不行，是因为只关了一个门，只准一个人买多少，不准囤积，但农民也有眼睛，也有耳朵，他看到城市搞配售，就会说：“啊！你缺少粮食，老子不卖。”其结果是我们买不到粮食。

第二种，“只征不配”。即只在农村征购，城市不配售，还是自由市场。结果可能会边征边漏。农民会拿交征购粮所得的钱，转一个身跑到城市里从粮食公司再把粮食买回农村。

第三种，“原封不动”。即继续自由买进，自由卖出。这样做，就像前面所讲的那样，结果必乱无疑。

第四种，“动员认购”。东北地区 1951 年实行过。就是层层下达控制数字，而控制数字不向农民露底，由村支部动员农民认购，报一个数，主持人说：“不够，再加!”再报一个数，主持人看看还不够，就说："不够，再加!"总之，不加够就不散会。办法就是认购量达不到控制数字不散会。这说起来是一种强迫而不命令的办法。但不达目的不散会，不是强迫命令又是什么？强迫而不命令还不如搞征购，有明确的命令好。有了明确的命令，至少开会容易些。

第五种，"临渴掘井"。即先自由购买，实在买不到的时候，再去重点产粮区征购。这样办所以不行，其道理就在于，到实在买不到的时候，城市自由供应也就无法继续维持了。

第六种，"合同预购"。这个办法1949年、1950年在东北、华北收购棉花时试行过，1951年对棉、麻、烟、甘蔗、茶叶等多种农产品全面实行合同预购。但预购合同一般要在春耕前签订，1953～1954年粮食年度改行粮食合同预购，为时已晚。而且前几年合同预购证明，预购合同对小农的约束力也是有限的，收成好，他按合同交售，甚至希望国家多买；收成不好，市场价格看涨，虽订了合同，他不履约也没有办法。现在的问题不是粮食多了，而是不足，试图全面推行合同制来完成收购任务，没有把握。

第七种，"各行其是"。不搞统一的办法，这个地方可以实行这种办法，那个地方可以实行那种办法，只要不妨害旁的地方而且能够完成任务，也不妨一试，但就怕各地互相影响，不好掌握。

陈云认为可行的就是一种——"又征又配"。即在农村征购，在城市配给。这是一种硬性办法，也是个"彻底的办法"。不是没有一点担心。这项政策和每一个人都有关系，特别是和广大农民的关系。农民的粮食不能自由支配了，虽然出钱买，但他们不能待价而沽了，很可能影响生产情绪。不能不考虑会出什么乱子。全国有26万个乡，100多万个自然村。如果十个自然村中有一个出毛病，那就是十万个自然村。“逼死人或者打扁担以至暴动的事，都可能发生”。但如果继续采取自由购买的办法，陈云形象地比喻说：我看中央人民政府就要天天做“叫花子”，天天过“年三十”。“我这个人不属于‘激烈派’，总是希望抵抗少一点”，“我现在是挑着一担‘炸药’，前面是‘黑色炸药’，后面是‘黄色炸药’。如果搞不到粮食，整个市场就要波动；如果采取征购的办法，农民又可能反对。两个中间要选择一个，都是危险家伙。”但是，只要农业生产没有很大提高，“这一条路总是要走的”，这是一条长远的大计。[①]

三、紧急决策会议

◎国庆之夜，天安门城楼上的汇报

◎次日晚召开政治局扩大会议

◎又征又配虽有风险，但也不是说一定出大乱子

◎毛泽东说，征购配售，势在必行

◎“和‘余粮征集制’不同”

◎全国粮食紧急会议

◎大区书记个个表态

◎粮食部长章乃器主张将“配售”改叫“计划供应”

◎新的粮食政策合起来就叫作统购统销

---

① 《陈云文选》第二卷，人民出版社1984年版，第208、211页。

◎受毛泽东委托，邓小平讲话

1953 年 10 月 1 日，国庆之夜，在天安门城楼会见厅里，陈云将自己的想法向毛泽东、周恩来等中央领导汇报。毛泽东听了陈云的意见，觉得确也别无良策，表示同意，周恩来、邓小平也都赞同。毛泽东当即拍板，并嘱陈云负责起草《关于召开全国粮食紧急会议的通知》，邓小平起草决议，迅即召开全国粮食会议，将此方案付诸实施。

鉴于情势紧迫，从天安门城楼回家后，陈云连夜起草出会议通知，于 10 月 2 日凌晨送毛泽东处。毛泽东对通知作修改后决定当晚 7 时召开政治局扩大会议。

政治局扩大会议由毛泽东主持。首先听取陈云的报告。报告说，情况十分严重，如不采取有效措施，会更加严重。波及工业生产，计划经济也将受影响。这不利于国家，不利于人民，只有利于富农和投机商人。谈到解决办法，陈云指出，就是在农村实行征购，城市实行配售。对于不这么做的后果，陈云作了预测。他说，如果我们不这么做，那我们就要恢复到大清帝国、北洋军阀、国民党的那个办法。就是进口粮食，向美国、向加拿大、向澳洲买粮食、买麦子。一年进口 300 万吨。我们的外汇有多少呢？向资本主义国家出口、向香港出口的青菜、猪鬃、大豆，加上侨汇，总计不过 3 亿美金，大概能买 300 万吨粮食。如果把这些买了粮食，那我们就不要建设了，机器也不要搞了，工业也不要搞了。那时也有一种后果，我们也要挨东西，挨什么呢？挨飞机炸弹，挨大炮，还要加上挨扁担。你搞得不好，帝国主义打来了，农民的扁担还会打你。农民会说："请你走吧，不要你在北京了。"

陈云认为，又征又配虽然有一定的风险，但也不是说就一定出大乱子。只要我们工作做得好，这个办法还是可以行得通的。因为首先，我们与农民有很好的关系，农民是支持我们的。其次，从我们征收的数量看，农民也是可以接受的。当时，全国需征收粮食 600 亿～700 亿斤，而根据以往几年的经验，农民每年在市场上出售的粮食大约也是这个数。

但由于时间关系，公粮马上就要开征，是否在当年实行征购，陈云尚存犹豫。这时，1953 年 9 月 18 日才兼任财政部长的政务院副总理邓小平，从国家财政的角度出了一个主意：把征收公粮的时间推迟一个月，征购和征收一起搞，免得搞两起麻烦。会议经过讨论，同意邓小平的意见，征收公粮推迟到 11 月，以积极配合粮食征购。

担任农村工作部部长的邓子恢，在 1953 年夏收以后就觉察到粮食问题的紧张，国家收购计划月月完不成。国家如何从农民手里取得粮食？邓子恢曾设想经过以供销合作社来吸收农民粮食的办法，即由供销合作社同农民签订产销合同，用工业品和商品交换粮食。这里边的关键问题是价格。他提出解决价格问题必须有四项保证：一是保证农民能够扩大再生产；二是保证广大群众生活逐步改善；三是保证运销方面有利可图；四是保证国家能够积累资金。他还设想，要加快国营农场的发展，让国营农场为国家提供更多的粮食，为国分忧。正当他准备向中央提出这个设想的时候，粮食危机发生了。情况急变，他感到自己的设想是远水难解近火。于是他支持中央的决策，实行粮食征购配售。

毛泽东最后发言，赞同陈云的报告，也同意征粮的布置推迟一个月。他说，这也是要打一仗，一面对付出粮的，一面对付吃粮的，不能打无准备之仗，要充分准备，紧急动员。

毛泽东指出，马克思、恩格斯从来没有说过农民一切都是好的。农民有自发性和盲目性的一面。分土地的好处，有些农民开始忘记了。农民的基本出路是社会主义，由互助合作进到大合作社（不一定叫集体农庄），农村经济正处在由个体经济到社会主义经济的过渡时期，现在是“青黄不接”。我们的经济主体是国营经济，有两个翅膀，一翼是国家资本主义（对私人资本主义的改造），一翼是互助合作、粮食征购（对农民的改造）。他认为，对农民的改造，如果没有计划收购粮食这一项，就不完全。

毛泽东说，今天讨论的问题是涉及占农村人口80%～90%的广大农民的问题，也涉及缺粮户的问题。依靠谁呢？主要依靠党员，他们是干部和农民中的积极分子。光靠缺粮户是不行的。征购，管制私商，统一管理粮食，势在必行。配售问题可以考虑，我观察也势在必行。因为小农经济增产不多，而城市粮食需求年年增长。

毛泽东估计到：这样做可能出的毛病，第一是农民不满，第二是市民不满，第三是外国舆论不满。问题是看我们的工作。毛泽东讲，宣传问题，要全党动员，大张旗鼓。但他又强调，“报纸一字不登”。10 月 12 日，他在邓子恢考察南方粮食问题的《简报》上，再次注明“暂不登报”。

这次政治局扩大会议还通过了关于召开全国粮食紧急会议的通知。通知指出：“从根本上找出办法来解决粮食问题，是全党刻不容缓的任务。”通知还点名要求五大区书记必须参加会议。

10 月 10 日，全国粮食会议召开。这次会议对外名称未用“紧急”二字，以免引起恐慌。

陈云在会上作报告。他详细分析了粮食购销形势，对八种方案的选择和实行“又征又配”的可行性逐个作了说明。然后邓小平发言。他指出，农村征购，城镇配给，严格管制市场和集中统一管理是互相联系缺一不可的。他用一句四川土话来形容它们的关系：四项政策“只能穿一条连裆裤”。他说，中国的山头很多，粮食问题又出了几千万个山头。如不强调统一领导，分工负责，就会出乱子。只有坚决实行这些办法，才能真正巩固工农联盟，引导农民走向社会主义，保障国家建设计划的实施。针对一些人提出的城市提高销售价，同时相应地提高工资的意见，邓小平说，我这个财政部长，可是一个铜板也没有，由此要加大国家支出，还得找你们要钱。

各大区书记在讨论中一致认为，实行征购和配给是调节粮食产需矛盾的最佳方案。

华东局谭震林说，华东粮食购少销多，紧张局势由北向南发展，最严重的是山东，已过了陇海路，再不采取措施就要“百万雄师下江南”了。基本原因是农民惜售和私商捣乱。对粮食管理，赞成由中央统一管理和统一调拨，地方负责征购、保管和供销，做到分级负责。

中南局李先念首先介绍了中南地区各省对征购、配给的态度。他说，最初是两湖拥护，两广犹豫，河南动摇，江西态度不明。以后河南、江西也拥护，唯两广收购尚好，且系新区，要求缓办半年。但他认为外省征购、配售，必将波及两广市场，故仍以同步进行为宜。最后两广亦赞同。接着，李先念分析了中南地区粮食形势：湘、豫、赣三省保产，两广和鄂三省增产，全区较1952年粮食产量可增加4.2%，总的形势是好的。但进入新的粮食年度，购少销多的形势仍在发展，粮食紧张。因此，必须采取行政手段，干预分配，实行征购和配给，以扭转粮食局势。

西南局李井泉代表西南地区完全拥护中央对粮食采取征购配给的方针。对粮食市场，他认为，国家采取的是定额征购，不是余粮征集制。国家控制余粮只在80%～90%，还有10%～20%的余粮在农民手中，加上农民历来就有互通有无的习惯存在，因此，全部一下子卡掉，完全关闭自由市场，恐不可能。应该允许有限制的粮食自由贸易。对私商问题，李井泉认为，不准私商自由经营粮食，是杜绝粮食投机的有效措施，完全赞同。

华北局刘澜涛认为实行粮食征购和配给政策，是中国共产党在过渡时期总路线的体现。他说，华北地区7、8、9三个月小麦收购仅完成56%，销售计划则大大突破。北京、天津这三个月里销售的粮食占全年计划的一半，市场上投机猖獗，牌价、市价脱节。因此，亟待采取措施，以稳定局势。对于粮食征购和配给的政策贯彻，刘澜涛充满信心，认为国家有法令，有合理的价格，征购数量有一定的限制，再加上全党动手，全力以赴，只要政策执行端正，就既可以得到粮食，又可以得到农民。

内蒙古分局乌兰夫说，内蒙古粮食情况较好，对国家分配的征购任务可以超额完成。主要问题是：一是收购价格较低，应适当提高，以维护生产者的利益；二是运输难，可规定一个义务运输里程，超过义务运输里程的，国家付给运输费用。

东北和西北两个地区的代表在会上发言完全拥护中央采取的措施。对具体贯彻执行，提出一些意见。如东北地区农村工作部长张秀山提出，东北农产品价格较低，工农产品价格的剪刀差偏大，应作出调整。

10月13日，陈云作会议总结，传达了毛泽东的一些新的意见：农村的征购面，今年控制在50%，而重点又是这50%中的50%，即占农村总户数的25%左右的余粮较多的户。征购要照顾农民的需要，不要把余粮都收走，还要留点给他。“征购”“配售”的名词可否改一下？因为日本人搞过这个事情，这两个名词很吓人。今冬明春农村工作仍然以生产为中心，粮食征购在春节前基本办完。要特别注意做好落后乡的工作。

关于名称，陈云说，“配给”这个名词是有点不太好听，一说起它就想到日伪统治时期的情况。我们的配给不同于日伪统治时期的配给，那时是油、盐、酱、醋都配给，现在配给的只是粮食。那时的配给量是填不饱肚子的，我们现在的配给量可以吃饱。种类不同，数量不同，至于性质那更是完全相反的。现在将“配售”改一个名字，叫作“计划供应”，是粮食部长章乃器先生想出来的。我们何不再将“征购”改为“计划收购”？简单地说，新的粮食政策合起来就叫作统购统销。

这一天，邓小平受毛泽东委托，再次到会讲话，中心是讲粮食问题和过渡时期总路线的关系。他说，从今年3月以来，毛主席主要是做了一件事，即提出了过渡时期的总路线。昨天晚上，毛主席交代，要我再跟大家讲一次，让同志们弄清楚一个道理，就是粮食征购一定要联系过渡时期总路线去讲。李井泉同志告诉我，四川试点，农村干部对征购抵触情绪很大，这些有情绪的干部，主要还不是基层干部，而是县、区两级干部，后来查明，省部级干部中也有。你讲征购不联系过渡时期总路线，就无法使全党同志赞成这个东西。

全国粮食会议结束后，10月16日，中央政治局再次召开扩大会议，通过了经全国粮食会议讨论并由邓小平修改的《中共中央关于粮食的计划收购与计划供应的决议》等文件。同月，中央还发出《关于统购粮食的宣传要点》和《关于计划供应粮食和取缔粮食投机的宣传要点》。11月19日，政务院第194次政务会议通过《关于实行粮食的计划收购和计划供应的命令》。

共和国历史上持续达32年之久的一件重大决策就这样形成了。

四、统购统销政策的内容和贯彻

◎“相互关联，缺一不可”的四项政策

◎什么是日本的“粮食出荷”

◎国民党的“三征”是怎么回事

◎“全党动手，全力以赴，充分进行政治动员”

◎三级干部会

◎家喻户晓，人人皆知

◎“难关渡过了，形势缓和了”

从1953年12月初开始，除西藏和台湾以外，全国城乡全部实行粮食统购统销。

粮食统购统销政策，包括计划收购政策、计划供应政策、由国家严格控制粮食流通市场政策和中央对粮食实行统一管理的政策。中共中央在决议里说：“上述四项政策，是互相关联，缺一不可的。”

计划收购是指对农村余粮户实行计划收购。所谓余粮户，就是对生产粮食的农民，留足其全家口粮、种子、饲料和缴纳农业税以外，还有多余粮食的农户。对余粮户的余粮，一般统购80％～90％。口粮、种子、饲料留粮标准，由各省、自治区、直辖市根据本地区情况，在承认差别的原则下自行规定。一般是粮食生产水平高，贡献大的地区，口粮标准稍高，反之略低。农民在完成统购任务后还有多余的粮食，可以自由储存和自由使用，可以继续卖给国家粮食部门和供销社，或在国家设立的粮食市场进行交易，并可在农村间进行少量的互通有无的交易。当时国家确定的粮食统购统销数量，大体同正常的粮食上市量接近，是切实可行的。但由于这一工作涉及面广，开始实行时，会有部分农民感到不习惯，因此，中共中央提出八条贯彻执行措施：

（一）粮食价格必须合理。统购价格大体维持在当时的城市出售价格的基础上，以不赔不赚为原则。

（二）统购价格及统购粮种，必须由中央统一规定，以便合理地规定地区差价和调节品种比价，消除粮食投机的可能。

（三）统购价格必须固定，以克服农民存粮看价的心理。

（四）实行统购统销的同时，必须加强农村的物资供应，使农民出卖粮食所得之现款，能够买到生产和生活必需的物资。

（五）统购面宜稍大，不宜过小，才有利于完成任务。

（六）实行统购必须进行充分的政治动员，并且采取由上级颁发控制数字和群众实行民主评议的办法，在乡一级应将控制数字公布，使群众心中有数。

（七）粮食入仓的运输，适用公粮入仓的运输办法。

（八）为了帮助贫农解决困难，避免购粮资金的投放过分集中，在1954年实行粮食预购办法。

这些措施，使农民，包括余粮户在内，可以得到合理的价格和物价稳定的好处，维护了粮食生产者的利益，只是不利于囤积居奇牟取暴利的粮食投机商。

计划供应是指在县以上的城市人民中和农村的集镇、经济作物区以及农村人口中大约 1/10 左右的缺粮户和灾区灾民的粮食计划供应。按此范围，国家在城乡保证供应粮食的人口，总数接近两亿，超过当时全国人口总数的 1/3。供应品种由少到多，供应办法由简到繁，由宽到严。经过中央批准，北京、天津、保定（当时的河北省会）、济南四市于 1953 年 11 月 1 日开始实行面粉计划供应，12 月 1 日，京、津两市又开始对大米和粗粮实行计划供应。紧接着其他大城市也实行计划供应。上海因油比米紧，先实行食油和面粉计划供应，后实行大米计划供应。

市场管理就是一律严禁私商私自经营粮食，但可以在国家严格监督和管理下，由国家粮食部门委托代销粮食。所有私营粮食加工厂以及经营性的土碾、土磨，一律不得自购原料，自销成品，只能由国家粮食部门委托加工或在国家监督和管理下，代消费户按照国家规定的加工标准从事加工。禁止一切非粮食机构和私商，禁止跨行业经营粮食。农民运粮进城出售，由国家粮店或合作社收购。

中央统一管理就是“统一的管理、统一的指挥和调度”的原则。所有方针政策的确定，所有收购量和供应量，收购标准和供应标准，收购价格和供应价格等，都必须由中央统一规定或经中央批准，地方则在既定的方针政策下，因地制宜，分工负责，保障其实施。这是因为，粮食分配受到自然和人为因素的制约，各地粮食产量很不平衡，有的地区每人每年合七八百斤以至一千斤，有些地区每人每年则只有一二百斤，粮食余缺情况差距极大。从需求方面看，国家除供应城市和工矿区、经济作物区以外，遭受自然灾害的农民，每年的数量都不同，几千万不等，这是一个变数，客观就要求有一个相适应的管理体制，合理调度，调剂余缺，使生产者、消费者两受其利。

当时毛泽东、陈云都曾提到与日伪时期的“粮食出荷”和国民党时期的“三征”不同，那么此二者究竟是怎么回事呢?

日本侵略者在东北三省建立伪满政权后，就制定了《满洲国米谷管理法》，对余粮进行登记，实行“粮食出荷”。所谓“粮食出荷”，就是强迫农民按官定价格与数量，在规定的时期内，把粮食出售给日伪的收购机构。日伪用这个政策掠夺的粮食数量之大是十分惊人的。以当时的吉林省为例，该省年产大豆85万吨，“出荷”数即达70万吨，占产量的82.4%；稻谷、小麦年产170万吨，“出荷”100万吨，占产量的58.8%。官定“出荷”所付的价格极低，如大豆每百公斤市价为200元，而官价仅17元，只有市价的8.5%。日本侵略军将“出荷”的粮食大批运往本土和德国、意大利。仅大豆一项，经大连港运往日本的数量，1931～1939年间竟达1404万吨。

日伪对沦陷区大、中、小城市的粮食消费，实行“配给供应”。他们把配给对象分为上等人、中等人和下等人。所谓上等人是日军、日侨，所谓中等人是伪政府官吏，下等人是平民百姓。粮食配给，分等定量定质。对一般平民百姓配给的粮食，不仅数量少，而且质量坏，价格贵。以上海为例，1942年7月至1945年6月，配给每人的粮食仅大米1.25担，面粉11.5斤，三年内配给的粮食还不够一年所需的口粮。在北平配给的粮食是由豆饼、麸子、谷壳、树皮、草根等多种东西制成的“混合面”。配给粮食的价格，不仅比市价高，而且不断上涨。

日本侵略军在沦陷区的农村实行的是“计口授粮”，即将粮食全部收走，然后按人口授粮。如对华北地区，麦类、谷物要全部送到“公共打谷场”脱粒，收打完毕后，全部送到据点中保管。他们将人口分为一、二、三等。一等为壮年，每人每年授原粮1石5斗[①]；二等为幼年，每人每年授原粮1石3斗；三等为劳力弱或丧失劳力的，每人每年授原粮8斗或1石。这种口粮标准根本吃不饱肚子。一个壮劳力才给300斤原粮，合200来斤净粮，怎么够吃？而其余的粮食悉数被他们鲸吞。

日本侵略军还实行“禁吃大米”的政策。他们强迫东北农民种稻谷，但禁止东北人吃大米。配给平民吃的是杂粮及橡子面。东北地区土质肥沃，所产大米质优味美，都被日本侵略军运回到以食大米为主的本土了。中国人食用大米者，被判为“经济犯”。“七七事变”以后，随着“粮食出荷”的加紧，扩大了“经济犯”的范围，如行人携带二三斤大米，就以贩运粮食定罪。乡镇各道路隘口，经常有日伪警察武装守候，搜捕所谓“经济犯”。

国民党在抗战时期实行的“三征”是“征实”、“征购”和“征借”。

“征实”是田赋征实，就是按照田赋正额和附加额折征实

① 1石=10斗，1斗=10升。每斗粮食的容量因品种和地区而异，如江苏地区一斗小麦一般折合15市斤。

物，一律缴纳粮食。规定每元（抗战前，平均每亩田赋连同各种附加税在内，大约为 1.4 元）的田赋额折征实物数为稻谷 2 斗，或小麦 1.5 斗。1942 年，又将征实额翻番，改为每元折征稻谷 4 斗或小麦 2.8 斗。

所谓“征购”就是随同田赋“征实”，再“征购”粮食。数量与“征实”的数量相等。并且“征实”与“征购”一次办理。其中“征购”部分给价极低。

“征借”是在 1943 年实行的。就是强迫农民把粮食按规定数量借给国民政府，不付现款，只付给所谓“粮食库券”。后来，连这种“粮食库券”也废除了，只在缴纳田赋的凭证上加以注明。“征借”的粮食，规定不付利息，从第五年起分年偿还抵充新田赋。实际上，既未偿还，也未抵付，等于加倍“征实”。

国民政府在抗战期间，为保证军需，对粮食实行“三征”制度，本无可非议。问题在于“三征”数量大大超过了农民的负担，而且相当一部分被贪官中饱私囊。1946 年，为了打内战，进一步强化“三征”，粮食数量比 1941 年增加了约 1.5 倍。此外，苛捐杂税，随同田赋附加项目在内，由抗战前的平均每亩 1.5 斗至 2 斗，增至 6 斗。江苏省竟有增至 9.5 斗的。无怪乎老百姓说它是“今古奇捐”“民国万税”。

根据中央“全党动手，全力以赴，充分进行政治动员”的指示，全国各省区市一般在 1953 年 11 月底和 12 月初开始在农村贯彻统购统销政策。雷厉风行地组织力量，深入农村进行组织动员。中南地区所辖的河南、湖南、湖北、江西、广东、广西六省，都由第一把手带头，组织大区、省、地、县、区、乡各级干部和积极分子共330万人，经过短期培训，到农村开展宣传工作。华北地区仅山西一省投入这一工作的就有130多万人，其他各大区和省组织的人力，均在百万计。

具体做法是，先以县为单位，召开县、区、乡三级干部会，接着以区或联乡召开党员、团员和积极分子会议，然后以乡为单位，分别召开党的基层组织会和人民代表大会，在此基础上再召开群众大会。各种会议都以中共中央关于粮食统购统销宣传要点为指导。除召开各种会议外，各地还利用其他形式，配合进行宣传。如四川省文化局出动了82个电影放映队，携带幻灯机，把宣传内容制成幻灯片，走村串户放映。四川省出版发行了宣传材料300多万册，在农村广为散发，配合宣传。广西省灌阳县一区，利用图片、实物举办展览，到农村巡回展出。每一部分都有讲解员按图片内容和陈列实物现场讲解，农民一听就明白，收效显著。该区乡党支部书记范双德说："起先不懂得国家实行粮食统购统销的道理，看了展览后，受到教育，保证回去发动群众，出卖余粮。"[①] 到12月中旬，粮食统购统销政策在全国各地基本上达到家喻户晓，人人皆知。在此基础上，动员农民自报出售余粮数和开展民主评议工作。这期间，农村的共产党员、青年团员、区乡干部和积极分子都起到带头作用，踊跃出售余粮。吉林省蛟河县大西屯劳模军属、人民代表王思惠把应卖的2500斤余粮卖出后，还带动

① 《当代中国的粮食工作》，中国社会科学出版社1988年版，第82页。

全村多卖余粮，仅14户就比原定计划多卖8630斤。全国农业劳动模范吕鸿宾把自己的1000多斤余粮卖出后，上书毛主席，表示坚决拥护粮食统购统销政策。辽西省双辽县朱家村互助组长、共产党员费连发动员全组14户提前出售了应卖的余粮。

有深入的政策宣传，又有党员干部、积极分子的带头，粮食统购工作进行得比较顺利，到1954年二三月间，各地相继结束了这一工作。据国家统计局资料，1953～1954粮食年度内，全国实际收购粮食达784.5亿斤，超过计划75.5亿斤，比上个年度多收177.9亿斤，增长29.3%。虽然销售量也有增长，为596.4亿斤，但购销相抵，库存有了较大幅度的增加。薄一波称之为："难关渡过了，形势缓和了。"

五、统购统销政策的补充

◎人人谈粮食，户户要统销

◎定产、定购、定销

◎"人不叫，猪不叫，牲口不叫"

◎农民称"三定"为"四定"

◎1955年11月1日起全国普遍使用粮票

◎供粮标准的九个等级

◎牲畜也有"粮票"

1953～1954粮食年度的农村统购统销采取的办法，是由上级颁发控制数字和由群众实行民主评议，这在当时是可行的。

问题是核定农民的粮食余缺，缺乏具体办法，存在盲目性，导致苦乐不均，有的农民卖粮过了头，而有些落后农民，则故意少报或不报余粮。粮食供应上也有多供或少供现象。这属于新政策出台后需要完善的方面。到了 1954～1955 粮食年度，吸取了教训，采取了先计算粮食产量，根据产量确定农民留够多少粮，然后再算出农户还有多少余粮，结合民主评议，核定农户售粮数字。这种办法解决了上个粮食年度中存在的问题。

但新的问题又出现了。由于核定农户售粮任务是在粮食收获后进行的，从播种到收获这段时间内，余粮户对自己该向国家交多少粮食，缺粮户对自己能向国家买到多少粮食，心中无数。加上 1954 年长江、淮河流域遭受百年不遇的大洪灾，为救灾，国家在非灾区多购了 70 亿斤粮食。全国统算，计划征购 868 亿斤，实际征购 891 亿斤，多购 23 亿斤。造成农民和国家关系紧张，以至于 1954 年底、1955 年初，许多地方“人人谈粮食，户户要统销”。部分农村中，不缺粮的农民也和缺粮的农民一道，纷纷要求国家供应粮食，使国家粮食供应不正常增长。据河南省调查，在各类地区的 41 万多户中，不该供应而供应或该少供应而多供应了的占总户数的 19.3%，占总供应量的 23.2%。[①] 有的地方甚至发生骚乱，如广东省中山县，发生了历时十余天，蔓延十几个乡的骚乱，被抢去粮食一万余斤，并死伤数人。

这些现象的产生，引起人们的普遍关注，更引起决策者的

① 《当代中国的粮食工作》，中国社会科学出版社 1988 年版，第 84 页。

注意，因为这关系到粮食统购统销能否坚持下去。为此，陈云决定亲自到农村进行调查。

早在新中国成立初期，陈云就在自己的家乡约定两位农民为长期联系人，不定期地直接向他反映农村问题。1955 年 1 月，陈云来到江苏省青浦小蒸乡。他约见了自己的联系户陆象波和曹兴达，看了米店、粮仓，找了各界群众包括农民、店员、商人、小学教员、居民、干部座谈，征求对粮食统购统销的意见。通过座谈，陈云发现农民有意见，主要是上一年统购时购了“过头粮”，挖了口粮，农民不够吃了。农民对于统购统销，虽然有一些意见，但经过说服教育，还是能够接受的。这里面，既有统购统销本身不够完善的因素，也有农民还不习惯统购统销的问题。农民自古都是个体小生产者，他们千百年来的习惯是交完租、纳完税以后，余粮都是自由处理的。实行粮食统购统销，余粮卖给国家，农民那种对土地、对粮食依赖的心理一时还难以消除，总想买回去，买更多一点。一旦粮食出现紧张，他们就会争相排队抢购，从而造成农村虚虚实实地闹粮荒。因此，完善统购统销政策，关键在于明确统购的数量，让农民心里踏实下来。

有了第一手材料，陈云回到北京，向中央提出农村统购统销实行“三定”的政策和办法，即定产、定购、定销。自 1955 年起，粮食交售任务按正常年景的产量评定，三年不变，增产不增购。国家向余粮户统购粮食，一般只占其余粮数量的 80%～90%，按单一比例规定定购率，不累进。缺粮户粮食供应量，每年核定一次。这一办法得到毛泽东的赞同。毛泽东提出：粮食定产要低于实产，要使农民多留一点，多吃一点，多喂一点，多自由一点，做到“人不叫，猪不叫，牲口不叫”。

1955年3月3日，国务院决定在全国范围内试行粮食“三定”，同时在全国范围内要求各地在春耕开始前，以乡为单位，确定全乡每户的常年计划产量，并将国家对本乡的购销数字向农民公布，使每一农户都知道自己是余粮户还是缺粮户，使每一余粮户知道该卖给国家多少粮食，使缺粮的农户知道自己能够向国家购买多少粮食，做到家家心中有数。同时决定，下一个粮食年度的征购任务，由929.7亿斤减为900亿斤（后来又核减两次，最后定为830亿斤），以缓和紧张关系。4月28日，为配合“三定”工作，中共中央和国务院专门发出指示，要求整顿粮食统购统销工作，并在全国派出几十万干部到农村，对要求供应粮食的农户，从实际情况出发，评议审核，该供则供，不该供的不供。

“三定”的提出，得到农民普遍的拥护和欢迎。浙江省萧山县小桥村农民闻听此讯，全村立即欢腾起来，奔走相告，又说又笑，都称：“真摸透了我们庄稼人的心思！”当天晚上，村里的农业生产合作社、互助组和单干的农民分别开座谈会，讨论粮食“三定”政策，会场气氛热烈，中农汪福康说：“实行‘三定’办法好，我准备在今年增加两亩小株密植，在田里施十船泥肥，争取多打粮食。”农业生产合作社社长说：“有了这个办法，今年我们社里就能更顺利地改种连作稻了。”会后，这个社在三天内就组织三十多个社员到萧山街上打扫垃圾三船，合一万多斤，增加了春耕生产的肥料。

实践证明，粮食“三定”对于稳定农民情绪，促进农业生产作用很大。这样，国务院于8月25日正式发出《关于农村粮食统购统销暂行办法》，把粮食“三定”以法令的形式颁布执行。

各地都开展深入的宣传，认真调查摸底，从党内到党外，从干部到群众，了解和掌握每一个农户的土质、历年和当年的产量，每一农户具体算账，然后民主评议，定案落实。由于工作细致，切合实际，因而进展顺利。许多地方农民称“三定”为“四定”，不仅粮食的产、购、销定了，心也定了。北京郊区一个农民兴之所至，书写了一副楹联：“毛主席号召‘三定’，人人高兴；共产党规定‘四留’①，个个不愁。”横批是“努力生产”。这反映了亿万农民对粮食“三定”政策的拥护。

统购统销的另一头是城镇的粮食供应。

城镇的粮食计划供应大部分于1953年12月底以前付诸实施。供应办法是先粗后细，开始仅凭户口册发给购粮证，实行凭证买粮。在凭证买粮时，由居民自订用粮计划，报送有关机关审批。但这个办法一则工作量大，所谓审批，往往流于形式。二则无供应标准可循，一般都以居民自订计划为准，不少居民超出需要多买粮食，有的还将粮食流入农村，有的地方大量农民流入城市，形成“嘴巴进城，粮食倒流”现象。据北京、天津、上海三城市的统计，从1954年9月到1955年4月的8个月中，人口增加5%，而粮食销量每月平均增加

① 四留：即指给农民留的口粮、种子粮、饲料粮和一定数量的机动粮。

12.64%，除人口自然增长部分和必须增加的建设用粮以外，很大一部分是不应销售的而销售了。对流动人口的供应，放任自流现象更明显。比如，各地船民，凭船民证、户口簿、选民证、乡村证明等都可以买粮。有的船民就凭这些证件，重复购买，套购粮食。这说明，供应工作漏洞较多，缺乏必要的管理制度，鉴于此，中共中央于 1955 年 4 月 28 日，发出《关于加紧整顿粮食统销工作的指示》，在全国各城镇对粮食供应进行整顿，将原来凭证买粮，改为“按户核实”供应。粮食不正常销量开始降下来了。据对 238 个城市的统计，6 月份粮食销量比 5 月份减少 8%，以后两个月继续有所减少。这个办法堵住了一些漏洞，但仍有待完善。

为了更有效地贯彻粮食计划供应，1955 年 8 月 25 日，国务院公布施行《市镇粮食定量供应暂行办法》，制定了居民口粮分等定量、工商行业按户定量、牲畜饲料用粮分类供应的制度。

居民口粮的定量供应，就是对所有的市镇居民，以户为单位，发给购粮凭证，凭证分为市镇居民粮食供应证（俗称“粮食本”）、全国通用粮票和地方粮票。每个人的粮食定量是根据劳动差别、年龄大小等情况，按以大米为主食和以杂粮、面粉为主食的两类不同地区各九个等级分开。

第一等为特殊重体力劳动者，以大米为主食的地区平均每人每月 50 市斤，以杂粮、面粉为主食的地区平均每人每月 55 市斤；

第二等为重体力劳动者，平均标准分别为：40 市斤和 44

市斤；

第三等为轻体力劳动者，平均标准分别为：32 市斤和 35 市斤；

第四等为机关、团体工作人员，公私营企业职员、店员和其他脑力劳动者，平均标准分别为：28 市斤和 31 市斤；

第五等为大中学生，平均标准分别为：32 市斤和 35 市斤；

第六等为一般居民和十周岁以上儿童，平均标准分别为：25 市斤和 27.5 市斤；

第七等为六周岁以上不满十周岁的儿童，平均标准分别为：20 市斤和 22 市斤；

第八等为三周岁以上不满六周岁的儿童，平均标准分别为：13 市斤和 14 市斤；

第九等为不满三周岁的儿童，平均标准分别为：7 市斤和 8 市斤。

这个等级供应标准是国家根据人体需要的营养标准和两年来城市粮食供应实际，并参照一批典型调查材料所反映的不同年龄、不同劳动情况的城市居民粮食的实际消费水平，经慎重研究后拟定的。各等定量的标准基本符合正常消费需要。

工商行业的用粮，比如酿酒业、熟食业、糕点业、副食品业等，也都采取计划用粮，核发供应证的办法。其中熟食业出售的米饭、面食以及加工业出售的挂面、切面、米粉、年糕等，都凭粮票购买。糕点、馄饨、汤圆等一开始明确规定“均不凭粮票食用或购买”，到后来，也都用粮票购买了。只是用量标准稍低一些，比如买一斤糕点收六两粮票。

对出门在外乘火车、轮船的旅客，规定“在车船中用餐，可不凭粮票购买”。这一点基本上坚持始终。

对外国驻华使、领馆，外国代表团人员，外国来宾、专家、顾问、教授及其家属，进港外轮人员等的粮食供应，按实际需要量，凭外事机关或主管机关证件供应粮食。对一般外国侨民，由外事机关出具证明，同本国居民一样，按人定量供应。

牲畜饲料用粮，也实行定量供应。其标准是：

马、骡——每日每头原粮 4 市斤至 7 市斤；

驴、骆驼——每日每头原粮 2 市斤至 4 市斤；

奶牛——每日每头原粮 4 市斤至 6 市斤；

猪——在不超过附近农村饲料标准范围内酌量规定。

供给饲料包括麦麸、细糠及豆饼等。

牲畜或动物（指供科学研究试验或供展览、表演、配种用的）外出或外运时，由饲养户凭饲料供应证按量领取地方料票，凭票于沿途大车店、骡马店或国家粮店购买饲料。这就是说，牲畜也有“粮票”，名叫“料票”，即饲料粮票。

至此，国家对市镇粮食供应工作，形成了一套比较完善和切合当时实际的机制。

现在回过头去看，很多事情不是谁事先设计好的，不过是一步一步走到那个田地。票证的出现，也是这样。过去人们出门在外，除了记住带钱之外，千万不要忘记带粮票，否则就无法生存，粮票几乎成为过去时代的象征。其实，粮票并非共和国与生俱来，它只是在 1955 年才出现，而且是不得已而为之。

六、统购统销政策的发展

◎食油供应紧张是较长时期带有根本性的困难问题

◎一吨食油可换回四吨钢材

◎陈云说：从来没有因为没衣穿而死人引起乱子的

◎投机商用“远期支票”套购棉布

◎1954 年 9 月，国家开始发行布票

◎生猪的派购、派养

所谓统购统销的发展，是指继粮食之后，又对食油、棉花也实行统购统销。

食用油是农业主要产品在国民经济恢复任务完成后唯一的一项没有达到战前水平的产品。

我国可供食用的植物油料种类很多，主要有大豆、花生、菜籽、茶籽、棉籽、芝麻、椰子、胡麻籽、葵花籽，等等。1935 年我国食油产量为 222 万吨（各种油料作物折合），1952 年只达到 169 万吨，减少 53 万吨，只为战前产量最高年份的 76%，其中菜籽、芝麻产量约为战前最高产量的一半，花生也只为 3/4。油料作物总面积并未减少，减产的原因是单位面积产量降低许多。单产之所以降低是由于经营政策和价格政策的错误。在经营政策上，只注意粮食的增产，未重视油料。在价格政策上，因为误认为 1952 年“油多了”，导致收购少，价格偏低。如此一来，农民自然无心增产。1953 年受灾害影响，

山东、河北等花生集中产区皆告减产，致使当年食油总产量比1952年又减少10.8万吨。另外，农民的传统思想也不利于油料作物的生产，有一部分农民认为油料作物是“副产物”、“懒庄稼”，因而耕作粗糙、不注意选种、不愿意施肥。

食油内销和出口并未因减产而缩小，相反却在增加。内销的数量是年年加大，国营公司在城市的销量，1951年为20万吨，1952年为29万吨，1953年为39万吨。以北京为例，每人平均食油消费量，1950年为7斤多，1951年为10斤多，1952年为11斤多，1953年为13斤多。1953年食油销售量比1950年增加122%；天津1953年的食油销售量比1950年增加79%。不仅城市如此，农村中农民也由过去不吃油、少吃油变为吃油量大增，而合作社为了大量掌握豆饼，就在产地就近榨油，就地销售，使城市的食油供应更为紧张。食油出口，在战前的1936年总量为26.8万吨，1952年为29万吨，1953年又增长至33.7万吨，约占总产量的21.3%。出口增加一方面是有买方市场，苏联等国家要的多；另一方面也是国内建设所需，1吨食油可换回4吨钢材。

食用油消耗还与农村生活习俗有关。我国广大农村中，除山东、广东等地以外，农民点灯多用植物油。人们把煤油称为洋油，认为它价钱太贵，不愿花钱买它点灯。这其实是旧中国给人们留下的烙印，新中国的情况已不相同。根据山东临沂县芭堂村的实验，点灯时1斤煤油可顶2斤豆油或3斤花生油。而每市斤煤油的价格，在天津等于0.765市斤花生油，在上海等于0.827市斤花生油，在重庆等于1.37市斤菜籽油。点煤油灯又亮又干净又便宜，省下植物油可供食用，可以外销。因此，解决食油紧缺，还要推动煤油下乡。

解决食油困难的根本办法是增加生产，1953 年 12 月 28 日，政务院专门作出《关于增产油料作物的指示》。各地也都引起重视，纷纷打增产的主意。根据东北的经验，如果采用大豆根瘤菌拌种，每垧地最低可以增产大豆 3%，最高可以增产 70%。四川省的一种油菜种，抗病力强，产量也比当地一般品种要高 50%～150%。不少地区农民用根瘤菌拌种花生，一般也都能增产 50%以上。内蒙古河套区临河县农民张马玉，1953 年种胡麻 2 亩，每亩收 310 斤，而全区平均产量仅为 36 斤。广泛地推广这些先进经验，油料产量就会增长。

当然，上述措施不可能立刻见效，为了缓和 1954 年食油供应紧张状况，中共中央决定对油料作物实行统购，与粮食统购同时进行，不另定时间，也不另立名目。从 1954 年起在大、中、小城市实行计划供应，时间略迟于粮食计划供应，北京市在 1954 年 3 月 16 日开始取消食油自由市场，对食油实行统销。7 月 1 日起，食油计划供应。定量以面粉计划供应标准的划分为依据，每月供应面粉 12 斤以上者，每人每月供应食油 1 市斤；每月供应面粉 8 斤者，每人每月供应食油 10 两（16 两为 1 斤）。以后这一标准有所改变，在较长时期内北京食用油是每人每月半斤。

棉花生产情况和油料作物不同，解放初期，为了恢复上海、天津等大城市的纺织工业，曾提出“爱国发家，多种棉花”的口号，并规定了有利于发展棉花的粮棉比价，效果很好，调动了农民种棉的积极性。棉花生产从1951年起连年超过战前最高水平，战前最高的1936年产量近1700万担，1952年已达到2600多万担，为前者的154%。

由于种棉比种粮收益高，因此在1951年农业部召开农业工作会议时，几个产棉省农业厅长一致要求多种棉花，扩大棉田面积。这样农民可以增加收入，国家也可以增加积累。厅长们都会算账，别人都说服不了他们。陈云听了农业部的汇报之后，召集了种棉省的几位厅长谈话。陈云说：现在我国的粮食和棉花都是短缺的，供给人民的吃饭和穿衣都很紧张。随着国家经济发展和人口的增加，紧张的情况将更加突出。我们的生产力还很低，吃、穿两项还不能同时兼顾，只能先顾一头，先解决吃饭问题。历史上闹乱子都是因为没饭吃、饿死人而闹起来的，从来没有因为没衣穿而死人引起乱子的。目前帝国主义还封锁我们，粮食不能进口，我们自己多生产出一些粮食，就会减少我们前进路上的一些困难。我国的耕地不多，多种棉花必然减少粮田，减少粮食，那是危险的。陈云要求大家认清国家经济发展总的情况，照顾大局，把增产粮食摆在农业生产中的第一位，棉田面积不能增加，还要适当压一压，保证粮田面积，增加粮食生产。种棉省的几位厅长在见陈云之前，都以为他们有充分的理由向陈云汇报，满有信心地说服陈云答应他们多种棉花，但是听了陈云一席讲话，都心悦诚服地答应回去做好工作，减少棉田，保证粮食生产。

1953年贯彻陈云讲话精神，棉田比1952年减少了600万亩，棉花减少了248万担。粮田播种面积增加了4168.5万亩，增产粮食59亿斤。[1] 陈云当时还很注意利用价值规律指导农业生产，他已经看到种棉收益多，因此几乎每年都要研究粮棉比价，以利于农民种粮的积极性，又不减少棉农种棉的收益，最终确定8斤小米换1斤棉花的合理比价。

这是涉及粮、棉关系。

另外，还有一个棉布的产、销关系问题。棉布在1950年全国市场上的供应量是5800多万匹，1953年就达到1.3亿匹，按人均消费量看，全国平均每人每年机织棉布的消费量1950年是11.99市尺，1953年已增加到23.08市尺。若将这二者比较一下，就会发现问题了。1951年产布比1950年增加19%，市场销量却比上年增加31%；1953年产布比1952年增加27%，市场销量却比上年增加47%。如以1950年全国棉布销售数字为100，则1951年为173，1952年为230，1953年为343。1953年的增长速度最大。产销不是同步增长的。

由此可见，棉布的紧张一方面是由于我国耕地有限，在粮、棉这对矛盾中，只能就一头做些让步；另一方面是源于人民生活状况的改善以及购买力的提高。

国家在1951年1月就已经开始对棉纱实行统购，公私纱厂自纺的棉纱、自织的棉布均停止在市场出售，由国营公司统一收购。从1951年秋季起，全国各产棉区的供销合作社接受国家委托，开展代购棉花的工作，棉花收购数量逐年增加，1952年供销合作社代购的棉花约占国家收购总量的80%，

① 王耕今：《陈云同志关心农业生产的几件事》，《陈云与新中国经济建设》，中央文献出版社1991年版，第347页。

1953年国家所需要的商品棉全部由供销合作社代购[①]。不难看出，在生产资料的销售这方面已经带有统购统销的性质。所剩的仅是棉布一项了。

尽管国家对棉布已经加强了控制，但仍有投机商居中钻营。

在上海，国营商业逐步扩大对私营染织业的加工、包销，到1952年底流入上海批发市场的棉布，已经减少到占全市私营工厂棉布生产量的23%，但部分投机商仍和国营商业抢夺货源。1953年上半年，他们普遍采取预付定金、高价订货、期票赊销等办法抢购棉布。有的商人用比国营商业高一半以上的价格让织布厂加工棉制品。外地棉布批发商也大量向上海的私营棉布染织厂和批发商抢购。山西太原市聚义兴布号用"远期支票"的办法买去棉布，超过它实际资金所能买的数量的18倍多。当时上海私营棉布染织厂和私商交易中，90%以上是这种远期支票，有的支票从开出到付款时间长达40天。还有的上海投机商和外地投机商结合在一块，进行套购，盲目贩运。有的私商从国营商业买进后，当天就转卖给外来商人，一转手之间获取暴利20%。有的棉布商用其他牌号的棉布冒充畅销布，甚至把次布和不能做衣服的脆布冒充好布出卖。这都加剧了棉布市场的混乱。为此，1954年9月9日，政务院作出《关于实行棉布计划收购和计划供应的命令》《关于棉花计划收购的命令》，从1954年9月起，全国城乡开始凭布票供应棉布。

① 新华社1953年9月13日报道。

布票分两期发放：第一期从 1954 年 9 月至 1955 年 2 月，第二期从 1955 年 3 月至 8 月。为了照顾人民冬季用布，第一期供应数量较多，第二期供应数量较少。第一期购布票在第二期可以通用，但第二期布票不能提前使用。以后改为全年一期，一次发放。

棉布计划供应定量的多少是根据不同地区、不同气候、不同的用布习惯和不同的购买力水平等情况以及适当增加农村供应和少增城市消费的原则来决定的。当年供应全国人民的用布平均每人仍在 20.83 尺。北京市高于这个标准。北京市工人、干部每人发布票 62 尺，城市居民 42 尺，近郊农民及干部 35 尺，山区农民及干部 28 尺，平均定量为 46 尺，较全国平均水平高出一倍多。

在 1954 年 9 月至 1955 年 8 月年度内，对各种特殊需要，如新生婴儿、结婚、死亡、灾害等用布，也在节约的原则下给以必要的照顾。开始时，部分地区对特殊用布有控制过紧的现象，四川省乐至县宝林乡当时有 45 对农民结婚，都没有买到特殊用布。四川省温江县一个勘察队要买两尺红布，开了三次证明，都没有买到。这些情况在调整措施后都改变了。

在粮、油、棉实行统购统销以后，还对重要农副产品实行了派购制度，其中最早派购的是生猪。

新中国成立以后，生猪生产逐年增加，1952 年底，全国生猪存栏 8977 万头，比 1949 年底增加 55%，三年间每年增加 1000 万头。当时生猪是多头经营，中国食品出口公司、土产公司、供销合作社、私营商业都经营，机关、部队也可以自行采购。但尚无大碍，国内市场供求基本平衡。

从1953年起，猪肉供应开始紧张，大中城市和工矿区逢节日市场已供不应求。年底实行粮食统购统销，农民担心买不到饲料，同时食油供应不足，农民需用猪肉熬油吃，因此，春节前出现大量宰杀、出售生猪的情况，甚至发生大批出售壳郎猪（指40～80斤的小猪），宰杀、阉割母猪和溺死小猪等现象。春节过后，生猪上市锐减，城市、工矿区出现猪肉脱销问题。为此，华北地区为保证京、津两市的猪肉供应，采取了每村派购两头猪的办法以解决急需，成为实行生猪派购最早的地区。

政务院认为，随着工农业生产的发展，城乡人民对猪肉的需求量将会更大，生猪生产建立在小农经济的基础上，产量虽会有增加，但在农民生活水平提高的情况下，商品率相对会降低，若遭受自然灾害的威胁，增长速度将是缓慢的，因此，生产赶不上需求的增长将是长期存在的形势。为保证国家出口计划的实现和国内市场与军需的供应，决定扩大国营商业对猪肉的经营。按照政务院的指示，商业部于1954年1月1日成立了中国食品公司。该公司的主要任务是，组织和指导副食品的生产与消费，掌握价格政策，保证大中城市及工矿区的副食品供应，它主要经营的副食品有肉类、蛋品、水产品和水果等。该公司成立后，对外贸易部领导的食品出口公司原来经营的国内业务移交给中国食品公司。4月，中财委发出《关于解决生猪饲料粮和控制猪源问题的指示》，决定全国拿出12.9亿斤原粮和油饼[1]，解决养猪农民对细饲料的需要。

为了确实掌握猪源，中财委要求各地将其中的一部分饲料向农民定购或交换生猪，按100～150斤饲料定购或交换一头猪。同时指出，在交通便利、农民养猪较多的地区，可采取派购的办法，即由合作社在合理价格的基础上，规定农民在一定时间内必须向国家交售一定数量肥猪的办法。这就是生猪“派购”。根据这个文件，黑龙江省选择了20多个点试行“派购”，湖南省普遍试行了“派购”。有的省还试行“派养”，就是向农民布置生产计划，规定农民必须饲养生猪的数字。1955年，结合粮食“三定”，全国有26个省、自治区、直辖市实行了生猪“派养”“派购”，由中国食品公司统一经营。1956年，生猪列为统一收购物资后，才停止了“派购”。

① 油饼：油料作物的子实经榨油后剩下的残渣，一般成饼状，也称豆饼。

第二章

出席日内瓦会议和首倡和平共处五项原则

1954年4月至7月，无论对中国还是对世界都是重要的时段。在这不长的三个多月里，周恩来率领中华人民共和国代表团出席日内瓦会议，为缓和亚洲乃至世界紧张局势，深思熟虑，从容应对，终于实现了印度支那的和平。这期间，周恩来在访问印度时，提出和平共处五项原则，使之成为建立新型国家关系和国际政治新秩序的准则。这两个成就，都是彪炳史册的贡献。

一、“谋定而后动”

◎中华人民共和国第一次以大国身份被邀请参加国际会议

◎“打开经过大国协商解决国际争论的道路”

◎这是一个正规戏，又是第一次唱

◎中南海西花厅，午夜以后

◎对苏联的工作访问

◎专机暂停乌兰巴托

◎莫斯科的“圆桌会议”

◎阵容整齐、人才济济的中国代表团

◎模拟的记者招待会

新中国成立不到一年，就毅然出兵抗美援朝。像很多历史事件一样，朝鲜战争对中国的影响也是利弊兼有，得失同在。战争影响了中国恢复经济的进程，也给中国在物质和人员上造成了重大损失，志愿军战士牺牲和负伤 36 万多人，消耗各种物资 560 万吨；开支战费人民币 62 亿元，几乎等于当时一年的财政收入。但是中国人民敢于同世界头号强国较量，打破了美帝国主义不可战胜的神话，正如彭德怀所说的：“它雄辩地证明：西方侵略者几百年来只要在东方一个海岸上架起几尊大炮就可霸占一个国家的时代是一去不复返了。”中国人民主持正义，勇于承担国际主义义务的精神，最终赢得抗美援朝战争的胜利，大大提高了中国的国际威望，令全世界刮目相看，国外史学家也认为：“中华人民共和国在朝鲜冒险付出的代价确实很高。但由于安全得到保障和中国国际威望提高所带来的益处超过了代价。”

比抗美援朝略早一些的援越抗法斗争同样如此。

1945 年 8 月，以胡志明为首的印度支那共产党领导越南人民举行了总起义，于 9 月 2 日宣告成立越南民主共和国，胡志明任国家主席。当时的法国政府顽固坚持殖民主义立场，在英国的支持和美国的同意下，派兵在越南登陆，发动殖民战争，随即又进兵老挝、柬埔寨，使越南、老挝、柬埔寨三国形成了互相联系、内部又有区别的反法大战场，这就是第一次印度支那战争。1950 年初，应胡志明的要求，中国政府在自己十分困难的情况下开展了援越抗法，决定尽力为越南提供抗法斗争所需要的一切援助，包括越南部队所需要的轻重武器、弹药、运输车辆，乃至服装、粮食、医药等。选派军事干部组成顾问团，协助越军组织指挥作战，允许其主力部队开入中国境内换装，并帮助其训练。抗法战争期间，中国是唯一给予越南无偿援助的国家。

抗美援朝和援越抗法，使得中国在朝鲜和印度支那问题上具有的发言权，成为新中国走向国际舞台的一个契机。朝鲜停战以后，亚洲紧张局势开始缓和，相关的遗留问题需要协商谈判，第二次世界大战后的国际形势进入了一个新的阶段，国际关系格局处于变化调整之中，而朝鲜和越南问题就是两个敏感而又关键的问题。这就是日内瓦会议的由来和中国能够应邀参加这个重要会议的大背景。

1953 年 9 月 28 日，苏联政府照会法、英、美三国政府，提议召开由中华人民共和国参加的五大国外长会议，审查缓和国际局势的措施。1954 年 1 月 25 日，中断将近八年的苏、美、英、法四国外长会议又在柏林举行，苏联外长莫洛托夫再次提出召开五大国会议的建议。尽管美国反对中国参加，但英、法都倾向于召开这一会议，特别是希望在这一会议上讨论印度支那问题，美国也不得不改变态度。四国外长会议最后决定，于 1954 年 4 月举行日内瓦会议，讨论朝鲜问题和印度支那问题，除苏联、美国、法国、英国、中华人民共和国全程参加会议外，同这两个问题有关的其他国家也派代表分别参加涉及相关问题的讨论。会议委托苏联政府把这个建议转告中华人民共和国政府。

中央人民政府政务院总理兼外交部长周恩来获悉这一消息后，立即作出积极的反应。2 月 27 日，他在接见印度驻华大使时说："柏林会议有一点收获，就是要举行日内瓦会议，从远东的具体问题来解决一些国际迫切的问题，尤其是远东和平问题，这就是一个成就。这将推进国际和平，首先是朝鲜和越南的和平。"[①] 3 月 3 日，中华人民共和国政府正式答复苏联政府，接受邀请，派全权代表参加日内瓦会议。

日内瓦会议是中华人民共和国成立以来第一次以大国身份参加的重要会议，也是一次极其复杂的多边外交斗争。中共中央对此十分重视，并立即进行精心的准备。

在所有的准备工作中，最根本、最重要的，莫过于对会议所面临的形势和可能出现的问题作出准确的估计，据此制定出明确的方针。

二三月间，周恩来亲自起草了《关于日内瓦会议的估计及其准备工作的初步意见》（以下简称《初步意见》），使中国代表团出席这次重要的国际会议有了明确的指导思想。

关于朝鲜问题，《初步意见》提出："我方应紧紧掌握和平统一、民族独立和自由选举的口号"，坚决支持朝鲜民主主义人民共和国将在会上提出的和平解决朝鲜问题的全面建议。这些建议"显然都不可能为对方所接受。争到最后，我们应在承认维持南北朝鲜现状，分期撤退外国军队和恢复南北朝鲜交通贸易等问题上谋求解决办法，以建立初步的和平局面。"

关于印度支那问题，《初步意见》提出："我们要力争不使日内瓦会议开得无结果而散。即使不能达成任何协议，也要使

① 中共中央文献研究室编：《周恩来年谱（一九四九—一九七六）》上卷，中央文献出版社 1997 年版，第 355 页。

恢复印度支那和平的谈判不致完全中断，形成边谈边打局面，以增加法国内部的困难和法美间的矛盾，而有利于印度支那人民解放斗争局势的开展”，“在恢复印度支那和平的具体问题上，就地停战不如划定南北停战线如十六度之类”。

新中国成立五年来，国际社会听到新中国的声音并不是很多，有机会参加这样的国际会议，也是一次打开中国外交局面的极好时机。因此，《初步意见》还提出：“等到会议中，我们可以相机提出有利于和缓国际紧张局势的其他迫切的国际问题”，“我们除朝鲜和越南问题外，还必须准备其他有关中国、远东及亚洲的和平与安全等问题的材料和意见。尤其是发展各国间的经济关系和贸易交通往来，更为缓和国际紧张关系、打破美帝封锁禁运的有效步骤。在会议外，中英、中法、中加的相互关系也会触及，我们亦应有所准备。”

周恩来亲自起草的这份《初步意见》成为中国出席日内瓦会议的纲领。

在方针政策的准备上，主要是弄清楚英、法、美的目的何在，有哪些有可能解决或应该争取解决的问题，要采取何种策略；如何加强会议期间的外交活动，怎样配合会议的进程进行国际宣传，应该拟定什么样的方针和计划；另外，还需要和苏联、朝鲜、越南等国协商，力求取得一致的看法，以便协调步骤。

这些准备工作，全都由周恩来直接负责。周恩来事无巨细，小到文献资料，厨师的配备，全都一一过问。他经常让外交秘书陈浩把有关人员找到中南海西花厅去，一谈就谈到午夜以后。[①] 为了提高有关人员对这次会议的认识，周恩来向周围工作人员打了一个生动的比喻，说：尽管我们过去在国内谈判有经验，跟美国吵架也有过经验，但那是野台子戏；这次是一个正式的国际会议了，我们登上国际舞台了，又是一个大国，是一个正规戏、舞台戏，又是第一次唱，所以要本着学习的精神去做。

3月下旬，中国和越南民主共和国在北京就和平解决印度支那问题交换了意见。

当时，中国和英、法、美都没有外交关系，中国是受苏联邀请参加会议的，中苏又是同盟关系，中国同苏联必须磋商，以协调双方所采取的方针、政策，对会议的进展和可能取得的成果进行分析和估计。

4月1日，周恩来率少数人员离京赴莫斯科进行工作访问。专机起飞后发生了一个小插曲。师哲对这件事有一个生动的回忆：

> 这次出国，原计划在伊尔库茨克稍事停留后直飞莫斯科。但因飞机发生了故障，不得不在乌兰巴托作一次计划外的降落。我随总理走进机场休息室。
>
> 一会儿，蒙古部长会议主席泽登巴尔打电话到机场询问：何人的飞机，为什么飞来飞去，不打招呼？
>
> 机场领导向他汇报了情况，然后要我去接电话。我告

① 童小鹏：《风雨四十年》（第二部），中央文献出版社1996版，第79页。

诉泽登巴尔：是周总理的飞机。本来没有计划在这里降落，因发生故障而不得不作计划外的降落。

泽登巴尔说：我们是一个主权国家。照理，降落时，应向我们打个招呼，这样也便于我们迎接和招待。

我回答说，泽登巴尔同志，我们是老熟人了，大家都不必客气，一切礼节也可以免去。你们什么时候愿意到北京来都可以，我们都欢迎。关于今天咱们的谈话，我立即向周总理汇报。你还有什么要说的话吗？我向他转达。

泽登巴尔说：我们今天不能去机场迎接周恩来同志了，因为事前我们不知道，也没有准备，现在来不及了。好吧，请向他问好！

我把上述情况向总理汇报以后，他沉思了一下，说：我们应找一个适当的机会，对蒙古人民共和国作一次正式访问。7月9日，周总理再次在乌兰巴托作短暂降落时，泽登巴尔亲到机场迎接。日内瓦会议结束后，周恩来正式访问了蒙古人民共和国。①

4月2日，周恩来抵达莫斯科，下榻奥斯特洛夫斯卡亚街八号公寓。中苏双方即开始进行会谈。苏方参加会谈的有赫鲁晓夫、莫洛托夫、马林科夫、苏斯洛夫等，中方是周恩来和驻苏大使张闻天。会谈是围着圆桌进行的，赫鲁晓夫称这次会谈为“圆桌会议”。

① 师哲：《在历史巨人身边》，中央文献出版社1991年版，第538～539页。

双方首先相互交换有关情况并提出一些新问题。然后，赫鲁晓夫谈对会议的设想和看法。他说：这是一次带政治意义的会议，但对它不要抱过大的希望，也不要期望它能解决多少问题，它可能根本解决不了什么问题。然而，我们是从另一角度考虑问题的。中国、朝鲜、越南一起出席这次国际会议，这件事本身就有不同寻常的意义，就是一种胜利。我们利用这次国际会议的机会，阐明对各项问题所持的原则立场和我们的方针政策，对有关事态作出声明、解释和澄清，就是一种政治收获。

莫洛托夫同意赫鲁晓夫的看法，他认为，在国际斗争和外交场合中，很难预料出现什么问题，尤其不可设想一切都会按照我们预定的方针或计划进行。因此，任何一个问题、一件事，都不要认为它会按照我们的想法和愿望去发展，尽管我们对一些问题事先有自己的看法、设想、要求、愿望。因此，我们事先只应有一个大致的设想或意欲达到的目标。自然，我们也应该有自己的、毫不含糊的明确立场、态度和原则，但同时必须要有极大的灵活性、预见性、机动性。这样，我们才能做到恰到好处，达到预期的目的。总之，需要边走边看，随机应变，找到对策，灵活运用。

周恩来在讲话中再三声明，中国参加这样的国际会议是第一次，缺少国际斗争的知识和经验，中苏之间必须保持密切联系，交换意见，互通情报，校正口径，协同动作。中国参加日内瓦会议有其微妙之处，就是会议要讨论的问题——朝鲜和印度支那和平问题——虽与中国有切身关系，但却并非直接属于我国自身的事情，所以特别要小心谨慎，严肃对待。这就是说，问题涉及的是主权国家，中国的作用再大，也不能越俎代庖，包办代替。这一点很重要，说明新中国一走入国际舞台，就清醒地摆正自己的位置，没有犯大国沙文主义的错误。

周恩来还指出，我们对苏联同西方国家关于这次会议磋商的前前后后和整个经过还不太了解，希望苏联外交部作个介绍。对这些要求，苏方都给以肯定的答复。

周恩来还表示了这样一个意思，中国、朝鲜、越南能够一道出席这次国际会议是一件不同寻常的事，是一个胜利。假如我们能够很好地利用参加这次会议的机会，阐明对各项问题所持的原则立场，和对若干有关问题作出解释和澄清性的声明，如果能解决某些问题就会有更大的收获。

仔细品味周恩来的话，与苏方是有差别的。周恩来要充分利用这一有利时机，“打开经过大国协商解决国际争论的道路”，力争使某些问题得到解决，而不仅仅满足于能够出席一次国际会议。双方还约定，中国代表团提前两三天到达莫斯科，以便听取苏方向我代表团人员介绍国际会议的斗争经验，以及在斗争中须注意的各项事宜。

在苏联期间，于4月上旬周恩来参加了有苏联、中国、朝鲜、越南四国领导人出席的日内瓦会议预备会议，磋商参加此次会议的方针、政策和谈判方案，进一步明确要尽力争取在印度支那实现和平。

4月12日，周恩来回到北京。

4月19日，中央人民政府正式公布中国出席日内瓦会议代表团名单：首席代表周恩来，代表张闻天、王稼祥、李克农，秘书长王炳南，顾问雷任民、师哲、乔冠华、陈家康、柯柏年、宦乡、黄华、龚澎、吴冷西、王倬如、雷英夫、熊向晖、章文晋、浦寿昌、陈浩等，加上工作人员，有180多人，是仅次于苏联的大代表团。

代表团成员和工作人员在外交部集中后，周恩来作动员讲话。他说：这好比是梅兰芳的大戏，各个角色都要齐全，要成龙配套。周恩来此言不虚。中国代表团阵容整齐、人才济济，包括了各方面人士和专家。这样做一方面表示重视这场斗争，另一方面是要练兵，借机锻炼队伍，因此，凡是与此有关的干部都参加了。李克农主要负责代表团的秘书、机要、警卫、翻译、后勤等内部事务。王炳南出席会议主席召开的各代表团的秘书长会议，研究决定会议议程、会务等具体事宜。宦乡、乔冠华、陈家康组成政治组，负责起草文件，特别是周恩来的发言稿。起草发言稿是难度较大的工作，既要符合中央的精神，又要针对会议变化的情况，还要及时，不能拖沓。师哲是俄文翻译，负责把周恩来的发言、提议等译成俄文，同苏联代表团交换，再将他们的文件译成中文。宦乡、蒲寿昌、杨承芳组成英文翻译小组，杨负责笔译，蒲负责口译，随周恩来参加会议。外贸部长雷任民率领一大批外贸工作人员随代表团出国，是利用出席日内瓦会议的机会，开展我国同西欧和世界各国进行贸易的探索。吴冷西、吴文焘是新华社和《人民日报》负责人，他们负责新闻报道，同国内新闻机构联系。新闻发言人是外交部新闻司司长龚澎和黄华，马列是周恩来的秘书，俄文很好，担任代表团的联络员，负责同莫洛托夫的秘书联系，安排、接洽中苏两国代表团之间的会晤。后期会议谈到法越双方停火问题时，应越方的邀请，中苏越三方军事顾问组成军事参谋会议，代表团团长中方是雷英夫，苏方是费登科中将，越方是谢光宝，马列是中方代表之一，负责同苏方的将领联系。

为了通过这次会议打开中国外交局面，使更多的国家了解中国，代表团还专门找了两个有特长的厨师，以备在会议期间请客交朋友。

代表团动身前进行了细致的准备，夜以继日地工作，光是资料就铺了一地。为了对付记者招待会上可能提出的各种问题，代表团专门在内部召开模拟的记者招待会，进行实战“演习”。集中懂英语的新华社记者，扮演外国各通讯社记者，尽其所能地提出各种问题，挑衅性的，侮辱诽谤性的，威胁恫吓的，“据理”质问的，刁钻古怪、尖酸刻薄、五花八门的问题一个接一个。新闻发言人面对这些“外国记者”，从容镇定，一一予以回答、解释或反驳。据担任代表团秘书长的王炳南回忆说：“那种群策群力、热气腾腾的场面，实在令人感动。”[①]这种“演习”连续搞了三次。这种锻炼使中国代表团的新闻发言人在日内瓦会议期间的表现非常出色。

周恩来对接待外国记者工作十分重视，作了五条原则规定：

（一）来者不拒，区别对待。

（二）谨慎而不拘谨，保密而不神秘，主动而不盲动。

（三）记者提问，不要滥用“无可奉告”，凡是已经决定

① 王炳南：《中美会谈九年回顾》，世界知识出版社1985年版，第7页。

的，已经公布的，经过授权的事，都可以讲，但要言简意赅，一时回答不了的，记下来，研究后再回答。

（四）对于挑衅，据理反驳，但不要疾言厉色。

（五）接待中，要有问有答，有意识地了解情况，有选择有重点地结交朋友。

4 月 20 日，出席日内瓦会议的中华人民共和国代表团离开北京，次日下午飞抵莫斯科。在那里停留了两天，利用这个机会，请苏联外交部副部长葛罗米柯介绍国际会议斗争经验和应注意的事项，回答代表团提出的问题。葛罗米柯的介绍对中国代表团非常宝贵，特别是他说到对手很狡猾，会利用一切手段刺探我们的意图和动向，现代技术已发展到使用各种窃听、窃照成为轻而易举的事情了。无论驻旅馆、公寓、沙龙或别墅，都难以防止或发现他们事先早已设置的窃听器等装置，因此，行动要检点，注意保密，尤其应随时注意。

4 月 24 日，中国代表团飞离莫斯科，前往日内瓦。

二、日内瓦会议（上）

◎莫洛托夫提醒，慢点走，给记者留下几个镜头

◎中国代表团着装引出的误会

◎莱蒙湖畔的万花岭别墅

◎周恩来第一次发言，欧洲各报头版报道

◎美国首席代表杜勒斯提前走了

◎6 月 15 日，极精彩的一幕

日内瓦，瑞士日内瓦州的首府，地处三面环山的盆地内，濒临日内瓦湖（又名莱蒙湖）。环湖山峰终年积雪，湖光山色，秀丽旖旎。湖水清澈湛蓝，气候温和，是著名的风景区和疗养地，向有“世界公园”之美称。城内的中世纪和文艺复兴时期的建筑鳞次栉比，是欧洲最有特色的城市。由于瑞士在欧洲历史上长期扮演着中立国的角色，故很多国际组织设在日内瓦，包括联合国驻欧洲总部及其附属机构以及150多个世界机构总部，故日内瓦又有国际会议城之说。

1954年4月24日当地时间下午3时30分，中华人民共和国代表团抵达日内瓦，瑞士联邦政府政治部政务司司长艾尔弗雷德·琴德尔，政治部礼宾处处长罗伯·莫里斯，日内瓦州政府主席查尔斯·杜博莱，日内瓦副市长艾伯特·杜梭等到机场欢迎。周恩来在机场发表书面声明，随后，周恩来一行驱车前往位于日内瓦近郊的莱蒙湖畔的查尔索瓦镇，住在万花岭别墅，这是一座配有漂亮花园的大别墅，又名花山别墅。

稍事休息后，周恩来到机场迎接随后到来的以莫洛托夫为首的苏联代表团。周恩来同莫洛托夫愉快地互致问候之后，一起朝候机室走去。中国代表团只顾向前走，步伐太快了，“莫洛托夫提醒我们慢点走，给记者留下几个镜头。”于是，周恩来、莫洛托夫走走停停，边说边笑地并肩步入候机大厅。这说明中国第一次出现在这样的外交场合，还缺乏应有的经验。

同样情况，还出现在中国代表团的置装上。

王炳南回忆道：

说来非常有意思，在考虑置装问题时，我认为中国代表团成员的服装要庄重、严肃，就选择了一种黑色面料，为每个代表做了一套中山装。后来，当我们穿着这套服装出现在日内瓦大街上时，只见路人都恭敬地立定，向我们脱帽致敬，后来我们才知道，在瑞士牧师是穿黑衣服的，很多人误以为我们是传教的牧师。这是件小事，却也说明我们初次走向国际，有多少东西要学习。①

代表团顾问师哲的回忆大同小异：

我们到达日内瓦机场时，别人还以为我们是一个大型足球队呢，每人戴着八角帽，穿着中山装，真像足球队员。②

4 月 26 日下午 3 时，日内瓦会议在国联大厦开幕。参加会议的有：中华人民共和国外交部部长周恩来、苏联外交部部长莫洛托夫、英国外交大臣艾登、法国外交部部长皮杜尔、美国国务卿杜勒斯、朝鲜民主主义人民共和国外务相南日和南朝鲜（韩国）、澳大利亚、比利时、加拿大、哥伦比亚、阿比西尼亚（今埃塞俄比亚）、希腊、卢森堡、荷兰、新西兰、菲律宾、泰国、土耳其等国的代表们。

① 王炳南：《中美会谈九年回顾》，世界知识出版社 1985 年版，第 6 页。

② 师哲：《1954 年日内瓦会议的一些情节》，载《新中国外交风云》第二辑，世界知识出版社 1991 年版，第 30 页。

会议商定，会议将依次由泰国外交部部长那拉底亲王、苏联外交部部长莫洛托夫和英国外交大臣艾登担任主席，每一主席将为自己选两名副手。会议的正式语言是法文、俄文、英文、中文和朝鲜文。

4月27日下午，日内瓦会议开始讨论第一项议程——朝鲜问题。

1953年7月27日在板门店签字的朝鲜停战协定使进行了三年多时间的朝鲜战争得以停止。但朝鲜问题并没有解决。根据朝鲜停战协定的规定，在停战协定生效后三个月内，应召开双方高一级政治会议，协商从朝鲜撤退一切外国军队及和平解决朝鲜问题等事项。为此，朝中方面代表同美方代表于1953年10月26日，开始在板门店就如何召开政治会议一事进行会谈。美国根本不想召开政治会议，因为召开政治会议只会对它力图在远东保持的紧张局势不利，不利于它在板门店会谈中采取种种拖延手法。12月12日，美宣布中断这一会谈，致使高一级政治会议未能召开。

日内瓦会议一开始，朝鲜外务相南日就提出了关于恢复朝鲜统一和组织全朝鲜自由选举的三点方案：

（一）举行国民会议的全朝鲜选举，组成朝鲜统一政府。

（二）一切外国武装力量在六个月内撤出朝鲜。

（三）对维护远东和平具有最大关心的相关国家保证朝鲜的和平发展，并为朝鲜的和平统一创造条件。

同一天，南朝鲜代表在会上却提出：由联合国监督在北朝鲜举行自由选举，选举南朝鲜议会中留给北朝鲜代表的一百个席位。

4月28日，美国代表团团长、国务卿杜勒斯发言。杜勒斯，中等个头，戴一副近视镜，表情严峻而冷酷。他在发言中出言不逊，指责朝、中、苏三国在朝鲜问题上的立场，掩盖美国对于朝鲜问题没有获得最后和平解决所应负的责任。语言是诬蔑性的，态度很傲慢地首先反对南日主张在全朝鲜举行排除外国干涉的自由选举的建议。杜勒斯还反对南日关于一切外国军队应在六个月内从朝鲜撤退的建议。他还创造了一个奇怪的逻辑，他说，因为美国距离朝鲜太远，美国军队撤退后回来不易，因此不应该撤退。

接着，中华人民共和国代表团首席代表、外交部部长周恩来发言。

与会者认真倾听周恩来的发言。他说："我们尊重各国人民的选择和维护他们自己的生活方式和国家制度而不受外来干涉的权利；同时，我们也要求其他国家用同样的态度对待我们。"有些国家，首先是美国不愿意承认中华人民共和国，并力图无视中国人民选择自己国家制度的权利，这妨碍了世界迫切问题，特别是亚洲迫切问题的和平解决，增加了国际关系的紧张和不安。周恩来说，日内瓦会议应该为改变这种状态奠定基础。中华人民共和国代表团完全支持朝鲜民主主义人民共和国外务相所提出的关于恢复朝鲜的国家统一和举行全朝鲜的自由选举的建议，希望参加日内瓦会议的代表能努力来解决会议议程上的迫切问题。

美国代表的不合作态度与一切主张和平的愿望是背道而驰

的，也与某些西方国家想通过日内瓦会议解决某些问题的想法有距离。因此，国际舆论作出不同的反应。第二天，几乎欧洲所有的重要报纸都把周恩来的发言登在一版头几条的最重要的位置上，而把杜勒斯的发言放在较次要的位置。伦敦《泰晤士报》认为周恩来的发言是“合乎情理的”，“强有力的声明”。

这一点也可以在会场内外的气氛中感觉出来。当周恩来代表世界一个大国的人民，第一次在这样庄严的国际会议上，用安详而有力的声音发言的时候，会场凝神静听。中国代表团发言人在会后举行的记者招待会自然而然成为许多国家记者采访的焦点。有 300 多个记者挤满了“记者之家”的会议厅，听取中国代表团发言人向他们介绍周恩来的发言，而在邻近厅内举行的美国代表团的记者招待会上，当美国发言人重新向记者介绍杜勒斯的发言时，记者们叫道：“不必多说，我们都知道了。快告诉我们，周恩来说了些什么吧。”本来杜勒斯在 4 月 27 日就已报名要讲话了，但因当天会议主席莫洛托夫聘请中国代表团顾问师哲为助手，所以他临时撤销发言。这可能是舆论界的一种揣测。还有另一种说法，即：杜勒斯所以临时撤销发言，是因为朝鲜代表团首席代表南日外务相提出的解决朝鲜问题的方案是完全合理的，迫使杜勒斯必须考虑如何才能应对。

另一桩耐人寻味的事是，当会议进行到第五天时（4 月 30 日），英国和法国都还没有发言，美国发言人却已经宣布杜勒斯将在 5 月 3 日离开日内瓦。而此前美国方面传出的消息是杜勒斯将在日内瓦停留十天到两个星期的。朝鲜问题的一般辩论还未结束，印度支那问题的讨论还没有开始，杜勒斯却要抽身走了。美国《纽约先驱论坛报》专栏作家李普曼在4月30日就曾透露杜勒斯的这种打算说：美国“已经承认”目前在日内瓦会议上“不能扮演领导国家的角色”，因而杜勒斯“已受忠告考虑离开会议”。

其实，在南日提出三点方案后，一些政治观察家就认为朝鲜问题已经具备了讨论的基础。但是，美国根本就不打算解决问题。法国对朝鲜问题不便发言，它的问题在印度支那。英国也不想发言。这样，朝鲜问题的讨论就形成了一个“僵局”。

5月22日，周恩来在大会发言中对南日外务相4月27日的方案提出一个补充建议：为了协助全朝鲜委员会根据全朝鲜选举法在排除外国干涉的自由条件下举行全朝鲜选举，成立中立国监察委员会，对全朝鲜选举进行监察。这个补充建议得到了南日外务相的同意，在会场内外引起了极大的注意。一般舆论认为，这又一次表现了中、朝方面谋求和平解决朝鲜问题的主动。但这样的方案仍被美国等拒绝。

6月15日，和往常一样，会议在下午3点钟开始。会议主席是英国代表艾登。

南日、周恩来、莫洛托夫是会上最初的三个发言人。

每一个发言都提出了促进朝鲜问题和平解决的建议。

人们注意到这天会场的注意力特别集中，座上没有打盹的，没有看报的。

在莫洛托夫发言完了以后，会场上忽然出现了一霎奇异的沉寂。

参加“联合国军”的那些国家代表本已拟好了十六国宣

言，推定了发言人，但是主席艾登说："在我的名单上现在没有要求发言的名字了。"

突然，菲律宾代表和坐在他后面的美国代表交头接耳了一阵以后站起来，建议暂时休会。在五十多天的会议中，这是第一次出现这种式样的临时动议。

会议休息了40分钟，比正常的休会长了一倍多。5点28分，艾登又坐到了主席台上，他请美国代表史密斯发言。史密斯的话很短，他说：如果说到要维持朝鲜的和平，那么已经有了停战协定；至于莫洛托夫的建议，那么联合国大会的决议的用词要"更正式更确切得多"。这样，他就拒绝了所有建议。

接着由泰国代表宣读十六国宣言。这个简短的宣言与杜勒斯4月28日在日内瓦会议上的第一次发言相比没有什么新的东西，它的结论是"由本会议进一步考虑与研究朝鲜问题是不能产生有用的结果的"。

据报道，这时候会场外面警卫部队的指挥车上的扩音器响了："注意！注意！马上散会了，把车子开过来。"汽车像一条长蛇似的开到了代表团进出的国联大厦第四号入口。从"新闻大厦"来的人们，手上已经有了油印的十六国宣言；有人在今天上午已经拿到了这个。在那里的黑板上，有人在会议开始前就写下了一句话："朝鲜问题最后一次会议，全体记者请来验尸。"① 这时，莫洛托夫发言了。他从头分析西方国家反对和平解决朝鲜问题的立场。莫洛托夫最后指出：朝鲜、中国、苏联

① 参见《人民日报》1954年6月19日。

提出的建议将受到朝鲜人民的广泛支持。“我们将循着这一方向继续奋斗。我们将为朝鲜人民的利益、为统一这个国家的利益，最后是为全世界和平的利益而继续奋斗。”

接着是周恩来发言。周恩来说：“十六国宣言是在断然表示要停止我们的会议，这不能不使我们感到极大的遗憾”，“情况虽然如此，我们仍然有义务对和平解决朝鲜问题达成某种协议……对于继续努力，以期在建立统一、独立和民主的朝鲜国家的基础上获致和平解决朝鲜问题的愿望应该是共同的。”周恩来说，中华人民共和国代表团建议通过下述决议：“日内瓦会议与会国家达成协议，它们将继续努力以期在建立统一、独立和民主的朝鲜国家的基础上达成和平解决朝鲜问题的协议。”周恩来指出，“如果这样一个建议都被联合国军有关国家所拒绝，那么，这种拒绝协商和和解的精神，将为国际会议留下一个极不良的影响。”

当周恩来说到最后的一句话的时候，会场上似乎每一个人的上身都向前侧倾，朝着周恩来，毫无疑问，这是一句很有分量的话。

南日的发言指出，日内瓦会议中断的责任应该由西方十六国的代表负担。

接下来是极精彩的一幕。

比利时代表斯巴克说：“莫洛托夫和周恩来的建议与十六国宣言并不矛盾。我们不同意，只是因为它们的精神已被包括在朝鲜停战协定与十六国宣言中了。”

周恩来说：“斯巴克的说法没有根据。朝鲜停战协定并没有如我们建议的规定。中国代表团带着协商和和解的精神第一次参加这样的国际会议，如果我们今天提出的最后一个建议都被拒绝，我们将不能不表示最大的遗憾。全世界爱好和平的人民将对这一事实作出判断。”

斯巴克解释道：“我说的是周恩来的建议与我们起草十六国宣言的精神是一致的，说到头我毫不反对周恩来建议的精神。我相信，英国代表与我其他的同事持有与我相同的态度。”

周恩来紧接着说：“如果说十六国宣言与中国代表团的建议有着共同的愿望，那么，十六国宣言只是一方面的宣言，而日内瓦却有十九个国家参加。我们为什么不可以用共同协议的形式来表达这一共同愿望呢？难道我们来参加这个会议却连这一点和解的精神都没有吗？我必须说，我是在第一次参加国际会议中学到了这条经验。”周恩来这个发言合情合理，极具说服力，显然打动了许多与会代表。

斯巴克听后表示：“为了消除怀疑，我本身赞成以同意票决定我们接受中华人民共和国代表团的建议。”

对于这一段对话，莫洛托夫问道：“我们是不是准备发表一个代表我们大家的意见和愿望的宣言呢？”莫洛托夫说：“在我看来，这正是我们在日内瓦开会的目的。因此我无保留地支持刚才比利时代表支持的中国代表团的建议。”

艾登说：“我们面前有一个中华人民共和国代表所提出的建议。如果我的了解是正确的话，比利时代表认为这个建议表达了本会议工作的精神。如果大家同意，我可否认为，这个声明已为会议普遍接受？”

会场上出现了十多分钟的沉寂，没有人发言反对。在通常的情况下，主席就将宣布大家达成协议了。对于美国代表史密斯来说，这是最紧急的一刹那。会议的主席很快就将认为无人反对，而通过一个共同决议了。史密斯急忙发言。他说：“我不懂得中国建议的范围与实质。因此，在请示我的政府以前，我不准备表示意见，也不准备参加刚才有人建议通过的决议。”

正像后来舆论评论的那样，一个副国务卿，一个受命参加以和平解决朝鲜问题为目的的国际会议的全权代表，他没有权力对一个和平的愿望表示同意，但是他却有权拒绝就这个愿望达成协议。

接着，会议主席艾登说：“我们没有投票的规则。我们在这里是靠共同协议来行动。我们现在不能在任何一个文件上达成协议。我想建议会议，同意只是把这些发言记录下来，作为会议记录的一部分。”

莫洛托夫要求会议也应该把刚才美国代表的发言载入记录。

接着，周恩来总结了会议上刚才所发生的事情。周恩来用缓慢而沉重的语调说：“我对比利时外长所表现的和解精神感到满意。主席的态度也值得提及。然而我必须同时指出，美国代表立刻表示反对并进行阻挠。这就使我们大家都了解到美国代表如何阻挠日内瓦会议并且阻止达成即使是最低限度的、最具有和解性的建议。”

当周恩来说出这些话的时候，人们的眼光不期然而然地转向坐在会场左后侧的史密斯。史密斯眼睛看着桌子，两手拳在胸前。

周恩来说："我要求把我刚才的发言载入会议记录。"

会议主席在裁决所有这些发言都将载入会议记录以后，宣布会议闭幕。这时已是8点36分，最后一次会议超过五个半小时。在国联大厦第四号入口，早已散掉了的汽车，重又聚拢来迎接走出会场的代表。汽车亮着灯，因为天已经黑了。

日内瓦会议朝鲜问题的讨论历时51天，周恩来在会上表现出来的儒雅的风度，光明坦荡的政治家胸怀，善于捕捉机会的机敏才干，给与会者以至国际社会留下深刻印象。

在美国的阻挠下，朝鲜问题未能达成协议，但美国也使自己处于孤立地位。就在杜勒斯宣布要回国的当天（4月30日），苏联外长莫洛托夫宴请周恩来和英国外交大臣艾登，这是一个很自然的开端。此后，周恩来和艾登交往不断，艾登很欣赏周恩来的风采。朝鲜问题讨论结束后他回到英国在下院报告会议情况时说："会议的一个结果是英中关系的改善，而这已经产生了一些后果，这是会议所已经看到的。我很高兴有机会和周恩来先生会晤。两国代表团之间在日内瓦的会谈无疑是有价值的。"

三、日内瓦会议（下）

◎"联法抗美"的策略

◎莫边府大捷太是时候了

◎周恩来6月16日的六点建议"打开了一个新的门"

◎法国各阶层代表团纷纷来到日内瓦

◎法国主战派政府倒台

◎周恩来在伯尔尼会见了法国新总理

◎三天的柳州会议

◎在不损害基本利益的前提下，作个别让步

◎美国拒绝参加会议的最后宣言

◎“意外的收获”

日内瓦会议在恢复印度支那和平问题上取得突破性成果。

日内瓦会议期间，整个印度支那还处在战火纷飞之中。当时，法国对越南、老挝、柬埔寨三国发动的殖民战争已经五年。以法国及法兰西联邦的越南共和国、老挝王国、柬埔寨王国为一方，以越南民主共和国、老挝的寮国抗战部队、柬埔寨的高棉抗战部队为另一方，打得难解难分，使印度支那的局势变得异常复杂。在印度支那问题上，美、英、法三国各有打算。美国想在印度支那开辟战场，达到既可威胁中国，又可向印度支那扩充势力的目的。法国不愿意在印度支那过多地消耗实力，想在已有力量对比和既定战场形势下，通过谈判保住在印度支那的部分权益。英国也希望政治解决印度支那问题，保住在印度支那的部分权益。尽管如此，解决印度支那问题的关键，还在于法国同三国抗法武装力量的斗争，取决于各方的实力和对战场实际控制能力。

根据印度支那形势，是把战争继续进行下去还是通过和平谈判给法国一个面子使其撤退以结束战争，有两种选择。如果法国不停火不撤军，美国势必插进来，把战火直接烧到中国南部边境（因当时法军还占据着邻近中国边境的越北要地），这对中国十分不利。美军直接介入战争，也会大大增加越南和老挝、柬埔寨抗战力量的困难。考虑到种种因素，中共中央主张争取在美国尚未插手前，就在日内瓦会议上和平解决问题。根据中共中央的决策，周恩来在莫斯科举行的日内瓦会议预备会上，同苏、越领导人研究决定，在印度支那问题上采取“联法抗美”的策略，争取和平解决印度支那问题。根据战场上双方占领区犬牙交错，敌方又占着中心区和交通线，就地停战则越盟力量被分割而难以长期生存的实际情况，周恩来提出，比较有利而且可行的方案是争取以北纬16°线为界实行停火，线北法军撤出，线南人民军撤出。对此，中、苏、越三国领导人一致同意。

此前，法国政府的主战派和南越保大伪政府一直称越南民主共和国是没有固定领土的“幽灵”。1953年夏，韦国清（任越南总军委和越军总司令顾问）同胡志明商定，发动新的攻势，越军由北部正面战场向西北发展，解决莱州周围的敌人，并选择有利地形歼灭法军有生力量。同时进一步开辟西北战场和敌后战场，为解放红河三角洲平原创造条件。还在战役的准备阶段，莱州之敌就撤退了，越南人民军从南北两个方向构成了对奠边府的包围。奠边府在平原内，周围是山，中间是小平原。法军迅速增兵至16个营，建成49个大小据点和两个野战机场。法军声称，奠边府是东南亚不能攻克的“凡尔登”。军事顾问团与越军前指共同分析了这种情况，确定改“速战速决”为“稳扎稳打”，严密包围，逐点攻占，波浪式前进，最后总攻的作战方针。至4月下旬，越军扫除了周围山上的小据点，但大据点仍在法军手中，供应依靠空投，越军一时难以攻克。这时，是攻还是撤，出现争论。韦国清力排众议，主张坚决进攻，力争全歼法军。方针一旦确定，立即将在中国装备训练的六管火箭炮师调来，发挥了巨大威力。先在夜间偷袭飞机场成功，使法军无法逃走，然后炮击工事，再发起进攻。5月7日，法军指挥官德卡斯特里将军投降，奠边府战役胜利结束，此役共歼敌16000人。

奠边府大捷太是时候了，因为第二天，日内瓦会议就要讨论印度支那问题。

参加印度支那问题讨论的有中、苏、英、法、美、越南民主共和国、越南共和国（即南越保大政府）、老挝王国和柬埔寨王国。会议由英、苏两国外长轮流担任主席。

尽管有诸多有利条件，但要达成实现和平的协议，仍不是件容易的事。障碍来自法国主战派，更来自美国。美国看到法国势力式微，有机可乘，企图通过参与，逐步取代法国在印度支那的地位。他们当然不希望日内瓦会议达成协议。因此，他们不断散布会议将无结果而散的流言。

在前后75天的会议进程中，主要讨论的问题是：越南交战双方（即越南民主共和国为一方，法国和南越为一方）的武装力量划分集结区，老挝、柬埔寨问题如何同越南问题区别对待，停战的监督与保证，印度支那三国的政治前途等问题，其中以第一个问题关系最大。

老挝、柬埔寨问题是日内瓦会议取得的第一个重要突破。

最初，越、中、苏方面主张印度支那问题要通盘解决，不能把三国的问题分开处理。但在讨论中发现，印度支那三个成员国的民族和国家的界线是非常明显而严格的，在法国建立印度支那殖民统治之前就已经存在，三国人民当中也是这么看的。而且，老挝、柬埔寨两个王国政府在大多数人民看来仍然是合法的政府，被世界 30 多个国家所承认。因此，必须严格地以三个国家来对待。周恩来及时地折中了有关方面的意见，于 5 月 30 日将此建议电报毛泽东、刘少奇，并请中共中央电商越南劳动党中央。6 月 4 日，越南劳动党中央同意周恩来的意见。6 月 16 日，周恩来在会上发言，提出对柬埔寨、老挝问题的建议："在本次会议中我曾多次说过，印度支那三个国家的情况是不完全相同的，因而在解决问题时应该考虑各国的具体情况；同时三国的问题也不能截然分开，应该联系起来考虑才能获得适当的解决。"他接着提出了一切外国军队也应该自老挝和柬埔寨撤退，并在这两个国家中为本国双方军队规定集结地区；中立国对停战进行监察也应该适用于这两个国家，并应照顾到各该国的特殊情况；这两个国家可以从境外运入自卫武器，其数量和种类还待商定，但是，不得在这两个国家内建立军事基地等六项建议。同一天，他会见了会议两主席之一的艾登，向他表示：我们愿意看到老、柬成为像印度那样的东南亚型的国家，我们愿意同它们和平共处，这样对法国、英国也是有利的。艾登表示：英国的要求也正是这样。[1] 这是很关键的

① 中共中央文献研究室编：《周恩来年谱（一九四九——一九七六）》上卷，中央文献出版社 1997 年版，第 384～385 页。

一步行动，因为在此前一天，日内瓦会议关于朝鲜问题的讨论在没有达成任何协议的情况下结束，给会议蒙上一层阴影。美国等正准备中断印度支那问题的讨论。会议面临夭折的危险。周恩来建设性的合理的建议提出后，受到普遍欢迎。法国也积极活动，反对中断会议。

巴黎《世界报》说，对周恩来的建议“所有与会者都认为是走向协议途上的一大步”。

《震旦报》的标题为《日内瓦有了新的东西——周恩来提出了“值得注意”的建议》。它的驻日内瓦记者写道：16 日会议“似乎产生了可称道的结果”。

瑞士《洛桑日报》写道：周恩来的建议无疑地带来了新的希望，“可以说在这次会议后，人们不能再设想日内瓦会议已近黄昏”。伦敦《每日先驱报》17 日写道：“印度支那会议有了更多的希望，在秘密会议上，周外长发表了一个被法国人描述为‘前进一步’的长篇演讲。”

6 月 19 日下午，在限制性会议上共同达成《关于在柬埔寨和老挝停止敌对行动的协议》。

关于在越南划分集结区问题，双方争执的焦点在集结区的界线应划在哪里。越南民主共和国和法国一开始就同意在越南停战后双方部队各集中到协议的集结区，后来又同意越南民主共和国的部队集中到越南北半部，法国和南越方面的部队都集中到越南南半部。但越南民主共和国原主张分界线划在北纬 16°，法国主张划在北纬 18°。

尽管美国和法国主战派政府对真正解决印度支那问题缺乏

诚意，但是法国人民却在为争取立刻停止印度支那战争和恢复印度支那和平而努力。法国各个阶层的代表团从法国各地来到日内瓦，向出席日内瓦会议的中、苏、英、美、法及越南民主共和国代表团表达法国人民迫切要求在尊重印度支那各国人民的民族独立与主权的基础上恢复印度支那和平的愿望。设在莱蒙湖畔“美丽湖滨旅馆”内的中国代表团交际联络处，从5月6日到6月19日的45天中，共接待了359个法国人民代表团、2546人。在法国人民的代表团中，有工人、知识界、青年学生、退伍军人，也有市长、牧师、教授、工程师和厂长，他们都热切要求停止印度支那战争。天主教工会代表团在他们的请愿书中写道：“要想工人生活提高，必须停止印度支那战争。”

6月12日，法国国民议会对拉尼埃政府进行信任投票，结果306票反对、293票赞成。拉尼埃内阁遭到失败，不得不集体辞职。6月17日，主张和平解决印度支那问题的孟戴斯–弗朗斯以战后法国的最高票数（413票）被国民会议授权组织新内阁。

这是一个十分重要的动向。周恩来认为我们的策略中心应放在鼓励法国的积极性上，使法国不完全听美国的话。孟戴斯–弗朗斯是主张法越直接谈判的，因此，设法摆脱美国的影响，使法越直接谈判紧密起来较为有利。

日内瓦会议到这时已经开了近两个月，从6月20日起，会议暂时休会，各国外长纷纷回国。许多人认为周恩来也要回国了。但他说，我还要留几天，做几天工作。23日，他约法国新任总理兼外长孟戴斯–弗朗斯在瑞士伯尔尼会面，就恢复印度支那和平问题坦率地交换意见。选择中立国瑞士另一个地点会面的原因是：中法还没有建交，而会议已经休会。孟戴斯-弗朗斯此番之行名义上是对瑞士进行国事访问，并会见瑞士总统。

两人一见面，周恩来就直截了当地问他：你对印度支那停战到底是怎么个方案？以前，法国出席日内瓦会议的代表、外长皮杜尔在这个问题上一直躲躲闪闪，不肯有一个明朗的态度。孟戴斯-弗朗斯就比较直率，他提出双方军队应有两个大集结区，就是从东到西画一条线，形成两部分集结区。但是在这个问题上，法国方面还没有提出十分具体的方案，需要几天的准备，也就是说待新政府组成以后。他表示也可以根据越南民主共和国代表团团长范文同在 5 月 25 日提出的原则来划分。他还说，只要印度支那停战，一定要和中华人民共和国、越南民主共和国友好的。①

这次会晤，使周恩来经过作出必要的让步推进和平实现的想法有了底数，以下就是协调各方面意见了。

7 月 3 日至 5 日，周恩来偕罗贵波、韦国清、乔冠华、解方在广西柳州同胡志明、武元甲、黄文欢举行了八次会谈，这是一次高层的决策性会议。周恩来用三个半天时间，介绍日内瓦会议的经过和国际局势，分析了战与和两种选择的利弊得失。他说："总的趋势是印度支那的战争在适当条件下应该停下来了"，"在停火的条件上是好办的，最后可以十六度为界，万一还不成，可考虑以九号公路为界，土伦港和顺化可有特殊规定。"胡志明表示同意周恩来总理的看法，即力争在划分集结区

① 金冲及主编：《周恩来传》，中央文献出版社 1998 年版，第 1129～1130 页。

的问题上达成妥协，从而把战争停下来。他说："（一）我们要帮助孟戴斯-弗朗斯，使他不下台，这对我们有利。（二）时间问题，在11月以前，必须和法国搞好，取得和平。因为11月以前美国要选举，对干涉有顾虑，11月以后就不保险了。"①

7月10日，应苏共中央邀请，周恩来在莫斯科同苏联领导人介绍中越会谈情况，交换对日内瓦会议的意见。苏联领导人也认为，当时美国正极力拉拢法国主战派，对孟戴斯-弗朗斯施加压力，企图破坏会议。如果在划分集结区问题上坚持孟戴斯-弗朗斯所难以接受的要求，易为美国所利用，法国主战势力又会抬头，对解决印度支那问题不利，对越南民主共和国也不利。经过柳州会议和莫斯科会议，越、中、苏进一步协调了彼此的看法，决定打破划分集结区问题上的僵局，扫除会议达成协议的最后也是最大的一个障碍。

这将是日内瓦会议中又一个重要突破。

风尘仆仆的周恩来在7月12日下午返回日内瓦，当晚就分别拜访莫洛托夫、范文同，介绍参加中越会谈的情况，说明中国、越南、苏联三国党中央所商定的恢复印度支那和平的一致意见：主动、积极、迅速、直截了当地解决问题，在不损害基本利益的前提下，作个别让步，以求达成协议。

7月13日，周恩来会见来访的孟戴斯-弗朗斯。孟强调十八度分界线在地理、历史和逻辑上都有道理，法国在红河三角洲所作的让步大大超过越盟可能放弃的利益，法撤出的是经济

① 中共中央文献研究室编：《周恩来年谱（一九四九—一九七六）》上卷，中央文献出版社1997年版，第398页。

政治人口上都很重要的地区。以人口论，法方要撤出 30 万人，而越盟只要撤出 3 万人，他还表示，如果越盟能在分界线上让步，法方可在政治方面让步，如发表政治宣言。7 月 17 日，周恩来回拜孟戴斯-弗朗斯。孟说，越盟不应该要九号公路，因为九号公路是老挝向东方的出口，不能让越盟控制老挝的生命线。周恩来说，越南民主共和国对九号公路没有什么特殊的利益，也许主要是这条公路在十六度线以北的缘故，至于老挝的出口问题这倒是值得注意的。孟接着就问：范文同先生是否可以同意划出这条公路？果然如此的话，他们也愿在其他方面让步。这一天，苏、英、法三国外长会谈时，孟戴斯-弗朗斯暗示可以在十八度线与九号公路之间画线，并愿以确定越南普选日期的"政治上让步"作为交换。18 日和 19 日两天，处于中间人地位的英国代表团同中国代表团频繁地交换意见。英国方面表示，法国决不会放弃九号公路。

至此，双方的底牌都已经亮开。

19 日，越、中、苏三国商定最后方案，共有四条：

（一）在停止敌对行动协议签字后两年内举行普选。举行普选的确切日期和准备及举行选举的办法，由越南北南两区有资格、有代表性当局协商，不迟于 1955 年 6 月作出决定。

（二）国际监督委员会由下列三国组成：印度、波兰、加拿大。以印度代表为主席。

（三）分界线通过第九号公路以北约 10 公里，照顾到地形。

（四）越南境内军队的集结应在245日内实现。[①]

7月20日下午，越南代表范文同终于和孟戴斯-弗朗斯就越南划分集结区问题达成协议，两集结区以北纬17度线南、九号公路北约20公里的六滨河（又名贤良河）为界。

7月21日凌晨3时30分，越南和老挝交战双方司令部代表分别在《停止敌对行动协定》上签字。中午12时30分，经过彻夜紧急磋商后，柬埔寨交战双方也终于在《停止敌对行动协定》上签字。

7月21日下午3时，日内瓦会议举行恢复印度支那和平问题的最后一次全体会议。会议主席仍然是英国外交大臣艾登。朝鲜问题和印度支那问题讨论的最后一次全体会议都由艾登主持完全是一种巧合。会议主席首先一一征求各国代表团对宣言的意见，都获得肯定的答复，通过了《日内瓦会议最后宣言》。周恩来在发言中指出："我们达成的这些协议不仅将结束八年的印度支那战争，把和平带给印度支那人民和法国人民，而且也将进一步缓和亚洲及世界的紧张局势。毫无疑义，我们会议的成就是很大的。"他说："印度支那敌对行动的停止就要实现了。举世渴望的印度支那的和平就要恢复了。正如在朝鲜一样，和平又一次战胜了战争。让我们更加坚定信心，继续为维护和巩固世界和平而努力"，"我愿意指出，如果有关国家具有和平诚意，国际争端是可以经过协商获得解决的"。周恩来强调："这次在日内瓦会议上曾经讨论了两大问题，即和平解决

① 当代中国丛书编辑部：《当代中国外交》，中国社会科学出版社1988年版，第58～59页。

朝鲜问题和恢复印度支那和平问题。关于和平解决朝鲜问题，虽然没有达成任何协议，但是，它并没有从议程上去掉。现在，本会议对于恢复印度支那和平问题，不仅达成了停止敌对行动的协议，而且达成了关于解决政治问题的原则协议。这就为和平解决朝鲜问题带来了新的希望。”

美国代表未能阻止会议进程，但拒绝参加会议的最后宣言，他除了重申“人民有权决定他们自己的前途，而美国将不参加会阻止这一点的安排”这一“传统立场”外，他还声明：“（一）按照《联合国宪章》第二条第四款关于各会员国在其国际关系上不得使用威胁或武力的规定，美国将不使用威胁或武力去妨害这些协定和条款。（二）美国将充分关切地注视违反上述协定的任何侵略的再起，并认为这是严重威胁国际和平和安全的。”结合后来的历史看，美国代表的这些话，实际上是为它日后扩大干涉印度支那埋下伏笔。

经过75天的不懈努力，日内瓦会议实现了印度支那的停火，结束了法国在这个地区进行多年的殖民战争，确认了印度支那三国的民族权利，在印度支那三国人民争取民族独立斗争中是一个重要的里程碑。中国为通过谈判解决国际争端，作了不懈的努力，发挥了积极作用。

说到会议的成就，还有一个“意外的收获”，那就是中美在日内瓦会议期间的接触。当时美国有一桩心事要和中国交涉，那就是美国的一批因侵犯中国领空而被俘的军人和因违反中国法律而被拘禁的美国侨民，美国希望中国释放他们。中国也有一批留学生和在美侨民要求回国被美国无理扣留，中国对此而深为不满。美国公众舆论对此反应十分强烈，认为这是美国政府强硬的对华政策所致，美国政府受到很大压力。它既想要求遣回那些在华人员，又不想同中国直接接触，以免造成承认中华人民共和国的既成事实。美国因此想通过第三者来办理这件事。当时英国已经和我们建立了代办级关系，它受托于美国，照管美国的在华利益。日内瓦会议期间，美国代表团通过英国参加会议的驻北京代办汉弗莱·杜维廉来办理美国在华被押人员问题。中国代表团表示，中美双方都有代表在日内瓦开会，有关中美双方的问题可以由两个代表团进行直接接触，没有必要通过英国作为第三方插手。此后，由杜维廉中介，出席日内瓦会议的中、美两国代表团各自委派人员，中方代表是王炳南、宦乡、柯柏年，美方是驻捷克斯洛伐克大使约翰逊（约翰逊曾参加过朝鲜停战的板门店谈判），从6月5日至21日，进行了四次会谈。

商谈虽无结果，但却成为从1955年8月开始的中美大使级会谈的前奏。

四、活跃的会场外交往

◎为记者举行大型冷餐招待会，请他们吸中国烟、喝中国酒、吃中国菜

◎“他们具有没有大国架子的大国风度”

◎《1952年国庆节》放映完，掌声雷动

◎中国的《罗密欧与朱丽叶》，“东方式的细腻的演出”

◎艾登请周恩来在菜单上签名

◎卓别林说，茅台酒是真正男子汉喝的酒

◎中国代表团从老、柬代表那里了解到不少印度支那的实际情况

◎专用线路共收发往来电报3271份，150多万字

会场外的交往，首先表现在中国代表团新闻办公室开展的各种活动，新闻办公室设在宝瑞华旅馆。据熊向晖回忆：

来访的记者很多，有时应接不暇。他们着重询问中国各方面的情况。总理对此早有预见，事先就让有关部门编写了介绍中国情况的材料。此外，还带去了国内出版的外文书刊。有了这些材料作依据，对外国记者提出的问题，基本上都能回答。总理指定人进行了检查，认为没有出差错。总理听了汇报后说，没有差错，只能算勉强及格。你们接待外国记者的方式还太呆板，还只是“守株待兔”式，效果还不很大。可以为友好的记者举行小型宴会，为一般的记者举行大型冷餐招待会，请他们吸中国烟、喝中国酒、吃中国菜，边吃边谈，让人感到无拘无束，轻松活泼。这不是吃吃喝喝，是为了便于你们宣传“自己”，了解对方，结交朋友。这三者结合起来，才能更好地执行我们的外交政策。

不久，越来越多的西方记者询问中国的外贸情况，我们原

先准备的材料不能满足他们的要求。总理说，让雷任民当代表团的顾问，就是为了这一点。总理要新闻办公室为外国记者举行一次中国外贸问题座谈会，由雷任民主讲并答问。

这些方式是其他国家的代表团所未采取的，外国记者反映很好。有的说，中国人熟悉西方记者的心理，事先准备周密，易于使人了解中国。有的说，雷任民的介绍给人印象最深的是中国并不拒绝外资，任何国家都没有同中国贸易的优先权。有的说，从周恩来和他的助手身上，可以看出中国人的自信、乐观和组织能力，他们具有没有大国架子的大国风度。有的说，严肃和热情是两种截然不同的性格，可是在周恩来和他的助手身上，这两种性格融洽地结合在一起，这真是奇迹。

总理及时了解这些反映，但他更注意对我敌视的反映。美国有个记者说，在日内瓦看不到共产党统治下的几亿中国人民的悲哀和愁苦，更看不到他们对共产党专政的憎恶和仇恨。总理了解到这种反映后，让我们为外国记者举行电影招待会，放映国庆节的纪录片。他特别交代：要选好放映日期，不要在开会的日子，也不要在周末，把请柬分成两种，一种指名邀请，一种不写名，就放在“记者之家”，准备让台湾、南越、南朝鲜以及不便邀请的美国记者自取。放映是根据中文解说词，用英文通过扩音器作简单说明。

按照总理的指示，我们放映了《1952 年国庆节》，能容纳三百五十人的电影院座无虚席，还有人站着看。放映过程中，不时响起掌声。放完后，掌声雷动，观众纷纷向我们握手祝贺。普遍反映，印象深刻。有的说，不能再用 1949 年以前的眼光看中国了；有的说，美国不少记者也来看，不知他们作何感想？瑞士的一位记者在报道中说：“当全副武装的中国军队和手捧鲜花的姑娘们，迈着矫健的步伐，跨过日内瓦的银幕时，西方和东方的无冕之王都情不自禁地一起发出轻轻的赞叹声。”苏联代表团的新闻联络官说，这是个创举，表示要向我们学习。

听我们汇报了这些反映后，总理问，有没有批评意见？我说，间接地听到美国一个记者说，这部影片说明，中国在搞军国主义。总理说，即使是个别人这样说，也值得注意，再给他们演一部《梁祝哀史》。[①]

《梁祝哀史》就是电影《梁山伯与祝英台》，是新中国拍摄的第一部彩色影片。1953 年 11 月，周恩来在上海养病期间，曾专程到上海电影制片厂观看此片。周恩来谈观后感时建议，为使剧情连贯，在“楼台会”和“山伯临终”之后，加上祝英台思念梁山伯的场面，再衔接下面马家花轿进门，祝公硬逼女儿上轿的场景。摄制组根据周恩来的建议补拍了“思兄”一场戏。

熊向晖提出请懂越剧的同志将剧情介绍和主要唱段写成一本十五六页的说明书，译成外文，发给外国记者，英文剧名就叫作《梁与祝的悲剧》。周恩来说这是在搞“党八股”，十几页的说明书，谁看？我要是记者，我就不看。他给熊向晖出主意，在请柬上写上这么一句话：请你欣赏一部彩色歌剧电

① 熊向晖：《于细微处见精神——记周总理对我的几次批评》，《老外交官回忆周恩来》，世界知识出版社 1998 年版，第 91～93 页。

影——中国的《罗密欧与朱丽叶》。放映前用英语做个三分钟的说明，概括地介绍一下剧情，用词要有点诗意，带点悲剧气氛，把观众的思路引入电影，不再做其他解释。周恩来风趣地说，你这样试试，我保证不会失败。不信，可以打赌，如果失败了，我送你一瓶茅台酒，我出钱。

按照周恩来说的办法，新闻办公室租用了旅馆的大餐厅，250个座位坐得满满的，后到的无处可站。放映过程中，全场肃静，都在聚精会神地观看。演到“哭坟”“化蝶”时，有啜泣声可闻。放映结束后，观众还如痴如醉地坐着，沉默了大约一分钟，才突然爆发出热烈的掌声。他们久久不肯离去，纷纷发表观感。普遍认为，太美了，比莎士比亚的《罗密欧与朱丽叶》更感人。有的说，简直忘了是在看电影，仿佛置身于画面之中。有的说，想不到色彩这么绚丽。友好的记者为电影的成功感到骄傲。一位印度记者说，中国在朝鲜战争和土地革命中拍出这样的片子，说明中国的稳定，这一点比影片本身更有意义。

这部片子后来又在更大范围放了几次，为苏联外长莫洛托夫、英国外交大臣艾登以及世界著名电影明星卓别林都放映过。其色彩美、音乐美博得交口称赞，说这是“东方式的细腻的演出”。卓别林观后说：“影片好极了，希望你们多拍这类片子。”

在会议期间，周恩来经常在代表团驻地宴请各国代表团，除莫洛托夫外，被宴请的有艾登、法国总理兼外长孟戴斯-弗朗斯、加拿大的朗宁等。艾登还请周恩来在菜单上签名，留作珍贵的纪念。80 年代初，艾登的遗孀访华时，还特地带来了那份菜单。周恩来还宴请了卓别林和夫人。这位 1952 年被迫离开美国、1953 年定居瑞士的世界著名电影演员和导演，在出席宴会时非常高兴，为大家表演了一些独特、滑稽的走路动作，引得在场的人不断地哄堂大笑。他也非常欣赏中国菜，特别喜欢茅台酒，说，他喜欢这样的烈性酒，因为这是真正男子汉喝的酒。临走时，周恩来特地送给他一瓶。送别卓别林后，周恩来对身边工作人员说：卓别林为人正直，正像他在电影中扮演的角色一样，不愧为当代最有影响的艺术大师。周恩来与卓别林的会见被称为是“天才的外交会见”。

会场外的交往，不仅结交朋友，还可以消除误会。会前中国同老挝、柬埔寨没有什么来往。老挝和柬埔寨的代表第一次在会场上见了我们就骂是帝国主义。这是令人意想不到，且令人恼火的。但是周恩来没有发怒，反而很理解他们，知道他们是受了法国人的蒙蔽。他特意叫王炳南和师哲去做他们的工作，扭转局面。王炳南和师哲请他们到中心花园观赏花木，喝咖啡，聊天。他们见中国代表团待人彬彬有礼，不是青面獠牙的帝国主义，才自知上当了。继而周恩来请他们吃饭，推心置腹地谈话，他们的态度一下子转变过来了，矛头不再指向我们。从他们的谈话中，中国代表团了解到不少印度支那的实际情况，对于中国代表团及时调整政策不无益处。把印度支那三国区别对待的主张就与这样的接触密切相关，从而使险些搁浅的会议得以继续前进。

对日内瓦会议，一直存在一个所谓的说法，那就是在日内瓦期间周恩来要同杜勒斯握手，被杜勒斯拒绝了。在一些美国人的回忆录中，包括尼克松和基辛格的回忆录都写到此事，所以尼克松访问中国时下了飞机就主动伸出手，“补偿”杜勒斯的那笔“欠账”。事实上，这是以讹传讹。王炳南说：“实际上并没有发生过这样的事。”在整个会议期间，“我始终在周总理左右。开会时，每次都是我陪着周总理进入会场。事先我对于从哪个门进去，座位在哪里，都了解得很清楚。我在前面引路，周总理和代表团成员跟着我一直进入我们的座位。会场座位是按每个国家的英文名称的第一个字母排列的。中国 CHINA，C 排在前，美国 USA，U 排在后，和苏联代表团在一起，距离我们很远。”国联大厦会议大厅有好几个入口，中国代表团同美国代表团不是从同一门进入会场，不可能碰到一起。会议中间有 15 分钟的休息，代表团成员可以到咖啡厅、酒吧间吃点心、喝咖啡，或者喝茶、喝酒。“我们代表团从不和美国代表团聚在一起”，“而且，当时周总理非常审慎和严谨。杜勒斯是坚决反共的头子，总理从来就没想去和他握手。因此无论从客观和主观都不存在总理主动去握手而遭到拒绝的可能”①。

说到会以外的交往，还有一个相关的话题，就是这次会议的通信保障。会期长达三个月有余，没有顺畅的通信，代表团将无法正常地工作。当时我国通信设施比较落后，对西方国家没有直接的通信联系。在瑞士方面的合作配合下，邮电部开通

① 王炳南：《中美会谈九年回顾》，世界知识出版社 1985 年版，第 21～22 页。

了北京—上海—日内瓦线路，并将电传打字机电路直接接到中国代表团驻地，代表团通讯组由邮电部长途总局国际科科长、有丰富的国际通信知识的陆家冯为组长，北京电报局优秀报务员刘思聪、关鸿霖为组员的三人组成。国内则从上海、广州、重庆、武汉、天津等地电信局抽调十余名优秀报、话等技术业务人员集中在北京。这样，北京—日内瓦之间就形成一条两端都有中国报务员掌握的24小时不间断的电报电路。

从4月20日起到7月31日结束，共收发往来电报3271份，总计字数150多万字。长途电话往来127次，总计1646分钟，无线收讯抄收312次。随代表团在日内瓦的三名电报工作人员平均每天工作都在12小时以上，7月22日一天收发了四万多字，无一稽延（当时北京报务员一般每天发报一万字左右）。仅电报一项，就为国家节约了大量资金。会议期间，通过专用电路拍回的新闻、政务电报77.5万字。这些如由瑞士电报局拍发，须付电报费773287瑞士法郎，使用专用线路，一共用了61660万瑞士法郎，节约了711627瑞士法郎，折合人民币42.7万元。

五、首倡和平共处五项原则

◎1953年12月，周恩来接见印度代表团时，第一次提出了和平共处五项原则

◎周恩来与尼赫鲁进行了六次正式会谈

◎缅甸总理吴努说，现在好了，这个和平共处五项原则和协

议使我放心了

◎毛泽东对艾德礼说，不同的制度是可以和平共处的，合作也可以

◎毛泽东说：什么叫互不干涉内政呢？那就是，一国的国内纠纷，由这个国家自己管，别国不得过问，也不得利用

◎1956年中国政府在声明中首次提出：社会主义国家的相互关系更应该建立在和平共处五项原则基础上

新中国非常重视发展同新兴民族独立国家，尤其是邻近的民族独立国家的关系。中印两国1950年4月建交，印度是资本主义国家中第一个同我国建交的国家。在50年代，两国关系十分友好。朝鲜战争爆发后，美国武装干涉，威胁到我国安全。为力争避免中国被迫出兵，除公开发表政府声明予以警告外，中国决定通过外交途径向美国再一次提出警告。由于当时中美没有外交关系，就通过印度传话。1950年10月3日凌晨1时，周恩来紧急约见印度驻华大使潘尼迦，由亚洲司副司长陈家康去大使官邸，陪同潘尼迦大使直接去中南海西花厅。周恩来要印度传话的主要内容是："美军如越过'三八线'，我们不能坐视不管，我们要管。"其中关键是一个"管"字。这个中文字眼不太好翻译，用词轻了，美方可能不清楚我方的意图，所以周恩来事先要译员、总理的外事秘书浦寿昌斟酌，要译得恰当。浦寿昌采用的是"Intervene"一词，也就是说，中国要介入和干预，把我方意图表达得很清楚。周恩来还说："我们主张和平解决，使朝鲜问题地方化，也就是不使美军的

侵略行动扩大成为世界性的事件。”这个谈话内容通过印度很快传到美国，但美国方面采取了无视的态度。中国最终是说话算话的。柏林会议决定召开日内瓦会议，邀请中国参加，周恩来获知这一消息后，立即作出积极的反应，除通过正式渠道外，还采取接见印度驻华大使发表谈话的方式，接受邀请。在日内瓦，印度不是会议代表，但派了观察员，周恩来随时和印度观察员保持联系，向他通报会议情况。

中印建交后，一些历史遗留问题尚未解决，印度在中国西藏地方享有某些英国殖民主义者遗留下来的特权就是其中之一。1953 年 12 月，两国政府就此进行谈判。周恩来接见印度代表团时，第一次提出了和平共处五项原则，那就是，互相尊重领土主权、互不侵犯、互不干涉内政、平等互惠和和平共处的原则。周恩来还指出：两个大国之间，特别是像中印这样两个接壤的大国之间，一定会有某些问题的。只要根据这些原则，任何业已成熟的悬而未决的问题都是可以解决的。印度方面表示赞同周恩来总理的主张。在随后签署的协定中，双方确认了这五项原则。此后，中印两国总理联合声明对五项原则的措辞作了变动，将“平等互惠”改为“平等互利”。（在 1955 年 4 月亚非会议的发言中，周总理又将“互相尊重领土主权”改为“互相尊重领土完整”，使和平共处五项原则从内容到表述更加完整准确。）

1954 年 6 月，日内瓦会议暂时休会。印度政府向周恩来发出邀请，周恩来欣然前往，访问印度，受到隆重接待和数十万群众的热烈欢迎。印度报刊刊登了周恩来在泰姬陵前的照片，那是一幅周恩来面带笑容，脖子上挂满花环，向欢迎群众双手合十致意的巨幅照片。一时印度掀起中印友好的热潮，到处是“印地—泰妮巴依巴依！”（意为印中人民是兄弟）和“潘查希落锦德巴！”（意为五项原则万岁）的欢呼声。周恩来与尼赫鲁进行了六次正式会谈，在6月28日发表的《中印两国总理联合声明》中强调，在亚洲及世界各地存在着不同的社会制度和政治制度，如果接受并按照五项原则办事，任何一国不干涉另一国，这些差别就不会成为和平的障碍或造成冲突。有关各国中每一国家的领土主权和互不侵犯有了保证，这些国家就能和平共处并相互友好。这就会缓和世界上的紧张局势，并有助于创造和平的气氛，从而减少战争的可能，并促进全世界的和平事业。

接着，周恩来又应邀访问缅甸。缅甸政府的高级官员大都是第一次接待周恩来，起初他们很谨慎，吴努总理自称开始不了解周总理的脾气，但在接触中处处感到周总理很和蔼可亲，平易近人，愿同别人商榷问题，使他们很快地都愿意与之交谈，并畅所欲言。在同吴努总理的会谈中，周恩来说：“世界上的国家，不分大小强弱，不论社会制度如何，只要以五项原则来处理相互间的关系，是可以和平相处、友好合作的。我们愿意按照五项原则与世界上一切国家友好相处，何况缅甸和中国还是有亲戚关系的国家。”他建议根据五项原则也发表一个声明。吴努听了非常高兴，连声表示同意，说，和平共处五项原则是个大问题，听周总理阐释后，我们从内心里感到条条重要，句句重要，正是我们多年所追求的理想，所以我们完全同意，并愿为此五项原则的实现而奋斗。6月29日，《中缅两国总理联合声明》发表，宣布五项原则“也应该是指导中国和缅甸之间关系的准则”，并认为“如果这些原则能为一切国家所遵守，则社会制度不同的国家间的和平共处就有了保证，而侵略和干涉内政的威胁和对于侵略和干涉内政的恐惧就将为安全感和信任感所代替”。吴努事后表示，这一协议解决了大问题，我们两国是邻居，不能话不投机就拔腿走开，能走到哪里去？所以我一直惴惴不安。现在好了，这个和平共处五项原则和协议使我放心了。

1954年冬，吴努应邀访问中国。当他到北京时，见我方礼仪隆重，兴致很高。在北京饭店举行的欢迎大会上，他发表了热情洋溢的讲话，吐露了心声。他说，本人在来中国的路上，内心有些惴惴不安，这是小国客人访问大国难以避免的心情。中国好比是一头大象，缅甸好比是一只羊羔。生怕大象发怒，如果鼻子向羊羔一甩，羊羔可就惨了！然而根据来北京后的观察，尽管同我们接触的多是战场上的名将和历史舞台上的大政治家，但都是满面笑容，非常和气地照顾客人，都同周总理一样彬彬有礼。我们放心了，也愿意向主人讲内心话了，更看清了中缅两国之间的友谊是有光明前途的。宴会后，周恩来向参加接待的同志指出，吴努的讲话清楚地说明了一个真理，就是毛主席曾告诫我们的，大国要尊重小国的重要性。我们如以大国自恃，人家小国的客人不会给你讲内心话，主人的决策也不会正确，就有坠入大国主义的泥坑的危险，使自己孤立自己。记住这一条，它是在国际事务中的一项大事。1954年国庆节，许多国家派代表团来北京参加中国新中国成立五周年庆祝活动，在分配接待任务时，剩下一个欧洲小国的外长率领的代表团无人负责。周恩来闻听后便自告奋勇，由他来接待。他说，我们是大国，但不能歧视小国，应当尊重别国的民族感情。

和平共处五项原则，受到国际舆论的重视和赞扬，得到许多国家特别是亚非国家的支持和赞同。

《缅甸新时代报》评论中缅、中印总理会谈结果的重大意义说："一个新亚洲的基础已经奠定了"，"随着各方面的诚意和在德里、仰光确定下来的五大原则的实行，亚洲就可能建设成为一个不再是被西方所玩弄的亚洲了"。

英国《新闻纪事报》发表社论说，中印两国总理的联合声明"尖锐地拒绝了外国干涉印度支那"，社论并援引了周恩来总理的话说："外来的力量可以自由决定亚洲命运的时代已经过去了。"

法国《人道报》写道："我们在德里已经看到，印度和中国的代表证明了，两个社会制度和政体完全不同的国家如果以争取和平和独立的愿望联系起来的话，是可以建立友谊的。"报纸并说："1954 年 6 月 25 日是和平共处政策战胜十字军征伐政策而取得伟大胜利的日子。"①

当时驻仰光外交使团的亚非国家使节纷纷到中国使馆道贺。他们认为，周恩来代表中国所倡议的这五项原则，具有划

① 1954 年 6 月 25 日是周恩来总理到达新德里的日子。

时代的意义。国际关系以和平共处五项原则为准则，对亚非国家反帝反殖斗争是一大鼓舞，亚非民族独立和民族解放运动必将蓬勃发展。

中国政府认为这五项原则不仅适用于中印两国之间，而且应该适用于更广泛的国际关系之中。为了使更多的国家了解和接受五项原则，毛泽东、周恩来等中国领导人利用各种机会进行阐释。

1954 年 8 月 24 日，毛泽东会见以艾德礼为首的英国工党访华团。他说："和非社会主义的国家，像资本主义、帝国主义、封建王朝等能共处吗？我认为，也是肯定的。只需要一个条件，就是双方愿意共处。为什么呢？因为我们认为，不同的制度是可以和平共处的，合作也可以"，"让我们做朋友吧！不仅在经济上合作而且在政治上也合作"，"这也包括美国在内，希望美国也采取和平共处的政策。"同年 10 月，毛泽东在会见印度总理尼赫鲁时，有针对性地指出：尽管思想和社会制度不同，两个政党或是两个国家，完全可以合作。如果丘吉尔的党愿意的话，我们也可以同它合作。我们也愿意同美国合作，只要美国愿意。有的国家怕我们侵略，那么我们就同他交朋友，互不侵犯。毛泽东主张："应当把五项原则推广到所有国家的关系中去。"12 月，毛泽东在同吴努的长谈中，专门解释了五项原则的主旨。他说，什么叫互不干涉内政呢？那就是，一国的国内纠纷，由这个国家自己管，别国不得过问，也不得利用。一个国家只能承认别国的人民选择的政府。大国高一级，小国低一级，这是帝国主义的理论。一个国家不论多么小，即使它的人口只有几十万或者甚至几万，它同另一个有几万万人口的国家，应该是完全平等的。这是一个基本原则。既然说平等，大国就不应该损害小国，不应该在经济上剥削小国，不应该在政治上压迫小国，不应该把自己的意志、政策和思想强加在小国身上。不论大国小国，都应该是平等的、民主的、友好的和互助互利的。毛泽东还说："五项原则是一个大发展。我们应该采取些步骤使五项原则具体实现，不要使五项原则成为抽象的原则，讲讲就算了。"

1955年4月，在印尼万隆举行的亚非会议上，周恩来总理反复详尽而又精辟地阐述了五项原则的内容、作用和意义。当会议面临陷入激烈的争论，有可能走入不欢而散的岔道的危险时，周恩来果断地决定将原来准备了数月的发言改用书面散发，临时拟就一个发言稿，开宗明义地指出："中国代表团是来求团结的而不是来吵架的。"从而提出了"求同存异"的方针。和平共处五项原则中虽没有这一方针，但"求同存异"开辟了实现五项原则的最切实可行的途径，是一个可操作的创造性的方针。中国代表团提出并坚持"求同存异"的方针，妥善处理了会议上出现的分歧，推动会议朝着达成协议的方向前进。最后，会议一致通过了万隆会议十项原则。这十项原则实际上是和平共处五项原则的引申和发展。

中国政府不仅是五项原则的首创者，而且是五项原则的忠实履行者。在亚非会议期间，中国和印尼签订了华侨双重国籍问题的条约。由于历史上一些华侨所在国同中国的国籍法遵循不同的立法原则，出现华侨双重国籍问题，造成有较多华侨国家的误解甚至恐惧。中国政府对此问题的基本主张是：鼓励华侨自愿选择所在国国籍，取得所在国公民资格，同时放弃中国国籍。中国和印尼的条约，详尽地反映了中国对待华侨双重国籍的政策，并且凡有华侨居住的国家，均可按此约行事，解除了众多国家的疑虑，影响甚大。

中国政府还认为，要在世界上扩大和平中立趋势，这是防止大战、维持和平的主要任务，这一趋势在亚洲、欧洲、非洲都在发展。我们应该抓紧工作来推广。这种工作做好了，从东到西，形成广大的和平中立地带，就会推迟帝国主义战争的爆发。为此，周恩来在和平与战争是战后国际关系的主要矛盾的理论思想指导下，提出著名的破除“铁板两块”的创见。他说，把世界搞成铁板两块，互不来往，互相攻击，那就不是和平共处了，就会制造国际紧张局势，甚至引起战争，这对我们非常不利。他提出把同西方和平共处的重点放在西欧，并且具体提出了对欧洲资本主义国家政治上和平共处、经济上互通有无、科技上相互学习的三条方针。在这种思想指导下，1954年中国分别在英国、荷兰设立了代办处。西方舆论认为“周恩来在独立自主的前提之下，巧妙地打破了美国在西欧设置的禁区，这是用无声的办法把和平共处五项原则推向西欧的第一步。”

需要指出的是：中国提出五项原则，在开始时更多的是强调处理不同社会制度国家间的关系。但后来的事实证明，社会制度相同的国家之间也应该强调贯彻这五项原则。1956年“波匈事件”后，中国政府在声明中首次提出：社会主义国家的相互关系更应该建立在和平共处五项原则基础上。从此，中国政府始终把这五项原则作为中华人民共和国对外关系的基本准则。

和平共处五项原则是适应国际关系格局的变化，伴随着历史的脚步和时代的脉搏而产生的。它是新的指导国际关系的准则，对于建立国际新秩序奠定了坚实的理论基础和令人信服的实践基础。几十年来国际形势的变化表明，和平共处五项原则非但没有过时，反而益显其强大的生命力，成为维护和平、促进发展的可靠保障。

第三章

建立国家新体制

大业宏图——1954年的中国

9月金秋，是收获的季节。1954年9月，在完成全国普选和召开地方各级人民代表大会之后，召开了第一届全国人民代表大会第一次会议，通过了《中华人民共和国宪法》，规定了我国新的国家机构，选举了新的国家领导人。这确实是一次丰硕的收获，它框定了自那以后45年来我们国家体制的格局。

一、制定《宪法》

◎《宪法》起草委员会称得上是豪华阵容

◎《宪法》的制定，从筹备到通过历时一年零八个月

◎毛泽东坐镇杭州

◎毛泽东指定中央委员看十部中外《宪法》

◎每一稿都派专人送到北京供中央讨论

◎陈伯达要回家当小学教师

◎田家英工作过度，劳累吐血

◎初稿可以小修改，也可以大修改，还可以推翻另拟

◎8000多人大讨论，5900多条修改意见

◎一二十个稿子，“反复研究，不厌其详”

◎有人提议将这部《宪法》命名为“毛泽东宪法”

◎《宪法》在全国人大召开的前一天仍在修改

◎很多人认为应该用“繁荣、富强、幸福、自由”，“繁荣、幸福、大家富裕”等字眼来形容社会主义社会

◎有人统计，共和国第一部《宪法》总共116条，“人民”一词出现262次

◎28年后的1982年起草现行《宪法》时，彭真仍称1954年《宪法》“比较完善”

正当党和政府酝酿过渡时期总任务时，中国人民政治协商会议第一届全国委员会任期已满，召开全国人民代表大会，制定《宪法》可谓正当其时。1952年12月24日，政协第一届全国委员会第四十三次会议，在听取周恩来代表中国共产党关于召开全国人民代表大会及地方各级人民代表大会提议的说明后，建议中央人民政府委员会根据《中华人民共和国中央人民政府组织法》第七条第十款的规定，筹备并召开全国人民代表大会。

1953年1月13日，中央人民政府委员会第二十次会议讨论了政协常委会的建议。会议一致通过召开全国人民代表大会和各级人民代表大会的决议，同时决定成立以毛泽东为主席，由33名委员组成的《宪法》起草委员会。这个委员会可称得上是豪华阵容了，其中包括中央人民政府主席毛泽东，副主席朱德、刘少奇、宋庆龄、李济深、张澜、高岗，秘书长林伯渠；政务院总理周恩来，副总理董必武、陈云、郭沫若、黄炎培、邓小平、邓子恢，秘书长李维汉；最高人民法院院长沈钧儒；人民革命军事委员会副主席彭德怀、程潜（另外几个副主席为：朱德、刘少奇、周恩来及后来增补的林彪、高岗）；全国政协副主席陈叔通（另外几个副主席为：周恩来、李济深、

沈钧儒、郭沫若)。基本上是中央政府的全套人马。还有各方面负责人何香凝、乌兰夫、马寅初、马叙伦、薄一波、林枫、习仲勋、赛福鼎、饶漱石等。不久,中共中央又决定成立《宪法》起草小组,由毛泽东亲自领导,起草小组成员有陈伯达和胡乔木、田家英。《宪法》起草工作进入具体准备阶段。但因1953年一些省份灾情严重,为集中力量战胜自然灾害,发展农业生产,中央人民政府委员会第28次会议作出了推迟到1954年召开全国人民代表大会及地方各级人民代表大会的决议,这就使《宪法》起草工作获得了更加充裕的时间。

《宪法》的制定,从筹备到通过历时一年零八个月。

1953年12月24日,毛泽东率《宪法》起草小组赴杭州,这是毛泽东新中国成立以后第一次到杭州,一住就是两个多月。在杭州期间,除了起草《宪法》,他的最大的收获就是每天坚持爬山,“几乎走遍了西湖附近的大小山峰”,这样坚持不懈,不仅游览了西湖名胜,还锻炼了身体,“体重减轻了将近十斤。这对身躯高大偏胖的毛泽东,也是一个意外收获”。[①]

起草小组于1954年1月9日起开始工作。1月15日,毛泽东致电在京主持工作的刘少奇及中央其他领导同志,就《宪法》起草的工作提出计划:

(一)争取在1月31日完成《宪法(草案)》初稿,并随将此项初稿送中央各同志阅看。

(二)准备在2月上半月将初稿复议一次,然后提交政治

① 逄先知、金冲及主编:《毛泽东传(1949—1976)》上,中央文献出版社2003年版,第327页。

局（及在京各中央委员）讨论作初步通过。

（三）3月初提交《宪法》起草委员会讨论，在3月份内讨论完毕并初步通过。

（四）4月内再由《宪法》小组审议修正，再提交政治局讨论，再交《宪法》起草委员会通过。

（五）5月1日由《宪法》起草委员会将《宪法（草案）》公布，交全国人民讨论四个月，以便9月间根据人民意见作必要修正后提交全国人民代表大会作最后通过。

为了便于中央政治局将在2月的下半月讨论《宪法（草案）》初稿，毛泽东列出一份详细的参考文献目录，希望各政治局委员及在京各中央委员“从现在起即抽暇阅看”。这些文献包括：1936年苏联《宪法》及斯大林报告；1918年苏俄《宪法》；罗马尼亚、波兰、德国、捷克等国《宪法》；1913年《天坛宪法草案》，1923年曹锟《宪法》，1946年蒋介石《宪法》；法国1946年《宪法》。从这份目录看得出毛泽东指导《宪法》的起草工作时视野开阔，着眼于借鉴不同类型的宪法。比如看苏联《宪法》是因为它是从正面主要参考和学习的对象。看苏俄《宪法》，主要是为了分析苏联《宪法》比它有了哪些发展和变化。看罗、波《宪法》，“取其较新”。看德、捷《宪法》“取其较详并有特异之点”。法国《宪法》“可代表较进步较完整的资产阶级内阁制宪法”。《天坛宪法草案》、曹锟《宪法》、蒋介石《宪法》“可代表内阁制、联省自治制、总统独裁制三型”。16日，刘少奇复电毛泽东，说：“此间同志同意主席所定《宪法》起草工作及讨论的计划，即将来电发在京各中委及候补中委，并要他们阅读所列参考文件。”

经过紧张的工作，起草小组于2月中旬提出《宪法（草案）》初稿。2月18日，毛泽东派人将初稿分送中央委员，请他们讨论修改。2月24日，《宪法》起草小组提出二读稿。2月25、26日两天内又作了一次修改，提出三读稿。每一稿都派专人送到北京供中央讨论。在北京，刘少奇主持在京的中央委员三次开会讨论研究。2月28日、3月1日，中央政治局扩大会议讨论并基本通过三读稿，决定由邓小平、李维汉、罗瑞卿将政治局讨论中的各项意见送交起草小组，由董必武、彭真、张际春根据中央政治局讨论意见对三读稿研究修改，并聘请周鲠生、钱端升为法律顾问，叶圣陶、吕叔湘为语文顾问。3月8日，起草小组又提出四读稿。中央政治局连续召开三次扩大会议（3月12日、3月13日、3月15日）对四读稿进行讨论，决定：（一）陈伯达、胡乔木、董必武、彭真、邓小平、李维汉、张际春、田家英等八人组成《宪法》小组，负责初稿的最后修改；（二）组成《宪法》起草委员会办公室，以李维汉为秘书长。3月16日，这一稿又在全国政协常委会第五十三次会议上座谈讨论。经过这样的反复修改，《宪法（草案）》初稿正式形成。

据逄先知回忆：田家英作为毛泽东的秘书，从头到尾参加了《宪法》起草工作。在起草过程中，胡乔木、田家英同陈伯达之间，常常发生不同意见的争论。陈伯达霸道气味十足。由于胡乔木在毛泽东召集的起草小组会议上对陈伯达提出的初稿提出批评修改意见，陈曾经在会后大发雷霆。胡、田为顾全大局，以后凡有意见都事先向陈提出，而胡、田二人意见常常一致或者比较接近，陈伯达驳不倒他们，十分恼火，就消极怠工，多次发牢骚，说要回家当小学教师。所以杭州起草小组拿出的供讨论稿事实上主要出于胡、田之手。田家英除了参加起草、讨论以外，还负责有关材料的收集和整理，提供给毛泽东和小组参阅。

1954年3月17日，毛泽东和起草小组回到北京。田家英的工作更加紧张起来。这时胡乔木因右眼患中心性视网膜炎住院治疗，以后又遵医嘱去莫斯科继续治疗，未再参加《宪法》的修订工作。田家英白天参与组织北京地区的讨论，并负责与外地联系，晚上，将当天全国讨论的情况向毛泽东汇报。有时一面参加讨论，一面参加修改，连续几天从晚上工作到次日凌晨，日夜不得休息。结果，他因工作过度劳累而吐血，时年32岁。[①]

3月23日，《宪法》起草委员会在中南海勤政殿召开会议，毛泽东代表中共中央将《宪法（草案）》初稿提交《宪法》起草委员会。他在讲话中指出，这个初稿可以小修改，可以大修改，也可以推翻另拟初稿。会议接受了《宪法（草案）》初稿，同时决定对《宪法（草案）》展开讨论，除《宪法》起草委员会外，政协全国委员会也要分组进行讨论，并将其分发给各大行政区、各省市的领导机关和各民主党派、各人民团体进行讨论。为了加强在全国范围内对《宪法（草案）》初稿讨论的领导，3月25日，中共中央发出通知，要求各地党委认真组织，设立吸收各方面人士参加的机构，配备得力人员，及时将讨论

① 逄先知等：《毛泽东和他的秘书田家英》，中央文献出版社1989年版，第20～23页。

中的意见整理出来，在每次会后的一天内通报《宪法》起草委员会办公室。

从4月上旬至5月底，各大行政区，各省、市、自治区和直辖市以及50万人口以上的城市广泛地组织了讨论，参加者达7000多人，提出各种意见和疑问共2900多条。在此期间，中国人民解放军和中国人民志愿军也进行了热烈讨论。从3月25日至5月5日，全国政协组织分组讨论260次，参加者500多人，提出各种意见和疑问3900多条。这次总计有8000多人参加的大讨论，共提出5900多条意见，对《宪法（草案）》初稿的修改起了重要作用。从3月23日到6月11日，历时81天，《宪法》起草委员会除开过多次搜集和交换意见的非正式会议之外，共召开了七次正式会议，对《宪法（草案）》初稿的全部条文进行逐节逐句的修改，最后一致通过《中华人民共和国宪法（草案）》。

毛泽东在设计、制定新中国第一部宪法过程中起了突出的作用，他明确提出起草《宪法》的指导思想和原则是要坚持人民民主原则和社会主义原则，在具体条文上要体现原则性和灵活性的结合。他关注各种修改意见，有些还亲自作出解答。比如有的人提出《宪法（草案）》写得比较简单。毛泽东说，《宪法（草案）》要简单、明了。我们国家各方面都缺乏经验，将《宪法（草案）》写得简单、明了些，是有好处的，等将来有经验时，再制定详细的《宪法》。而且，我们还可以根据情况，多制定些子法。至于母法——宪法，就不能随便变更、修改，否则会有影响。所以，我们的《宪法（草案）》，除总纲外，其他各章节都写得比较简单。又比如《宪法（草案）》油印打字稿第二条的“说明”，在引用《共同纲领》第五十条的原文后说，现在删去其中的“反对帝国主义和各民族内部的人民公敌”一语。毛泽东批注：“此句好，宜采纳。”小到文字表述方面，毛泽东都作出批改。草案初稿序言第二段有一句话“我国人民在过去几年内已经很有成效的进行了土地改革、抗美援朝、镇压反革命、完成经济恢复等项大规模的斗争”，毛泽东指出“土地改革”不成文，应在“改革”前加“制度的”；“镇压反革命”下加“分子”。由于毛泽东的卓越贡献，当时曾有人提议将这部《宪法》命名为“毛泽东宪法”，毛泽东断然拒绝了。毛泽东还主张删掉突出个人的条文，并解释说：“这不是谦虚，而是因为那样写不适当，不合理，不科学。”

1954年6月14日，中央人民政府委员会召开第三十次会议。会议决定：一致通过《中华人民共和国宪法（草案）》[以下简称《宪法（草案）》]，并将其公布。在人民群众中普遍地组织讨论，发动人民群众积极提出对《宪法（草案）》的修改意见。

从6月14日到9月10日，全国人民对《宪法（草案）》的讨论历时三个月，参加人数1.5亿，提出了118万多条修改和补充的意见和问题。据对29个省市初步统计，有730多万名报告员、宣传员和群众积极分子，在各种形式的报告会和集会上作关于《宪法（草案）》的报告。许多地区听报告和参加讨论的人数都达到当地成年人口的70%以上，有些城市和个别地区达到90%以上。

这类报告会效果是明显的。有这样一个例子：老百姓初次听到“宪法”两个字，完全不懂，说：“怎么叫宪法?”等到一条一条讲给他们听了之后，大家跳起来了，说：“那么，这《宪法》完全是为了我们搞起来的了。我们要好好学习，好好照着它做才是。”全国各地报纸、杂志也都以极大的篇幅登载阐明《宪法（草案）》的通俗文章，广播电台连续举办《宪法（草案）》讲座。各出版机构一共出版了1184万多册《中华人民共和国宪法（草案）》单行本和大量有关宪法的书籍。民族出版社将《宪法（草案）》译成了蒙、藏、维吾尔、哈萨克、朝鲜等民族文字。

北京市《宪法（草案）》讨论委员会是在6月1日成立的。从6月1日至18日集中训练了全市的报告员和辅导学习讨论的骨干分子共4000多人；紧接着各区、各单位也训练了宣传员、厂矿企业工会基层干部、街道居民积极分子两万多人。北京市宣传和讨论《宪法（草案）》工作基本上做到了家喻户晓。全市（不包括中央级各机关）听到关于《宪法（草案）》报告并参加初步讨论的各界人民约有103.6万人，参加逐章逐条讨论的约有55.2万人。许多机关和工厂经常参加讨论的达到总人数的90%，少数民族、宗教界代表人物参加讨论的达到80%以上，各民主党派有的成员在雨天也远道赶来参加讨论。

在讨论中各界人民共提出对《宪法（草案）》的意见143565件，其中序言部分占总数的22.2%，总纲部分占32.3%，国家机构部分占19.1%，公民的基本权利和义务部分占20.7%，国旗、国徽、首都部分和其他意见占5.7%。北京市《宪法（草案)》讨论委员会把这些意见整理后，陆续汇报中华人民共和国《宪法》起草委员会。

大家对国家把《宪法（草案)》交给全民讨论，都感到非常满意。丰台区辛庄农业生产合作社社员说：“旧社会什么法也不让我们知道，到处写着‘莫谈国事’，现在《宪法》叫咱们讨论，这就是人民有权利。”北京市公共汽车公司第四车间工人进行逐条讨论时，许多小组工人都提前到会。石景山发电厂劳动模范李凤鸣，已经57岁了，眼睛花了戴上眼镜，一字一句地阅读《宪法（草案)》。他说：“看见《宪法（草案)》上有自己认为不合适的地方就提出来，也许我的看法不对，但是只要把意见提出来，对制定《宪法》就有好处。”他们小组在一个多钟头时间里，讨论了《宪法（草案)》中的5条，就提出修改补充意见12条。郊区许多农民也不顾耕作的疲劳，参加讨论。各高等学校教职员在讨论《宪法（草案)》时，许多教师都在事前作了充分准备，师范大学有些教授还写了发言提纲。仅各高等学校教职员就提了1万多条对《宪法（草案)》的意见。

从一些修改和补充意见中，可以看出人民群众对社会主义社会的向往和建设社会主义的强烈愿望。很多人认为序言第一段中用“繁荣幸福”来形容社会主义社会还不够，提出改为：“繁荣、富强、幸福、自由的社会主义社会”，“繁荣、幸福、大家富裕的社会主义社会”，“繁荣、幸福、美好的社会主义社会”，等等。许多人提出在序言第二句中加上“在毛泽东主席的领导下”的意见，更普遍的意见是提议在《宪法》中增加条文，说明党的领导对中国人民革命和建设社会主义的重要性。

在宣武区各界人民所提22878件意见中，就有1028件是属于这类意见的。

北京人民对于《宪法（草案）》所规定的公民基本权利和义务非常满意，为了防止反革命分子和其他坏分子利用人民的广泛的民主权利钻空子，他们还提出一些补充意见，建议第八十七条中应增加“依照法律被剥夺政治权利的人除外”一句；第八十九条中应增加“现行犯除外”的规定；在公民的义务中，应增加一条“对反革命分子的警惕是每一个公民应有的品质”。此外，还有人提出，序言第一段中“保证我国能够通过和平的道路消灭剥削和贫困”的下面加上“变落后的农业国为先进的工业国”；第三段中“政治上、经济上的新胜利”改为“政治上、经济上、文化上的新胜利”；第九十二条中“逐步扩充劳动者休息和休养的物质条件”上面应增加“在发展生产的基础上”。

中央《宪法》起草委员会对全国反映上来的各种意见，有的予以采纳，有的作了解释。直至9月14日，即全国人民代表大会开幕的前一天，中央人民政府委员会还召开临时会议，对《宪法（草案）》又作了两处修改，其中之一是有人提出将“我国的第一个宪法”改为“中华人民共和国宪法”。毛泽东认为有道理，应该改。毛泽东解释道：这些修改都是属于文字性的，但不改不行。过去中国的宪法有八个（草案不在内）：清朝的《宪法大纲》，孙中山的《中华民国临时约法》，袁世凯的《中华民国约法》，曹锟的《宪法》、《中华民国训政时期约法》，蒋介石的《宪法》，瑞金工农民主中央政府颁布的《瑞金宪法》，《中国人民政治协商会议共同纲领》。说《中华人民共和国宪法》是“我国第一个宪法不妥”，说它是《中华人民共和国宪法》，则名副其实。另一处修改是第三条第三款：将“各民族……都有保持或者改革自己的风俗习惯和宗教信仰的自由”改为“各民族……都有保持或者改革自己的风俗习惯的自由”。针对这一条修改，毛泽东说：问题出在“和宗教信仰”五个字上。代表中有人提出说改革“宗教”可以，改革“信仰”则不妥。并且第八十八条“中华人民共和国公民有宗教信仰自由”，已经有了规定。所谓“有宗教信仰自由”，就是说你信仰宗教也好，不信仰宗教也好，你可以信这种宗教，也可以信那种宗教。既然有了这条，第三条再讲“改革宗教信仰自由”就重复了。这是西藏代表提出的意见，说这样写法不好，似乎是不要宗教了，我看这一条意见是有道理的，把“和宗教信仰”五个字删掉好，改为“都有保持或者改革自己的风俗习惯的自由”。《宪法》立专章规定了公民的权利与义务，比之《共同纲领》所涉及的更全面、也更具体，有人作了统计，这部《宪法》总共116条，8954个字，其中“人民”一词出现262次，关于人民自由权利的内容有14条。另外，《共同纲领》是将人民分为“人民”和“国民”两种，身份是不同的，一个人可以是国民，但不一定是人民。《宪法》则统一用“公民”一词，既规范，也科学。

对这部《宪法》怎么评价？刘少奇说《宪法》“以事实作根据”，毛泽东说《宪法》“是得人心的”。28年后的1982年，起草现行《宪法》时，时任全国人大常委会委员长的彭真说，1954年《宪法》“比较完善”。

二、第一次全国普选

◎《选举法》开当代中国普选之先河

◎选举权没有教育程度和财产状况的限制

◎妇女有与男子同等的选举权和被选举权

◎45 年前和今天一样，都是用大红纸张榜公布选民名单

◎1953 年 6 月 30 日 24 时，全国范围内开始第一次人口普查

◎人口普查中发现百岁以上老人 3384 人

◎为了投票，她等了两个钟头才上花车

◎总计选举全国人民代表大会代表 1226 人

1953 年 1 月 13 日，中央人民政府委员会第 20 次会议通过了《关于召开全国人民代表大会及地方各级人民代表大会的决议》，决定 1953 年召开用普选方法产生的乡、县、省（市）各级人民代表大会，在此基础上再召开全国人民代表大会。会议决定成立以周恩来为主席、由 23 名委员组成的选举法起草委员会。

选举法起草委员会遵照《共同纲领》有关实行普选的规定，广泛征求各方意见，并参照苏联的选举经验，经过多次讨论、修改，拟定出选举法草案。1953 年 2 月 11 日，中央人民政府委员会第 22 次会议批准通过《中华人民共和国全国人民代表大会及地方各级人民代表大会选举法》，并于 3 月 1 日公布施行。

首先，《选举法》体现了选举权的普遍性。除被依法剥夺政治权利的人和患精神病的人外，其他年满18周岁的公民，不分种族、民族、性别、职业、社会出身、宗教信仰，也没有教育程度、财产状况的限制，都有选举权和被选举权。具有明显对比的是，很多老人对民国初年的选举记忆犹新。那时规定选举权的条件是：必须要有五万元以上的恒产，举人以上的功名和每年直接交纳两块大洋以上的田赋。经过这些条件的限制，选举权就只落在少数有钱人头上了。

其次，《选举法》实现了平等选举的原则。每一选民只进行一次登记，每次选举只有一次投票权，妇女有与男子同等的选举权和被选举权。

第三，在中央及地方各级设立选举委员会。选举委员会的任务是：登记、审查和公布选民名单，分发选民证；受理对选民名单的不同意见的申诉；登记和公布代表候选人名单；划定选举区域，规定选举日期和选举方法，召开并主持选举大会；计算票数，确定当选代表，公布代表名单，颁发当选证书；选举结束后，迅速向上级人民政府和上级选举委员会作出总结报告。

第四，选举程序更加完备。对选区划分、选民登记、代表名额、候选人提名方式、表决方式、计票方式、选举工作的组织领导和财政及法律保障等均作了具体规定。比如，选举方法采取以直接选举和间接选举相结合的方法。只在乡、镇、市辖区及不设区的市等基层单位实行直接选举，县以上实行间接选举。县以上采取无记名投票方法，县以下的乡、镇、市辖区和不设区的市的选举采用以举手代投票方法，亦可采用无记名投票方法。这种规定主要是由于当时广大群众中文盲半文盲较多的缘故。

第五，所选的代表接受选民和原选单位的监督。

第六，对用暴力、威胁、欺诈、贿赂等手段破坏选举或阻碍选民自由行使其选举权或被选举权者，判处两年以下刑事处分；对伪造选举文件或虚报票数、隐藏蒙混等违法行为者，判处三年以下刑事处分；对检举、控告选举中的违法行为进行压制、报复的，判处三年以下刑事处分。

这些规定开当代中国普选之先河，其基本原则延续至今，有些形式几无变化。像在选举的 30 天以前公布选民名单，直到 21 世纪初年选举都是如此。另外，还有选民证，几十年变化不大。

对于全国地方各级人民代表的名额的产生，《选举法》提出两条原则，一是在代表人数上，要使各级人民代表大会成为具有工作能力的国家政权机关，既便于召集会议，又便于讨论和解决问题。因此，人数不能太少，要有一定的规模，能联系到方方面面，但也不能过多，不便于组织；二是在代表构成上，既注意到代表的广泛性，又注意到代表的地区性，以便于随时反映各民族各阶级各地区的意见，并将代表大会的决议迅速传达到人民中间，变成全体人民的实际行动，使各级人民代表大会与人民保持密切的联系。

政务院确定 1953 年 6 月 30 日 24 时为全国人口调查登记的标准时间，在全国范围内开展了人口普查。由于采取了切合实际的比较科学的办法，并作了复查核对和补登补报等工作，人口调查基本上做到了不重复，不遗漏。

根据中央人口调查登记办公室的初步统计，1953 年 6 月 30 日 24 时的全国人口总数是 601938035 人。其中 574205940 人为直接调查的数字，8397477 人为没有进行基层选举的和交通不便的边远地区的数字（根据各该地方政府的资料），7591298 人为台湾省的数字（根据 1951 年台湾公布的数字），11743320 人为国外华侨和留学生的数字（根据华侨事务委员会等机关的资料）。这是我国有史以来第一次经过全面的普查所得到的较为准确的人口数字。不仅为选举工作打下了基础，也为国家建设提供了可靠的依据。通过人口普查，还获得了一些意外的数据。比如，调查中发现，我国的人口死亡率正在迅速下降。据北京市调查，1950 年 11 月人口死亡率是 11‰，到 1953 年 11 月已降为 6‰；山西省长治专区在 1949 年时，婴儿死于“四六风”[①] 的占出生数的 57%，这个专区的陵川县下川村，从清朝光绪年间起，人口始终没有增长，停留在 470 人上下，从新中国实行新法接生以来，婴儿死亡率减少了，到 1953 年，全村人口很快增长到 515 人。幼儿死亡率下降，新生一代人口数量增加，使我国人口在年龄组合上出现新的情况，根据 13 个中央或大行政区辖市和 5 个省的统计，29 岁以下的人口平均占总人口的 64.1%。达到苏联 1939 年的水平（苏联 1939 年未满 29 岁的人口占总人口的 63.1%）。在人口调查中，还发

① “四六风”：初生婴儿疾病，即脐风。发病多在婴儿出生的四至六天。

现很多长寿老人。在直接调查登记的人口中，80岁到99岁的老人有1851312人，100岁和100岁以上的有3384人，最高年龄为155岁。[①] 这些长寿老人都是劳动人民出身。据1954年5月12日的新华社报道，吉林省有一位125岁的名叫傅财的老人，辛勤不息地从事了百多年的劳动，1953年还被选为吉林省林业模范。广西有一位135岁的老太太蓝李氏，早年是一位出色的劳动能手，晚年时她的身体还很健康，能打扫院子，洗晒衣服，走路不用拐杖。

在人口普查的同时进行了选民登记工作。根据中央选举委员会的统计，选民登记总数为323809684人，占18周岁以上人口总数的97.18%。从各地选举的情况看，广大选民都十分珍惜自己的民主权利。人民把选举日期当作节日，敲锣打鼓，张灯结彩。参加投票的有278093100人，占登记选民总数的85.88%。选民中妇女参加投票的占登记的选民妇女总数的84.01%。天津市青年妇女蒋书珍，结婚时正赶上选举，为了投票，她等了两个钟头才上花车，她说："结婚是大事，选举更是大事，结婚是喜事，选举更是喜事。"南京市妇女庞良芳，生小孩不能参加投票，就给孩子起名叫"选玉"，作为纪念。广东省台山县归国华侨陈聪，参加完选举大会说："我活了90多岁，到过许多国家，从来没有见过这样的民主选举。"在群众的选举下，很多工业和农业生产战线及其他方面的优秀人物当选为人民代表，这些来自基层的代表体现了广大人民群众的

① 参见《人民日报》1954年11月1日。

意愿。

全国普选完成以后，从1954年6月开始，150个省辖市、2064个县、自治县及县一级单位和170个中央和省辖市的区全都召开了人民代表大会（西藏地区召开人民代表会议）。七八月间，全国25个省、13个中央或大行政区辖市和内蒙古自治区先后召开第一届人民代表大会，按规定每80万人选举代表1人，各中央直辖市和50万以上人口的省辖工业市，按规定每10万人选举代表1人，共选出全国人大代表1124人，加上昌都地区选举的3人、西藏地区选举的9人、军队代表60人、华侨代表30人，总计选举全国人民代表大会代表1226人，其中妇女代表147人，占代表总数的11.99%，少数民族代表177人，占代表总数的14.44%，各民族、各阶层都有与其地位相当的人民代表。

三、第一届全国人大的召开和新国家机构的建立

◎第一届全国人民代表大会在中南海怀仁堂隆重开幕

◎开幕式上为烈士默哀三分钟

◎毛泽东宣布：我们的目的一定要达到。我们的目的一定能够达到

◎吴玉章主张：应把《宪法》或包括《宪法》内容的课程列为中学和大学共同必修的政治课程

◎张澜提出：《宪法》是国家根本大法，从中央到地方，从政府到人民，都要切实遵行，共同信守

◎大会通过《宪法》时“暴风雨似的掌声延续了五分钟”

◎《人民日报》署名文章称：毛泽东任国家主席，“六亿人民，一个心愿”

◎中央人民政府由两级体制改为一级体制

1954年9月15日下午3时，第一届全国人民代表大会第一次会议在北京中南海怀仁堂隆重开幕。出席开幕式的代表1141人，旁听人员136人，各国驻中国外交使节和外交官44人，外宾39人应邀参加开幕式。

毛泽东主持会议并致开幕词。和现如今不同，讲话并不长。他最后强调的几句话像口号，又像朗诵诗句，有很强的鼓动性，曾在一段时间内成为中国人民耳熟能详的警句：

我们的事业是正义的。正义的事业是任何敌人也攻不破的。

领导我们事业的核心力量是中国共产党。

指导我们思想的理论基础是马克思列宁主义。

我们有充分的信心，克服一切艰难困苦，将我国建设成为一个伟大的社会主义共和国。

我们正在前进。

我们正在做我们的前人从来没有做过的极其光荣伟大的事业。

我们的目的一定要达到。

我们的目的一定能够达到。

全中国六万万人民团结起来，为我们的共同事业而努力奋斗！

我们的伟大的祖国万岁！

在毛泽东的开幕词结束以后，乐队奏起庄严的国歌，这一点和后来不一样，后来都是先奏国歌，再致开幕词。然后是全体起立，为在中国人民革命事业中牺牲的革命烈士默哀3分钟，不是1分钟。开幕式到此结束。

休息40分钟后，中华人民共和国第一届全国人民代表大会第一次会议于下午4时举行。

大会通过了本次会议的议程：

（一）通过《中华人民共和国宪法》。

（二）通过《中华人民共和国全国人民代表大会组织法》《中华人民共和国国务院组织法》《中华人民共和国人民法院组织法》《中华人民共和国人民检察院组织法》《中华人民共和国地方各级人民代表大会和地方各级人民委员会组织法》。

（三）通过关于政府工作的报告。

（四）选举中华人民共和国主席、副主席，选举第一届全国人民代表大会常务委员会委员长、副委员长、秘书长、委员，选举最高人民法院院长，选举最高人民检察院检察长，通过国务院总理人选，通过国务院副总理、部长、委员会主任、秘书长人选，通过国防委员会副主席、委员人选等。

会议随即进入第一项议程，由刘少奇代表宪法起草委员会向大会作《关于中华人民共和国宪法草案的报告》。大会对宪法草案展开热烈讨论。

开幕式和刘少奇的报告都是现场直播，只不过传输的不是画面，是声音，工厂、码头、军营等都组织了收听。

接下来的三天中，上午分组讨论，下午大会发言。共有89人作大会发言，包括黄继光的母亲邓芳芝、荣毅仁、梅兰芳等。与修改《宪法》不同的是，代表们更关心的是怎样贯彻《宪法》。

四川代表吴玉章说：在《宪法》通过以后，应该展开广泛的、深入的、全民性的宣传教育。这是贯彻实施《宪法》的重要条件。要把它当作爱国主义教育和社会主义教育的一个基本内容。在中等学校和高等学校中，应当适当地采用苏联《宪法》教育的经验，将《中华人民共和国宪法》或包括《宪法》内容的课程列为共同必修的政治课程。一切国家机关工作人员都是人民的勤务员，必须认真学习《宪法》，加强法治观念，按照《宪法》办事，效忠人民民主制度，服从《宪法》和法律，努力为人民服务。

四川代表张澜说：首先，应当在全国范围内普遍展开关于《宪法》的宣传、学习，务求做到家喻户晓。《宪法》是国家根本大法，从中央到地方，从政府到人民，都要切实遵行，共同信守。我们全国人民代表大会的全体代表，都亲自参加了这个庄严的制宪会议，更应当以身作则，严格遵守《宪法》，并担负起监督《宪法》实施的重大责任。

浙江代表包达三说：我觉得我们对于《宪法》的实施与贯彻中，尚有一个问题要我们很好地来注意。这就是我们中国人，受过去的反动独裁统治和不合理社会制度的影响，缺乏一种守法的观念。如果说《宪法》的实施是意味着我国法治的开始，那么我以为尤其重要的是一般人民，特别是私营工商业者必须养成守法习惯，而国家机关工作人员也必须在守法精神方面起模范作用。

仅从字面上看，这些意见颇有点做官样文章的味道，但若联系以后的历史看，则他们不但讲得很中肯，而且很有些警示作用和预见性。在我们国家后来所经历的曲折当中，极重要的一个教训就是法的观念不强，守法与犯法的界限在人们心目中很模糊。更具有悲剧色彩的是，在本次会议上作关于《宪法（草案）》报告的刘少奇在十年动乱中，用《宪法》维护自己正当权利的呼声竟被揪斗的喧嚣淹灭殆尽。

代表们在发言中还结合宪法对政府工作存在的问题进行了批评。

广西代表李济深说：在国家机关中有些工作人员脱离群众，违法乱纪，有损政府的威信。在建设事业中，也有因为不经过详细的调查研究，没有周密的计划或者好大喜功、盲目冒进以致造成国家的损失，这些缺点和错误，哪怕是较小的、个别的，今后也必须坚决改正。

安徽代表陈荫南说：我们还有一些基层干部存在强迫命令的作风，他们对完成任务的责任心是好的，但忘记了对上负责和对群众负责的一致性。当然，这种情况的产生，不应过多地责备基层干部，因为下面的强迫命令往往来自上面的官僚主义，甚至来自中央一些部门的官僚主义。比如前一时期要“人畜分居”，要“创造无蚊区”，他们的出发点是好的，可是在现有的农村条件下，这种希望是脱离实际的，是主观的。这样的任务要基层干部去办，怎能不发生命令主义呢？又如有些地区在组织互助合作时，一下说冒进了，一下又说自流，莫衷一是，因此，不仅群众有意见，就是下面干部也是有意见的。如果领导干部都能从实际出发，了解下情，给下级干部树立一个良好的榜样，许多毛病是可以避免或者减少的。

值得记录下来的是西藏代表达赖喇嘛的发言。他说：自从1951年签订和平解放西藏办法的协议，中央代表、进藏人民解放军及工作干部先后到达西藏以后，执行了中央的民族团结政策，遵守和执行了和平解放西藏办法协议十七条，这些正确的政策和其他各项措施，都是可以清楚地看得到的。与此同时，由于三年多以来，先后从西藏地方派出了几次参观团、致敬团来到祖国内地，他们回到西藏以后，将所了解的祖国内地的情况，作了宣传解释，因而逐步解除了西藏人民的疑虑。中国各兄弟民族，特别是汉藏民族正在日益走向亲密团结之中。班禅额尔德尼能回返西藏和我相会，也进一步加强了西藏内部的团结。根据毛主席的各民族间与各民族内部应该团结的政策，在西藏业已出现了新的和平友爱的气象。他还指出：关于宗教方面，在敌人的各种挑拨离间中，主要的一项，就是造谣共产党、人民政府毁灭宗教。西藏人民具有很浓厚的宗教信仰，这些谣言，曾经使他们疑虑不安，但是现在“共产党、人民政府毁灭宗教”的挑拨离间的谣言，已经全部破产了，西藏人民已经切身地体会到了他们在宗教信仰上是有自由的。

9 月 20 日，大会对《中华人民共和国宪法》正式表决。

这一天到会代表 1197 人。浅红色的表决票上，印有汉、蒙、藏、维吾尔四种文字，代表席按照座位划分为八个投票区，每区设置一个投票箱。下午 4 时 45 分投票开始，4 时 55 分投票完毕。计算结果：发出选票 1197 张，投票 1197 张，同意票 1197 张。执行主席周恩来根据表决结果宣布："《中华人民共和国宪法》已由中华人民共和国第一届全国人民代表大会第一次会议于 1954 年 9 月 20 日通过。"全场起立。据作家周立波回忆："暴风雨似的掌声延续了五分钟。"

9 月 21 日，大会通过了《中华人民共和国全国人民代表大会组织法》《中华人民共和国国务院组织法》《中华人民共和国人民法院组织法》《中华人民共和国人民检察院组织法》和《中华人民共和国地方各级人民代表大会和地方各级人民委员会组织法》。

9 月 23 日，周恩来代表中央政府向大会作了《政府工作报告》(以下简称《报告》)。《报告》总结了五年来政治、经济、军事、文化教育、外交等方面的巨大成就和存在的问题，提出了今后的任务。他强调，要把我国建设成为一个强大的社会主义现代化的工业国家，这是一个伟大而艰巨的任务。我们必须用全力去实现宪法所规定的过渡时期的总任务。周恩来说，如果我们不建设起强大的现代化的工业、现代化的农业、现代化的交通运输业和现代化的国防，我们就不能摆脱落后和贫困，我们的革命就不能达到目的。

这句话被认为是对四个现代化最早的表述。

会议经过四天的热烈讨论，先后有75位代表在大会上发言，他们一致同意周恩来的报告，有些对报告作了补充说明，列举出许多事实证实报告所指出的各项工作成就；有些对政府工作报告发表了自己的意见，提出了许多有益的建议。9月26日，会议一致通过了《关于政府工作报告的决议》，对中央人民政府在中国共产党和毛泽东主席的领导下五年来的努力和取得的巨大成就表示满意。

9月27日，第一届全国人民代表大会第一次会议进入第四项议程，选举中华人民共和国主席、副主席及其他国家机关的领导工作人员。

会议在下午3时开始，出席代表1210人。

执行主席刘少奇宣布：根据33个代表小组的109名代表的联合提名，毛泽东和朱德为中华人民共和国主席、副主席候选人的时候，全场响起了热烈的掌声。

“有没有别的提名？”刘少奇征询代表们的意见。全场没有一点声音。停了一阵，刘少奇又问：“有没有别的提名？”全体代表用暴风雨般的掌声表示欢迎这个提名。刘少奇郑重宣布选举注意事项：自己可以选自己；如不同意选票上提名的人，可以另外选自己认为恰当的人。

投票从3时40分开始，到3时50分结束。

接着，会议开始选举第一届全国人民代表大会常务委员会委员长、副委员长、秘书长和委员。选举之前，会议一致通过主席团的提议：经协商拟定副委员长的名额和委员的名额为副委员长13人，委员65人。

4 时 45 分，投票开始。4 时 53 分，投票完毕。

5 时 37 分，执行主席刘少奇宣布，中华人民共和国主席的选举结果：投票总数 1210 票，毛泽东得 1210 票。顿时，欢呼声、掌声像风暴卷过了会场，一位部队代表用送话器欢呼着毛主席万岁，新疆维吾尔族代表挥舞着他们的帽子鼓掌，重庆市一位 21 岁的女代表陈树兰，因为个子小，跳到椅子上去欢呼去鼓掌。毛泽东在台下第一排，表现得比较平静，他表情含蓄，略带微笑，轻轻鼓着掌，不时地举起右手挥一下。这个场景持续数分钟，直到刘少奇挥舞双臂示意安静。朱德同样以 1210 票当选中华人民共和国副主席。

执行主席接着宣布：毛泽东主席根据《中华人民共和国宪法》的规定，提名周恩来为中华人民共和国国务院总理，请大会决定。经主席团决定，为了节省时间，将选举最高人民法院院长、选举最高人民检察院检察长的两张选举票和通过国务院总理人选的表决票共三张同时投票。投票至 6 时 25 分完毕。

晚上 10 时，大会经暂时休会后复会。执行主席宣布其他各项选举结果：

刘少奇为中华人民共和国第一届全国人民代表大会常务委员会委员长，宋庆龄、林伯渠、李济深、张澜、罗荣桓、沈钧儒、郭沫若、黄炎培、彭真、李维汉、陈叔通、达赖喇嘛·丹增嘉措、赛福鼎 13 人为副委员长，彭真为秘书长，王昆仑等 65 人为委员。

董必武为中华人民共和国最高人民法院院长。

张鼎丞为中华人民共和国最高人民检察院检察长。

根据中华人民共和国主席的提名，决定周恩来为中华人民共和国国务院总理。

第二天，《人民日报》发表署名文章，以《六亿人民，一个心愿》为题目，描述了在会场上代表们“选毛主席当咱们的引路人”的心情和毛泽东当选以后，当天晚上全国各地万众欢腾的情景。文章称这次选举“又一次地实现了全国人民的嘱托，完善地表现了六亿人民的心愿”。

9 月 28 日，根据国务院总理周恩来的提名，大会通过了国务院组成人选的决定，陈云、林彪、彭德怀、邓小平、邓子恢、贺龙、陈毅、乌兰夫、李富春、李先念 10 人为中华人民共和国国务院副总理。习仲勋为国务院秘书长。国务院共有 30 个部和 5 个委员会。排在第一位的是内务部，外交部位次，然后是国防部、公安部等，这个也和后来都是外交部起头不同。

根据毛泽东提名，大会通过了国防委员会副主席和委员人选的决定，朱德、彭德怀、林彪、刘伯承、贺龙、陈毅、邓小平、罗荣桓、徐向前、聂荣臻、叶剑英、程潜、张治中、傅作义、龙云 15 人为国防委员会副主席；于学忠等 81 人为国防委员会委员。

下午 3 时 50 分，毛泽东宣布：中华人民共和国第一届全国人民代表大会第一次会议已经顺利地完成了自己的任务。本届会议的全部议程已经进行完毕。第一届全国人民代表大会第一次会议圆满结束。

在这次会议上，达赖当选为全国人大常委会副委员长。班禅当选为全国人大常委会委员，三个月以后，又当选为第二届全国政协副主席。这是有史以来藏族代表在中央政府担任的最高职务。

第一届全国人大一次会议的召开，结束了由中国人民政治协商会议全体会议代行人民代表大会职权，以《共同纲领》代替国家根本大法的过渡状态；会议确定了我国根本的政治制度——人民代表大会制。从国家体制看突出表现在中央人民政府由原来的两级体制变为一级体制。在《共同纲领》时期，即从1949年10月～1954年9月，中央人民政府由中央人民政府委员会及其所属的政务院、人民革命军事委员会、最高人民法院、最高人民检察署两级组成。政务院等都要向中央人民政府委员会负责并报告工作，在中央人民政府委员会休会期间，向中央人民政府主席负责并报告工作。在《中华人民共和国宪法》实施以后，国务院"即中央人民政府"，它只对全国人民代表大会负责并报告工作，在全国人民代表大会闭会期间，对全国人民代表大会常务委员会负责并报告工作，这就是《宪法》所说的国务院"是最高权力机关的执行机关"。

四、政治协商格局的初步形成

◎要不要同民主人士继续合作

◎人民代表大会召开以后，一些民主党派的成员和民主人士出现一些思想顾虑

◎第一届政协与以后的各届政协有所不同，政协不是权力机关

◎毛泽东说，"干脆取消"应该是干脆不取消；"丢掉包袱"

应政为不要丢掉包袱

◎刘少奇说，对几年来有进步需要提升者，应予提升

◎各党派、各民族、各团体的领导人物一起来协商新中国的大事非常重要

◎真理不在乎是不是清一色

◎中国人民政治协商会议第二届全国委员会第一次会议的召开

◎二届政协的七项准则

◎二届政协不再设全体会议，开始增设地方委员会

◎二届政协委员的特点：范围大，代表广，方面多，分量够

◎周恩来担任政协主席

实行人民代表大会制度以后，党内一些干部对统一战线发生误解，把它看作是包袱，主张干脆取消。认为在国家权力机关和管理机关中再安排民主人士是没有必要的，主张搞“清一色”。一些民主党派的成员和民主人士也不免出现一些思想顾虑，担心普选的结果会使共产党和工农群众的代表占绝对优势，他们的政治权利和地位得不到应有的保障；还有一些人担心宪法上没有规定人民政协的地位，人民政协以后的工作没有明确依据，一些党外人士仍留恋第一届政协，想抬高政协的地位，强调政协是“权力机关”或“半权力机关”，是“中国人民民主统一战线的最高组织形式”。

这里，涉及两个概念必须弄清楚。第一，从主体上看，曾经一度代行权力机关的，并非政协第一届全国委员会，而是政

协“第一届全体会议”，“全体会议”一闭幕，代行国家权力机关的这个主体就不复存在，取而代之的是中央人民政府委员会。政协第一届全国委员会的性质，就是《共同纲领》所定位的：是“人民民主统一战线的组织形式”。历史上再也没有召开过政协的“全体会议”。第二，从时间上看，既然代行国家权力机关职能的是中央人民政府委员会，该委员会是1949年9月30日产生的，因此。中国人民政治协商会议全体会议代行国家权力机关只是在1949年9月21日至30日这段时间内。过了这村，就不是这店了。

尽管如此，第一届政协在实际上还是发挥了积极作用的，反映出当时国家政治生活中的一种客观要求。新中国是工人阶级领导的工农联盟为基础的、团结各民主阶级、各民族的人民民主专政的国家。党和人民政府对于一些大政方针和重大问题，需要同各民主党派、各人民团体和各界代表人士进行协商，取得协议，再由政府制定成法律、法令公布实行，政协恰恰是这种协议机关。另一方面，在全体会议闭会期间，政协全国委员会和常委会是中央人民政府与政协组成单位及其所代表的阶级、阶层的联系纽带。各民主阶级、各民主党派、各人民团体和各方人士通过人民政协表达意愿，于人民民主专政的巩固和各项建设事业的发展有益处。

1953年7月，毛泽东主持中央政治局会议，专门讨论了统战工作问题。他从历史和战略的高度告诫全党，把统一战线当作包袱，主张取消是不对的。“干脆取消”，应该是干脆不取消；“丢掉包袱”应改为不要丢掉包袱。首先要肯定民主党派、各种上层人物、知识分子和宗教界人士是可以改造的，这样做统战工作才有信心。如果认为他们大多数是不可以改造的，那么做统战工作就没有信心了。以前在陕北跟我们合作的一些民主人士，如李鼎铭、安文钦、霍子乐这些人，现在在西北军政委员会都当了部长、副部长，安文钦那样的大地主都改造过来了。所以，要下决心把这些人安排起来。我们这样一个大的国家，工人阶级现在只有800万人，数量太少了，将来要有几千万。拿人口来讲，如果占全国人口的1/10，就要有5000多万。工人阶级要解放自己，要消灭阶级，如果不去解放那五万万，工人阶级怎么能够解放呢？我们对地主、反革命绝大部分没有杀，还是要改造。对地主、反革命尚且这样做，对资产阶级、上层人士，更加应该采取改造的方针，把他们的大多数改造过来。民主人士有麻烦，民主党派有麻烦，但是总比我们共产党内的麻烦要少得多。我们党内的麻烦多得很，又是“三反”，又是新“三反”，又是这样，又是那样。毛泽东还特别指出，我们有两个联盟、两种合作。一种是工人阶级和农民的联盟，就是劳动人民的联盟；一种是工人阶级和剥削者的联盟，跟资产阶级的联盟。头一个联盟为后一个联盟的基础，没有头一个联盟，我们就没有力量。必须有这个联盟，才有力量去联合可以合作的剥削者，他们才会来同我们合作。

刘少奇在会前听取统战工作会议领导小组的汇报时，谈到实行人民代表大会以后对民主人士的安排问题时还说，要使他们感到我们对他们是热诚的，对他们的工作安排要做得好一点，其实他们的要求并不高，有些人只是要求有吃有用，有些人还要求榜上有名，有些人则要求与闻政事，也有的人要求有实权。对前三条要尽可能给以满足；要有实权则需要有条件，他要有做好工作的能力，真心同我们合作，按照党的政策办事。因此，对党外人士的安排必须恰当。对几年来有进步需要提升者，应予提升。刘少奇在这次会议的讲话指出，有人说，做这种统一战线工作是找麻烦。我们说，是找麻烦，但是又省麻烦。做统一战线工作是麻烦的，但是经过统一战线工作，资产阶级、上层小资产阶级及其知识分子和政治代表的大部分不造社会主义的反，相反的，他们服从社会主义，为社会主义服务，这就省了大麻烦。说做这种统一战线工作是找麻烦，只有一部分真理，没有全部的真理。就是说，这些同志的意见是片面的，不全面的。还有一部分真理是省麻烦，省大麻烦。找来的是小麻烦，省去的是大麻烦，这才是全部的真理。

经过这次会议，全党各级领导干部特别是统战部门干部就有关理论问题达成了以下几点共识：

（一）在今后相当长的历史时期内，统一战线都是重要的和必要的。为了对付帝国主义侵略、颠覆和实现祖国统一大业，为了改变我国经济文化的落后状况，实行国家工业化和过渡到社会主义，必须团结一切可以团结的力量，巩固发展广泛的统一战线。在过渡时期，统一战线是消灭资产阶级的主要方针，是阶级斗争的一种形式。

（二）人民民主统一战线包括两个联盟，一个是工人农民和其他劳动者的联盟，这是统一战线的基础，另一个是劳动人民同一部分可以联合的剥削者及其代表的联盟，主要是同民族资产阶级的联盟，有了这个联盟，才有广泛的统一战线。在过渡时期，保持同民族资产阶级的联盟，是为了实现消灭民族资产阶级，改造这个阶级的人，是为了工人阶级和劳动人民的利益和解放，而不是为了保存资产阶级。

（三）人民代表大会制度的实行，并不意味着要削弱统一战线，而是更应巩固和加强。在对民主人士的安排上，对于凡是已经同共产党合作的人，仍然要根据具体情况，用各种方式从各个方面予以适当安排。

（四）在人民代表大会制度实行以后，人民政协会议不再代行全国人民代表大会的职权，但它作为统一战线组织将继续存在，并在国家政治生活和巩固发展人民民主统一战线方面，继续发挥重要作用。

随后，中共中央又及时向全国批转了统战部于1953年7月提出的《关于人民代表大会制实行后统一战线组织问题的意见》和《关于实行人民统一战线时安排民主人士的意见》。这些文件规定，在人民代表大会制实行后，中国人民政治协商会议继续存在，并在一切必要的地方设立地方组织。它的任务是：较多方面地和较集中地对资产阶级、城市上层小资产阶级、从地主阶级分化出来的带有资本主义色彩的分子，这些阶级、阶层的知识分子和与这些阶级、阶层相联系的民主党派、代表人物及少数民族和宗教界的上、中层分子进行团结、教育和改造的工作，并通过他们去影响其所联系的群众。

为了进一步明确人民政协的性质、任务，中共中央建议并积极协助筹备召开中国人民政治协商会议第二届全国委员会会议。1954年12月19日，毛泽东召集共产党、各民主党派和无党派人士举行座谈。他首先强调政协存在的必要性。宪法草案就是经过协商讨论使其更加完备的。新中国所做的事情虽然大体上都是正确的，但办法还不很完备，还需要各方面协商、讨论，各党派、各民族、各团体的领导人物一起来协商新中国的大事非常重要。人民代表大会是权力机关，已经包括了各方面，常委会是常设机关，代表性当然很大，但它不能包括所有方面，所以人民政协仍有存在的必要，并不是多余的。但不能把它搞成国家机关。如果把人民政协也搞成国家权力机关和国家管理机关，就成为二元论了，就重复了，分散了，民主集中制就讲不通了。要实事求是。政协不仅是人民团体，而且是各党派的协商机关，是党派机关。共产党就是党派，也不是国家权力机关，但它的价值并不因此而有所降低。毛泽东还具体指出政协的任务：一是协商国际问题；二是协商候选名单；三是提意见；四是调整关系；五是学习马列主义。

毛泽东谈话的基本原则被采纳到人民政协章程之中。

1954年12月21日到25日，中国人民政治协商会议第二届全国委员会第一次会议在北京举行，会议最后通过了《中国人民政治协商会议章程》（以下简称《章程》），标志着人民政协正式实现了职能转换。《章程》的主要内容是：

（一）规定了人民政协的性质。总纲明确规定，中国人民政治协商会议的性质是“团结全国各民族、各民主阶级、各民主党派、各人民团体、国外华侨和其他爱国民主人士的人民民主统一战线的组织”。它既不同于国家机关，也不同于一般的人民团体。它是党派性的人民民主统一战线的组织。今后的基本任务是在中国共产党领导下，继续通过各民主党派、各人民团体的团结，更广泛地团结全国各族人民、共同努力、克服困难，为贯彻宪法，建设一个伟大的社会主义国家而奋斗。

（二）提出了人民政协的任务。即：第一，协商国际问题。第二，对全国人民代表大会代表和地方同级人民代表大会代表的候选人名单以及中国人民政治协商会议各级组织组成人选进行协商。第三，协助国家机关推动社会力量，解决社会生活中各阶级间相互关系问题；联系人民群众，向国家有关机关反映群众的意见和提出建议。第四，协商和处理政协内部和党派之间的合作问题。第五，在自愿的基础上，学习马克思主义和努力进行思想改造。

（三）明确了参加政协的单位和个人共同奠定的七项准则：拥护并全力实施《中华人民共和国宪法》；巩固工人阶级领导的人民民主制度，加强社会主义经济成分的领导地位；协助国家机关、社会力量，实现国家的社会主义工业化和社会主义改造事业；密切联系群众，反映群众意见和提出建议；加强各族人民的团结，提高革命警惕性，坚持同国内外敌人的斗争；加强中国人民同世界爱好和平人民的友谊，反对侵略战争，保卫世界和平；在自愿的基础上学习马克思主义和国家政策，开展批评和自我批评，努力进行思想改造。

（四）确定了人民政协的组织原则。第一，以各民主党派、各人民团体为基础组成，包括少数民族和国外华侨的代表，必要时可吸收个人参加。区域代表和人民解放军不再作为参加政协的单位。第二，政协不再设立全体会议，将原来的政协全体会议、全国委员会、常务委员会三个层次，改为全国委员会和常务委员会两个层次。这样既便于工作，又可适当扩大全国委员会和地方委员会的名额，保证广泛的代表性。第三，在省、自治区、直辖市及其以下的自治州、县、自治县和市辖区设立地方委员会。第四，全国委员会和各级地方委员会之间是指导关系而不是领导关系，但又要因地制宜，便于地方根据实际情况开展工作。

在酝酿第二届政协委员名单时，周恩来作过一个说明。原则是：

第一，扩大团结，加强领导。这次全国委员会人数、代表性、范围都比上次有所扩大，能够想到的都尽量包括进去了。

第二，有代表性。共有委员558名，除兼人大代表的131人外，其他都是各方面有代表性的人物。特邀代表的重点，放在加强反对国内外敌人的斗争，扩大团结面上，以影响台湾。对原国民党军队的起义人员和其他起义的人士特别注意了安排。如这次特邀代表增加了翁文灏（曾任国民党“戡乱”时期的行政院长），这次回来对他是个考验，也是个进步。有人批评政协名单里面什么人都有，好处就在这里。政协不是一盆清水，如果是一盆清水就没有意思了。政协就是要团结各个方面的人，只要他拥护宪法，立场站过来，我们就欢迎。

第三，方面多。工会方面，劳动模范当人大代表的很多，政协委员就着重于新老工会工作者。农村的合作社社长和劳动模范当人大代表的也很多，政协就着重吸收农村工作者。妇联的委员有妇女工作者、演员、小学教员、教授、少数民族等各方面代表人物。工商联的委员名额也扩大了，凡在地方上有代表性的人物都照顾到了。文艺界有地方剧、音乐、舞蹈、美术、文学、电影等方面的人物，还有泥人张。自然科学团体方面有设计工程、建筑工程、钻探等单位的人参加。社会科学、教育界、新闻界、医药卫生界、对外和平友好团体、外交学会、国际贸易、社会救济团体、少数民族、华侨、外交界等方面都有自己的代表。

第四，分量够。每个方面都有带头的著名人物。

会议最后推举毛泽东为政协第二届全国委员会名誉主席，选举周恩来为主席，宋庆龄、董必武、李济深、张澜、郭沫若、彭真、沈钧儒、黄炎培、何香凝、李维汉、李四光、陈叔通、章伯钧、陈嘉庚、班禅额尔德尼·确吉坚赞、包尔汉等16人为副主席，邢西萍为秘书长，王芸生等66人为常务委员。

第二届全国政协一次会议召开，在我国政治生活中形成了人民政协与全国人大两个职能不同的组织并存的局面。人民政协代表统一战线各方面成员的意见和要求，对政府工作具有批评和建议权，其活动的基本原则是民主协商，这些构成了具有中国特色的政治协商制度的基本点。

五、国庆五周年庆典

◎毛泽东61个字的祝酒词

◎彭德怀检阅三军仪仗队

◎阅兵式历时一小时零三分钟

◎游行队伍排成70路纵队浩浩荡荡地行进

◎13万工人大队走在前边

◎14万学生队伍欢呼着进入广场

◎《中华人民共和国宪法》的模型徐徐打开，“一切权力属于人民”八个大字清晰地呈现出来

◎无数标语牌上写着“和平”，无数的和平鸽从游行队伍中飞起

1954年10月1日是共和国诞生五周年的日子。在这两天以前，刚刚结束了第一届全国人民代表大会。全国人民沉浸在喜悦的气氛当中，首都北京，更是喜上加喜。

9月29日晚，国务院总理兼外交部长周恩来举行盛大酒会，招待应邀前来参加国庆活动的各国外宾。毛泽东在酒会上致祝贺词，全文如下：

欢迎各位朋友来到中国！

对于各位朋友带来的友谊，我们表示感谢！

祝贺各位朋友身体健康！

祝贺我们相互间的友谊更加增进！

祝贺世界和平更加巩固！

全文仅61个字，既有欢迎，也有感谢，还有祝贺，而且祝贺是由小及大，由近及远，真是言简意赅。在这么一个隆重

的日子里，又是头一次同时接待十几个国家的政府代表团，毛泽东没有连篇累牍，高谈阔论，只用五句话61个字解决问题，可谓举重若轻，舒放有致。

10月1日，在天安门广场举行了盛大的阅兵式和群众游行。在天安门六个观礼台上观礼的就有一万多人。这里，我们还是借助当时记者的报道，再现那万众欢腾的景象吧：

雄伟的天安门从晨曦中显露出来的时候，参加游行的人群就举着旗帜，手执花束，唱着歌曲，沿着一条条大街涌向天安门广场。首都人民同全国人民一样，今天特别欢欣鼓舞，家家户户悬挂国旗，热烈庆祝我国五年来的光辉成就；庆祝第一届全国人民代表大会第一次会议的成功；庆祝中华人民共和国宪法的颁布；庆祝新的国家领导工作人员的选出；庆祝我国和平外交政策的胜利。

天安门城楼的重檐中间挂着中华人民共和国国徽，红墙正中高悬中国人民伟大领袖毛泽东的画像。在广场南部无数的红旗下面，排列着少年先锋队队员、机关工作人员和参加军事检阅的部队。

10时，毛泽东主席偕同朱德副主席、刘少奇委员长、周恩来总理以及应邀参加我国国庆典礼的各国政府代表团主要贵宾们登上天安门检阅台。这时，广场上响起了经久不息的欢呼和掌声。

在检阅台上的贵宾们有：苏共中央第一书记尼·赫鲁晓夫，波兰统一工人党中央第一书记波·贝鲁特，朝鲜劳动党第一书记、朝鲜民主主义人民共和国内阁首相金日成，以及罗马尼亚、蒙古、捷克斯洛伐克、匈牙利、德意志民主共和国、保加利亚、越南、阿尔巴尼亚等国贵宾。

北京市市长彭真宣布中华人民共和国新中国成立五周年国庆典礼开始。乐队高奏国歌，礼炮齐鸣。接着，阅兵式开始。中华人民共和国国防部部长彭德怀乘苏制吉斯敞篷车从天安门出发，他在阅兵总指挥、华北军区副司令员杨成武陪同下，检阅了排列在广场上的各部队，并向他们致以节日的祝贺。检阅后，彭德怀步上检阅台，向中国人民解放军指挥员、战斗员们发布命令。

由全军 60 个单位 10384 人组成的 38 个方队分列式开始了。解放军最高军事学府——军事学院的学员最先进入天安门广场。跟进的是步兵学校、炮兵学校、工兵学校、坦克学校、航空学校、海军学校的学员队伍，再下边是步兵、骑兵、摩托步兵、伞兵部队。接着，强力的牵引车拉着各种口径的大炮驶过天安门。最后人们称为“活动火力堡垒”的巨大的坦克自行火炮通过广场。当地面部队经过广场时，在天空出现了四个飞行梯队的机群，两架歼击机护送着一架领航机飞在前面，接着重轰炸机、喷气式轰炸机和歼击机，一队一队地掠过天安门上空。

阅兵式历时一小时零三分钟结束后。上午 11 时 04 分，群众游行开始了。游行队伍排成 70 路纵队浩浩荡荡地行进。走在最前面的，是 1400 名铁路工人组成的仪仗队。他们抬着国徽和“庆祝中华人民共和国成立五周年”的字标和毛泽东、刘少奇、周恩来、朱德、陈云的画像以及孙中山的画像和马克思、恩格斯、列宁、斯大林的画像。

接着是8000名中国少年先锋队队员，他们高举着“时刻准备着”的金字标语，欢呼着跳跃着前进。在13万工人大队前面的是“为完成国家第一个五年建设计划而奋斗”的巨型字标。工人后面是京郊农民队伍。14万学生队伍欢呼着进入广场，他们高举着“身体好、学习好、工作好”的标语牌。北京航空学院以300多面缀有飞机形状的旗帜，组成了航空模型队，簇拥着三个巨型的飞机模型前进，在走过天安门时，放出了一队队的模型飞机。抬着巨大的《中华人民共和国宪法》模型的游行队伍，进入广场时，保卫着宪法的工人和农民徐徐地将宪法打开，“一切权力属于人民”八个大字清晰地呈现出来。文艺工作者的队伍跟随着毛主席在规划国家建设计划的巨大塑像后面前进。他们抬着共同奋斗的标语牌：“提高艺术修养，努力艺术实践”。最后走过天安门广场的是体育大队。一队队穿着各种颜色运动服的运动员喊着“锻炼身体，建设祖国”“锻炼身体，保卫祖国”“锻炼身体，保卫和平”的口号。

游行历时2小时42分。游行队伍通过天安门后，广场内少年先锋队队员和机关干部涌向天安门，向毛主席热烈欢呼。这时，空中腾起了无数的礼花，氢气球带着“中国共产党万岁”“中华人民共和国万岁”的标语在天安门上空飘扬，毛主席在沸腾的欢呼中到天安门城楼两侧向外宾和群众招手致意。数万群众齐声地持续地欢呼“毛主席万岁!”

六、赫鲁晓夫访华

◎赫鲁晓夫出现在天安门城楼上，赫鲁晓夫的画像出现在游行队伍中

◎“苏联经济及文化建设成就展览会”在北京新建成的苏联展览馆开幕

◎10 月 3 日，中苏两国领导人开始正式会谈

◎毛泽东直言不讳地说，我们对原子能、核武器感兴趣

◎赫鲁晓夫登上上海百老汇的顶层

◎赫鲁晓夫对西湖鱼汤大加赞赏

◎赫鲁晓夫一行品尝热带水果乐不可支，却不敢恭维广州的名菜——“龙虎斗”

◎中苏两国政府一揽子签订了七个协定

◎中国有偿地接收了一笔可观的武器装备

◎赫鲁晓夫送给中国一套农场设备和 83 件机器展品

赫鲁晓夫访问中国是来参加中华人民共和国五周年国庆活动的。他这次来的身份是苏共中央第一书记，还没有兼任苏联最高苏维埃主席团主席。苏联政府代表团成员有：部长会议第一副主席布尔加宁，部长会议副主席米高扬，全苏工会主席布维尔尼克，文化部长亚历山大罗夫、《真理报》总编辑谢皮洛夫、莫斯科市委书记福尔采娃等人。

赫鲁晓夫一行于 9 月 29 日抵达北京。这时的北京，风和日丽，金秋送爽，在车站、机场、天安门广场、金水桥前都摆

上了各种鲜花。街道虽不繁华，但干净整洁，空气清新。城市虽不够现代，但充满了古都的韵味，在落日余晖的映照下，构成一幅独有的风景。赫鲁晓夫一到北京兴致就很高。在10月1日的国庆典礼上，赫鲁晓夫紧挨着毛泽东站在天安门城楼上，检阅游行队伍。那天，显然是精心安排的，专门有一支游行队伍抬着苏联领导人的画像，其中当然有赫鲁晓夫。鲜花、彩旗、巨型立体模型车，工人、农民、活泼可爱的少先队员，这些都给来宾留下深刻印象。

10月2日，“苏联经济及文化建设成就展览会”在北京新建成的苏联展览馆（后改为北京展览馆）开幕，赫鲁晓夫出席了开幕式。20世纪50年代，北京人有不少这样的机会参观苏联及东欧国家（波兰、捷克斯洛伐克、匈牙利、德意志民主共和国、保加利亚、罗马尼亚等）的各种展览会，还是稍稍满足了一点好奇心，也算是多少了解了点外面的世界。50年代后半期，这种机会越来越少了。这次展览是中华人民共和国成立以来首次举办的规模最大、时间最长、内容最丰富的一次展览。周恩来出席开幕式并为展览会剪彩。展览会包括重工业、轻工业、高等教育、书籍、油画、造型艺术、家具、乐器、手工艺品、食品等10个馆。另外，还有陈列农业机械、矿业机械、汽车、筑路机械、铁路机床的五个广场。展品1.13万件，展出面积共2.58万平方米。展览自10月2日开幕，到12月26日才闭幕。参观展览会的观众达270多万人。

毛泽东也参观了这个展览，并在10月25日同刘少奇、周恩来、朱德、陈云、林伯渠、董必武、彭德怀、彭真、邓小平等十人联名为该展览会题词：

> 苏联经济建设和文化建设的光荣成就大大地鼓舞中国人民建设社会主义的热情，并且使中国人民得到学习的最好榜样。苏联政府和苏联人民在我们的建设事业中给了我们多方面的一贯的巨大的援助，这种援助经过最近的中苏会谈是更加扩大了，而苏联经济及文化建设成就展览会的举行，也正是苏联对我国热情援助的一种表现。我们代表中国人民对于这种情同手足的友谊表示感谢。[①]

这个题词所讲的是事实，因为当时中苏关系正处于最好的时期。

10 月 3 日，中苏两国领导人开始正式会谈。中国方面出席会谈的有：毛泽东、刘少奇、周恩来、朱德、陈云、彭德怀、邓小平、邓子恢、李富春。苏联方面有：赫鲁晓夫、布尔加宁、米高扬。会谈的气氛是友好的，内容主要是：苏联军队从旅顺口海军基地撤退问题，四个中苏股份公司移交问题等，有些问题是斯大林在世时不想解决或没有来得及解决的。

会谈中赫鲁晓夫曾问毛泽东还有什么要求。毛泽东直言不讳地说，我们对原子能、核武器感兴趣，希望你们能在这方面对我们有所帮助，使我们有所建树。赫鲁晓夫听到这儿愣住了，因为他不曾考虑过这个问题，没有思想准备。他稍停了一

① 参见《人民日报》1954 年 10 月 1 日。

下说，搞那个东西太费钱了，我们这个大家庭有了核保护伞就行了，无须大家都来搞。那个东西既费钱费力，又不能吃，不能用。生产出来还得储存起来，不久又过时了，还得重造，太浪费了。我们的想法是，目前你们不必搞这些东西，还是集中力量搞经济建设，发展与国计民生有关的生产，改善人民的福利。提高人民的生活水平比搞原子弹好。假使目前要搞核武器，把中国的全部电力集中用在这方面是否足够还很难说。但如果你们十分想办这件事，而且是为了进行科研，培训干部，为未来新兴工业打基础，那我们可以帮助先建设一个小型原子堆。这比较好办，花钱也不太多。这是一个比较切实可行的办法。借这个条件培训干部，也可以派一些有基础的人员到苏联学习、实习和深造。你们以为如何？毛泽东回答：也好，让我们考虑考虑再说。①

后来的事实是，在中国的要求下，苏联答应帮助中国发展核武器。但计划未执行完，随着中苏关系的破裂，苏联全部撤走了技术专家。中国依靠自力更生，几经艰难，终于拥有了自己的核武器。现在回过头去看，发展中国自己的核工业是意义深远的一步战略。尽管当时可能困难很大，但一旦拥有，别人就不敢再小瞧你。60年代，中国那么穷，国际反华势力对中国不能不有所顾忌，就是因为中国爆炸了原子弹。另外，实事求是地讲，尽管后来中苏交恶，但苏联的帮助不可以一笔抹杀。如果没有苏联，中国不可能在较短时间内完全靠自己发展

① 师哲：《在历史巨人身边》，中央文献出版社1991年版，第572～573页。

核武器。中国的技术人员从苏联专家那里学到不少东西。

会谈结束时，赫鲁晓夫表示一定要出去走一走，看一看，你们这里的一切对我们都是生疏的、新鲜的。

毛泽东高兴地说，那你们就到各地走走看看，随你们的便，愿意去哪儿都可以，就像在你们自己家里一样，我们也不准备做什么特殊安排。我喜欢自由自在，随心所欲地去活动，不喜欢被别人牵着鼻子走。

赫鲁晓夫一行，在工作人员准备文件的空当，到华东、华南、华中各大城市参观游览。赫鲁晓夫乘坐火车出发，另有六架专机随时供调遣。专列的停车、开车的时间、地点都由赫鲁晓夫决定。中国派铁道部副部长武竞天随车同行，公安部副部长汪金祥负责保卫工作。

赫鲁晓夫到达上海后便到市区观光。遛马路，吃馄饨，进商店，逛公园。上海青年一看见苏联客人，立刻就自动围拢上来欢迎他们。苏联客人们兴致大发，和上海青年在马路上跳起舞来，将热烈的气氛推向高潮。赫鲁晓夫一行还参观了上海的百老汇（今锦江饭店）。百老汇有20层，是当时上海仅次于国际饭店的最高建筑之一。在大楼顶层有苏联帮助建造、安装的雷达，赫鲁晓夫在雷达旁边滔滔不绝地大讲了一番。

在杭州，当地同志为他们准备好了下榻的地方。但赫鲁晓夫的计划是绕西湖游一圈就走。当他们参观到“三潭印月”时，杭州的同志才得知他们不留宿，于是急忙把事先准备好的石刻艺术品等礼品送给他们。赫鲁晓夫毫不推辞，照单收下。参观完毕，他们计划稍事休息就走，但主人已经准备好了午饭，赫鲁晓夫说，不吃饭。中方陪同、翻译师哲劝道：要尊重主人嘛！赫鲁晓夫才同意。席间，赫鲁晓夫对西湖鱼汤大加赞赏。这种鱼汤味道鲜美，汤浓而不腻。苏联客人喝了一碗又一碗，非常满意。赫鲁晓夫险些错过了一道难得的美味。在广州，他们下榻在沙面小岛上，那里环境优美，风景幽然。赫鲁晓夫是第一次来到我国南方，椰子等水果都是第一次见到，第一次品尝。他们兴高采烈地，乐不可支。但他们见到广州的名菜——“龙虎斗”“龙凤斗”时，吓得够呛，因为苏联人从来不吃蛇，他们根本不知道蛇肉可以做成美味佳肴。赫鲁晓夫在广州郊区参观橡胶园时询问得很仔细，并同当地干部就海南岛和雷州半岛的橡胶生产情况进行了交谈。

赫鲁晓夫从广州到了武汉，稍作停留后回北京。

10 月 12 日，中苏两国政府正式签订了七个文件。[①] 这里面，“关于苏军从旅顺口海军根据地撤退”的文件规定，1955 年 5 月 31 日之前将该基地交由中国完全支配。据此，中共中央军委特派空军、海军、防空部队等有关部门的人员组成接收委员会。从 11 月 21 日起，人民解放军驻安东（今丹东）、沈阳地区的空军、防空部队担负起该地区的防空战斗值班任务。1955 年 2 月 21 日，人民解放军海军和沈阳军区部队开始接收

① 即《中华人民共和国政府和苏维埃社会主义共和国联盟政府联合宣言》《中华人民共和国政府和苏维埃社会主义共和国联盟政府关于对日本关系的联合宣言》《中苏关于苏联军队自共同使用的中国旅顺口海军根据地撤退并将该根据地交由中华人民共和国完全支配的联合公报》《中苏关于将各股份公司中的苏联股份移交给中华人民共和国的联合公报》《中苏关于签订科学技术合作协定的联合公报》《中苏关于修建兰州—乌鲁木齐—阿拉木图铁路并组织联运的联合公报》《中华人民共和国政府、苏维埃社会主义共和国联盟政府和蒙古人民共和国政府关于修建从集宁到乌兰巴托的铁路并组织联运的联合公报》。

驻旅顺、大连地区苏军的武器装备和防御设施，4 月 15 日接收完毕。同日，中国人民解放军海军旅顺基地成立。4 月 16 日零时起，该地区防务由中国人民解放军第三兵团担任。5 月 24 日，中苏双方举行交接签字仪式。5 月 26 日，苏军全部人员启程回国。中国共有偿地接收苏军一个潜艇基地、五个歼击机师、一个轰炸机师、两个步兵师、一个机械化师、三个地面炮兵师、三个高射炮兵师等部队的大部分武器装备。[①]

“关于股份公司”是指 1950 年 3 月和 1951 年 7 月创办的中苏股份公司，即“新疆省开采有色及稀有金属公司”“新疆省开采和提炼石油公司”“大连建造和修理轮船公司”“组织和经营民用航空路线公司”（又叫“中苏金属公司”）“中苏石油公司”“中苏造船公司”“中苏航空公司”。当时这些合营公司对中国开发矿藏，发展冶金、民用航空和造船事业起到了积极作用。但在中苏共同管理四个公司的过程中，也发生过苏方不充分尊重中国主权的情况，苏方也企图把它们变为独立于中国主权之外的经济实体。这次签订的文件商定，苏方股份自 1955 年 1 月 1 日起完全移交中国，苏方股份的价值将用中国供应苏联通常出口货物的办法数年内偿还。

“关于中苏科学技术合作协定”规定，苏联免费向中国提供大量技术资料。

“关于修建兰州—乌鲁木齐—阿拉木图铁路的协定”规定，在中国境内的铁路，将由中国政府负责修建，苏联给予技术援

① 张驭涛主编：《新中国军事大事纪要》，军事科学出版社 1998 年版，第 93 页。

助。由于1960年后中苏关系明显恶化，这条铁路没有修成。此外，还议定苏联帮助中国新建15个工业企业和扩大原有的141个项目的供应范围，我们常说的“一五”时期苏联援建的156项，就是指这个。

这些协定的签订，对中国来说是值得高兴的事。因为，中国对于1950年2月毛泽东访苏时签订的条约和协定，总的来说是肯定的，但对其中某些内容有自己的看法。例如，关于中长路、旅顺口、大连港的规定，仍留有《雅尔塔协定》的某些痕迹。刘少奇后来谈到此事，坦率地指出，“当时为了共同反对帝国主义，中国在某些问题上作了让步”[①]。此番这七个协定的签订，使“某些问题”基本得到解决。

在这以外，赫鲁晓夫还赠送给中国一套可播种两万公顷面积的国营农场所必需的机器和设备，中国用这些设备组建了“友谊农场”。在组织和熟悉这个国营农场生产的第一年，苏联政府派遣一批专家来华担任顾问，帮助中国工作人员在最短时期内掌握技术和农场的管理方法。苏联政府代表团还把在北京举行的“苏联经济及文化建设成就展览会”的机床和农业机器等83件展品赠给中国。为这两件赠送之事，毛泽东专门致信赫鲁晓夫表示感谢。

赫鲁晓夫一行圆满地结束参加中国国庆五周年庆典及对中国的访问，于10月13日离开北京。途经我国东北时，参观访问了旅顺、鞍山、沈阳、长春、哈尔滨。16日乘专车从哈尔滨回国。

---

① 当代中国丛书编辑部：《当代中国外交》，中国社会科学出版社1988年版，第30～31页。

第四章

高饶事件和七届四中全会

1954年新年伊始毛泽东发出的一个重要批示是建议召开七届四中全会。这一年的头一件大事也当数在2月份召开中共七届四中全会。这次会议揭露和批判了高岗和饶漱石分裂党、妄图篡党夺权的阴谋，通过了《关于增强党的团结的决议》。这场斗争维护与加强了中国共产党的团结和统一。在贯彻过渡时期总路线的社会大变动时期这一点显得尤其重要。

一、引发工会工作的一场争论

◎邓子恢关于“工会立场”的报告

◎高岗组织写出针锋相对的文章

◎李立三受到批判并付出被撤职的代价

◎刘少奇作了自我批评

◎高岗在政治上得了“一分”

新中国成立之初，在工会工作中，如何看待和处理国营工厂中新出现的矛盾，产生了两种不同的意见：一种以当时任中共中央中南局第三书记的邓子恢为代表，另一种以当时任中共中央东北局第一书记的高岗为代表。

新民主主义革命的胜利，使工人阶级在我国的社会、政治生活中的地位发生了根本变化，成为国家的领导阶级。工会工作也在不断前进。在复工开厂时期，工会引导工人自觉地克服单纯追求福利的偏向，保证了生产的迅速恢复；当工商业处于新旧转轨困难时期，工会引导工人主动团结资方，改进经营管理，降低薪金，维持生产，共渡难关。随着 1950 年上半年工商业开始好转，引发了新的问题。工人要求恢复工资，清理拖欠。但资方有意拖延。这时工会却未能及时主动地帮助工人去解决这个问题。有的工会干部甚至片面地替资方叫困难，压制工人的正当要求，引起工人的不满，以致有的工会会员闹退会，拒交会费，甚至包围工会，殴打工会干部。湖南长沙等地还发生了工人骚动的严重事件。

邓子恢对此深感不安。

1950 年 7 月 28 日，邓子恢来到中南总工会筹委会扩大会议的会场上，作了关于工会工作的报告。那正是武汉最热的时候，邓子恢像往常一样，手里拿着一把蒲扇，一边讲一边摇着扇子，习惯性地在讲台上走来走去，就好像在和谁谈心那样亲切自然。

他首先肯定了解放以来工会工作取得的成就，同时指出工会工作存在严重的脱离群众的现象。

关于工会工作者的立场问题。他说，工会工作者应该明确地站在工人阶级的立场上。在私营企业中，工会工作者应处处为工人利益作打算，绝不能代表资方，替资方说话，也不应站在劳资之间。在国营企业中，工会工作同志的立场与态度，也不应与企业行政管理人员混同起来，应该认识彼此的岗位不同，任务不同，因而彼此的具体立场也应该有所不同。企业管理者代表厂方利益，工会工作者则应代表工人利益。为了完成自己的生产任务，减轻生产成本，企业行政方面很容易从本位观点出发，过分降低工人的薪金福利，过分提高劳动强度，因而作出对工人不利的规定。在这种情况下，工会工作者必须根据工人的意见，同厂方商量作适当修改。如厂方犯主观主义或官僚主义的毛病，不照顾工人利益，不接受工会意见，则工会应代表工人向厂方提出抗议，向上级申诉，以至向法院控告，以达到维护工人利益的目的。工会工作者这种做法，是完全允许的。因为只有这样才能确实保护工人的利益。

邓子恢还把这个问题作进一步引申，说：就是工会与政府关系上，也应该各有不同的立场和态度。在政府人员中，也不可避免地要发生主观主义与官僚主义的毛病。因此，同样需要工会工作者站在工人阶级立场上，如发现政府某些施政对工人照顾不周，便应该向政府建议，设法加以修改或纠正。现在有些工会工作者立场不够明确，因而不善于从工会本身的立场来贯彻党的政策。在公营工厂中常表现为与行政毫无二致，不能从维护工人利益出发做好工作，改正行政上过分谋利的倾向；在私营工厂中，无原则地迁就资方，单纯替资方说话，有些厂店资方已答应了工人的条件，工会却替资方说服工人把它取消，因而引起工人不满。有些工人骂工会为“厂长尾巴”“资方走狗”，并不是无因的。这是我们工会工作的最大耻辱，也是工会工作的严重危机，应该引起我们的极大警惕。

关于代表工人利益问题。邓子恢说，这是工会工作的基本问题。工会之所以需要，主要就是为了代表工人阶级的利益，否则工会就成为多余了。工人利益有多种，有经济利益，又有政治、文化的利益；有当前利益，又有长远利益；有局部利益，又有整体利益。这些利益是互相关联而又互相矛盾的。因此，工会工作者必须处处反映与解决工人当前利益与局部利益，以取得工人信任，并进而提高工人觉悟。在这个基础上再去说服工人照顾到长远利益与整体利益。

关于工作方法与工作作风问题。邓子恢指出，所谓工作方法问题，就是走群众路线，还是走官僚主义路线？毫无疑问，我们应该走群众路线，而不能官僚主义；一定要争取群众大多数，而不能只争取少数或次多数。只有这样，才能把事情办好，又能使群众觉悟提高一步。工人是现在社会最先进的阶级，更不能接受命令主义与包办代替的官僚主义。正确的工作作风是：

（一）面向群众，深入下层。把工作深入到工厂中去，深入到车间中去，时刻了解工人的生活要求与政治情绪，了解群众脉搏的跳动，这样才能使工会每一项工作、每一个决议都符合于工人的要求与情绪。

（二）虚心学习，实事求是。要有老老实实的态度，处处从实际出发，知之为知之，不知为不知，不要强不知以为知。

（三）认真负责，细心谨慎。马虎敷衍，只顾自己的名誉、地位、风头、面子，片面主观，粗枝大叶，就不会把生产搞好，更不会把工会办好。

（四）大胆放手，信任群众。发现与培养积极分子、正派分子，经过工人代表大会，把他们提拔到领导工作中来，放手让他们办事。这样工会有大批工人积极分子来主持，来领导，才能逐渐成为工人自己的工会，成为工人自己的家庭，而不是少数外来干部、官僚的工会，这样的工会才能办得好。

7月30日，《长江日报》全文刊登了这个报告。在发表报告的前一天，邓子恢将报告的要点电报中共中央。8月4日，刘少奇为中央起草了批语：

> 这个报告很好，特转发你们参考。工会工作是目前我们党的主要工作之一，但各地党委对于工会工作显然注意不够。望各中央局、分局及省委区党委和市委照邓子恢同志做法在最近三个月内认真地检查一次工会工作并向中央作一次报告，以便加强党委对于工会工作的注意，改善工会工作。是为至要。

批示经毛泽东、周恩来、朱德、任弼时、李立三（当时担任全国总工会主席、党组书记）等人圈阅。

同一天，《工人日报》全文转载了邓子恢的报告，并加了编者按。编者按说，邓文提出的问题，“是有关工会工作的基本原则和基本理论问题”，“希望全国各级工会组织和全国一切工会干部，都要好好学习这个报告，改进自己的工作。”9月4日，《人民日报》也全文转载了邓子恢的报告。

邓子恢的报告，在工会工作者当中引起热烈的反响，特别是邓子恢在报告中提出的观点，在领导干部和工会工作者中引起广泛的注意和讨论。全国总工会召开了党组扩大会，并发出通知，号召全国工会工作者将邓的报告作为整风学习文件，认真学习，整顿作风。在讨论中，对邓子恢有关工会工作的立场问题的提法，赞成者居多，反对者亦有。反对的人当中有一个重量级人物，就是东北局第一书记高岗。

7月21日，他在东北总工会执委扩大会议的报告中就说过："党政工一个目的，亲密团结搞生产，切忌对立起来提问题。"8月下旬，在东北城市工作会议上，高岗在总结讲话中批评邓子恢的文章"欠妥""混淆思想"。1951年4月，高岗针对邓子恢的报告，组织人写了一篇题为《论公营工厂中行政与工会立场的一致性》的文章，提出针锋相对的批评。文章的基本观点是：公营工厂中没有阶级矛盾，没有剥削与被剥削的阶级关系，行政与工人的利益是完全一致的，行政与工会只有分工的不同，没有立场的不同。"具体立场不同"的说法，第一是模糊了工人阶级的领导思想及其在国家政权中的领导地位。第二是模糊了公营企业与私营企业在本质上的区别。

高岗拟将这篇文章作为《东北日报》社论公开发表。为此，他于4月22日写信给毛泽东，请他审查修改，并请示"可否在报上发表"。4月29日，当时担任毛泽东秘书并负责报刊宣传工作的胡乔木就此向毛泽东和刘少奇写信报告，认为"邓子恢同志的说法确有不完满的地方"，但"《东北日报》的文章用正面批驳的方法也不适宜"，认为"最好指出所以如此是有原因的，工会更应当重视工人的直接福利，许多工会不重视是不对的"。5月10日，刘少奇在胡乔木信上批示："我意高岗同志文章暂不发表，待四中全会讨论此问题时，当面说清楚。高文可送邓子恢同志一阅。”5月16日，刘少奇又写信给高岗：“关于工会与工会立场问题你写的文章，我已看过，已送交主席，可能主席尚未来得及看。我的意见以为四中全会即将开会并要讨论这个问题，子恢同志亦来，可以在那时加以讨论，因此，你的文章暂时以不发表为好。”

但是四中全会因故延期，有关工会工作的讨论暂时搁置起来。而且情况有了新的变化。1951年10月2日，全国总工会主席兼党组书记李立三在《关于在工会工作发生争论的问题的意见向毛主席报告》中指出，有的同志认为，在国营企业中公私利益是完全一致的，无所谓矛盾，甚至否认公私兼顾的政策可以适用于国营企业。另一种意见认为，在国营企业中公私利益是基本一致的，但在有关工人生活、劳动条件等问题上是存在矛盾的，但这种矛盾的性质是工人阶级内部的矛盾，因而是可以而且应当用协调的方法，即公私兼顾的方法来解决的。并明确表示：“我个人是同意后一种意见的。我觉得公私关系问题，不仅在目前国营企业中，而且将来在社会主义时期各种对内政策问题上也还是一个主要问题，否认‘公私兼顾’的原则可以运用到国营企业中的意见，可能是不妥当的。”

毛泽东看了李立三的报告，不同意他的意见，并且尖锐地批评了李立三和他所领导的全国总工会党组，认为在工会工作中有严重错误。根据毛泽东的意见，中共中央于11月解除了李立三全国总工会主席和党组书记的职务，批准成立了由刘少奇、李富春、彭真、赖若愚、李立三、刘宁一组成的全国总工会党组干事会，指导全国总工会的工作。月底，刘少奇经中央批准，到南方休假。全总党组干事会实际上由李富春负责。

12月，全总党组召开第一次扩大会议，会议对李立三进行了批判。其中的一条就是说他支持并利用了邓子恢的文章，夸大了国营企业公私利益的矛盾，并形成了一系列的错误观念，完全走上狭隘的经济主义的道路，犯有严重的工团主义，表现了社会民主党倾向，等等。李立三作了检讨。在这种形势下，邓子恢也于12月底在中南局会议上就"工会立场"问题作检讨，并向毛泽东作了报告。

这么一场争论，到底谁是谁非？据在全国总工会工作多年的顾问顾大椿、陈用文回忆说：当时工会工作还处于探索之中，邓子恢第一次提出了工会的性质和任务问题，提出了工会工作者要站在维护工人群众利益的具体立场上，代表工人群众的利益，关心群众生活，这是非常难得的。邓子恢的思想是光辉的，他高明之处在于他懂得马列主义，懂得群众路线，将党的群众路线运用到工人运动的实践中来。邓子恢的思想符合辩证法，是正确的。在社会主义初级阶段整个历史时期，存在着多种经济成分，存在着多种利益集团，工会工作尤其重要，邓子恢关于工会工作者"具体立场"的论断，更显出光辉。①

李立三所反映的全总的讨论的缘起是邓子恢的报告，刘少奇明确赞同邓子恢的观点，高岗同邓子恢则针锋相对。李立三被撤职，邓子恢作检讨，刘少奇批评自己。据《刘少奇传》讲："这场关于工会工作方针的争论，实际上并没有真正展开，

① 转引自编辑委员会：《邓子恢传》，人民出版社1996年版，第432页。

就结束了。刘少奇无疑也受到牵连。他在1954年2月党的七届四中全会上作自我批评时就说：'我受中央的委托负责管理全国总工会的工作'，对李立三的错误'我是应该负一定的责任的'。"[①] 无怪乎有人说，这就使高岗在政治上得了"一分"。

二、关于农业互助合作的争论

◎刘少奇批评了东北局

◎毛泽东对刘少奇的谈话不满

◎刘少奇说，我们中国党内有很大的一部分同志存有农业社会主义思想

◎刘少奇认为是一种错误的、危险的、空想的农业社会主义思想

◎春藕斋讲话

◎高岗又得了"一分"

土改以后，我国的个体农业要向现代化和集体化方向发展，党内的意见是一致的。在当时的具体条件下，劳动互助的形式对恢复和发展农业生产具有积极作用，党内也无异议。但对某些土改进行较早的地区，已出现一定程度上的"中农化"趋势以后，是否应当允许少数富裕中农冒尖，以及在手工劳动的基础上能否仅通过组织合作社就能实现社会主义，在党内明显有不同看法。

① 金冲及主编：《刘少奇传》下卷，中央文献出版社1998年版，第737～738页。

"中农化"趋势突出地表现在老解放区的东北地区。东北的农民经过辛勤劳动，一般群众的经济状况普遍开始上升，"绝大多数农民"当时的经济生活已经超过他们刚刚开始实行土改之后的情况。最普遍的是粮食都有增多，因此生产所必需的牲畜、大车、衣物、房子也均有增加，其中一部分除了添车买马之外，有的并已开始雇用长工。

怎样对待农民这种要发家致富的积极性？中共中央东北局书记高岗主张加以限制。1949 年 12 月初，他在东北农村工作座谈会上提出："必须使绝大多数农民'由个体逐步地向集体方面发展'。组织起来发展生产乃是我们农村生产领导的基本方向。"① 12 月 31 日，东北局组织部作出《农村支部工作指示》，要求"应当教育党员，积极参加变工组，大量在合作社入股，搞好变工组与合作社，是农村党员的基本任务。批评某些党员只想个人发财，不管多数群众贫困，甚至想剥削别人的富农思想。"② 这时毛泽东正在苏联访问，刘少奇主持中央工作。刘少奇认为现在是新民主主义阶段，应该鼓励老区农民劳动致富，充分发挥他们的个体积极性，以提高农村生产力。而且，当时中央正酝酿在新解放区土地改革中采取保护富农经济的政策，为了稳定农村形势，刘少奇认为对老区出现的少量新富农要采取慎重的态度。

1950 年 1 月 23 日，刘少奇基于他在 1949 年秋对东北的调查了解，同中组部副部长安子文谈了他对东北有关问题的看

① 《新华文摘》第一卷第四期。
② 金冲及主编：《刘少奇传》，中央文献出版社 1996 年版，第 692 页。

法。他说："东北土改后农村经济开始向上发展了。有三匹马一副犁一挂大车的农民，不是富农，而是中农"，"现在东北，应该使这种中农得到大量的发展"，"因此现在限制单干是过早的，现在能够单干是很好的"，"富农雇人多，买了马，不要限制他，现在要让他发展，没有坏处，这不是自流。将来我们对富农有办法，让他发展到一定程度，将来再予以限制，三五年之后再予以限制，用国家颁布劳动法，把雇农组织起来，提高雇农的待遇，征土地税，多累进一点，多加公粮等办法，予以限制"。①

根据刘少奇的意见，中共中央组织部正式答复东北局，批评了东北局组织部《农村支部工作指示》中的一些提法。高岗对这件事十分不满。据高岗说，他收到刘少奇谈话记录后，在北京面交毛泽东。毛泽东批示给陈伯达看，对刘少奇谈话的不满，形于颜色。后来这个谈话记录就成为高岗反对刘少奇的重要借口。②

不久，党内对老区农村政策又发生了一场争论。1951 年 4 月 17 日，中共山西省委提出《把老区互助合作组织提高一步》的报告。报告认为，农民自发力量不是向着我们所要求的现代化和集体化的方向发展，而是向着富农方向发展。对于私有化基础，不应该是巩固的方针，而应当是逐步地动摇它，削弱

① 中共中央文献研究室编：《刘少奇论新中国经济建设》，中央文献出版社 1993 年版，第 152~155 页。

② 薄一波：《若干重大决策与事件的回顾》上卷，中共中央党校出版社 1991 年版，第 198 页。

它，直至否定它。为此，应该把“公共积累”和“按劳分配”这两个进步因素，在互助组织中逐步地增强，使互助组织大大地前进一步，以战胜农民的自发因素。

华北局接到报告的前后，曾两次请示刘少奇。刘少奇认为现在动摇私有制，条件不成熟。没有拖拉机，不要急于搞农业生产合作社。4月下旬，华北局召开五省互助合作会议，山西代表支持搞农业生产合作社的意见，没有得到其他四省的同意。据此，华北局于5月4日正式批复山西省委并报中央。批语说：“用公基金和按劳分配来逐步动摇、削弱私有基础直至否定私有基础，是和党的新民主主义时期的政策及共同纲领的精神不相符合的，因而是错误的。”目前是处于新民主主义革命而不是社会主义革命阶段，“提高与巩固互助组的主要问题，是如何充实互助组的生产内容，以满足农民进一步发展生产的要求，而不是逐步动摇私有制的问题。这一点必须从原则上彻底搞清楚”，“农业生产合作社全省只能试办几个作为研究、展览和教育农民之用。即便试办，也要出于群众自愿，不能强行试办，更不要推广。”

刘少奇接到华北局的汇报和批转的山西省委的报告后，连续在几个不同场合对山西省委的观点提出了批评。5月7日，他在全国宣传工作会议上说：山西省委在农村里边要组织农业生产合作社，“这种合作社是有社会主义性质的，可是单用这一种农业合作社、互助组的办法，使我们中国的农业直接走到社会主义是不可能的”，“那是一种空想的农业社会主义，是实现不了的”，“我们中国党内有很大的一部分同志存有农业社会主义思想，这种思想要纠正”，“农业社会化要依靠工业”。

7月3日，刘少奇批准将他在山西省委报告上的批语“特印发给各负责同志一阅”。

刘少奇还特意在写了这个批语的信笺的天头上给中央办公厅主任杨尚昆写下一段话：“五号下午二时，马列学院一班来春藕斋上课，此件请印发给学生。并发给各中委和中央局。”①

刘少奇在后来的讲话和批示中再次重申：企图在互助组内逐步地动摇、削弱直至否定农民的私有财产，走向农业集体化，这是不可能的，是改良主义。由互助组是不能逐步发展提高到集体农庄的。农业集体化必须以工业化、机械化及土地国有为条件，否则便无法改变小农的分散性、落后性。而达到农业集体化，巩固互助组依靠充实生产外，还要在农民中进行集体主义教育，这是组织集体农场必需的思想基础。

在党内关于中国如何走向社会主义的两种不同意见中，毛泽东显然不同意刘少奇的主张。毛泽东找刘少奇和华北局负责人谈话，明确表示支持山西省委的意见。他批评了刘少奇关于互助组不能生长为农业生产合作社的观点和现阶段不能动摇私有制基础的观点。他说，既然西方资本主义在其发展过程中有一个工场手工业阶段，即尚未采用蒸汽动力机械，而依靠工场分工以形成新生产力的阶段，则中国的合作化，依靠统一经营形成新生产力，去动摇私有基础，也是可行的②。接着，毛泽

① 金冲及主编：《刘少奇年谱》下卷，中央文献出版社1996年版，第282～283页。
② 薄一波：《若干重大决策与事件的回顾》上卷，中共中央党校出版社1991年版，第191页。

东指示陈伯达召集第一次互助合作会议，起草农业生产互助合作决议。

就在这时，高岗于10月14日向毛泽东送上了《关于东北农村的生产合作互助运动》的报告。报告分析东北农村经济普遍上升的主要原因是由于经过土地改革，摧毁了地主和旧富农的经济之后，党就将贯彻毛泽东关于组织起来，发展生产的方针，作为农村工作的重点，并在组织农民生产与交换方面积极推行了合作互助和供销合作的政策，以便有步骤地改造农业经济，使之由个体逐步向着集体发展。报告明确表示要积极扶助与发展农业合作互助组，“并逐步由低级引向更高级的形式”。这里的关键是看我们对合作互助组的领导的实际成效如何，即是否提高了农业生产力，多打了粮食，增加了农民的收入。强调要有重点地发展农业合作社，同时力争各类形式的合作互助组能够作出比较优良的成绩，来积极动员与吸引“单干”的农户自愿加入各种类型的合作互助组。为了更好地领导互助组的发展，必须培养合作互助组的骨干，训练积极分子，推广经验，提高觉悟，巩固组织。农村党的支部和党员要成为合作互助组的核心。

毛泽东看了高岗的报告后，于10月17日批给刘少奇、周恩来、朱德、陈云、彭真、陈伯达、胡乔木、杨尚昆，请他们一阅。并请杨尚昆阅后印成一个小册子，分送各中央局、分局，各省市区党委。同时发给中央各部门、中央政府各党组、正在出席中央政治局扩大会的各同志，即将出席政协第一届全国委员会第三次会议的各共产党员。发放的范围非常之广。毛泽东还要求在党内刊物上发表。同时毛泽东代中央起草了一个批语：

中央认为高岗同志在这个报告中所提出的方针是正确的。一切已经完成了土地改革任务的地区的党委都应研究这个问题，领导农民群众逐步地组成和发展各种以私有财产为基础的农业生产互助合作组织，同时不要轻视和排斥不愿参加这个运动的个体农民。每个省区都要建立生产新式农具的国营工厂，以便农民购用此种农具。省、专区和县都要建立至少一个公营农场，以为示范之用。

在如何实现农业社会主义的问题上，刘少奇受到批评，高岗得到表扬。这样，正像有人所说的：高岗又得了“一分”。

三、“新税制”风波

◎新税制引起强烈反响和波动

◎毛泽东“看报始知”

◎周恩来紧急处理

◎薄一波预感到事情有些严重了

◎陈云细说新税制的两个错误

◎中央政府的领导重新作了分工

税收是国家积累资金的重要手段。1950 年 1 月 27 日，政务院通过了《全国税收实施要则》。由于当时国营和合作社经济还很薄弱，因此，这一税则对国营和合作社经济给予了适当的照顾，比如新成立的供销合作社免纳一年所得税，营业税按20%的税率征收，并打八折优待；新成立的手工生产合作社免纳营业税和三年所得税，等等。

由于当时税制是在旧税制基础上建立起来的，难免残留旧税制对经济的消极作用，主要是各税重复，零星分散，手续烦琐。随着经济的发展，其消极影响日益显现出来，因此，修正税制是需要的。另外，还有一个问题，由于五种经济成分不断改组，国营商业和合作社商业在经济中已占了很大比重，总、分支机构内部调拨、加工订货及代购代销等经营方式日益扩大，私营企业主看到国营经济总、分支机构内部调拨不纳税，也更多地采取“产零见面”的办法，即工厂直接售货给零售商或委托零售商代售，以逃避一道批发营业税。加上经营方式、流通环节的变化，商品中间环节减少，使得营业税中的批发营业税减少或很难收上来，国家税收有下降的趋势。而大规模经济建设，又要求不断增加税收。恰好这1952年，“三反”“五反”刚结束，不少私营企业在运动后漏税要补，偷税要罚，资本家叫苦。原定税收难以收上来，税收任务还要增加，如果过多地把税收加在他们头上，会把私营企业挤垮，国家面临的困难将更多。这些原因使财政部考虑税制必须修正，在修正税制时改变对国营和合作社经济原有的某些优惠规定。

“五反”以后，陈云全力以赴投入制定“一五”计划工作，对中财委的一般性工作很少过问。中财委在副主任薄一波的主持下，研究了修正税制问题。同时召开了各大区财政部长会议和第四次全国税务会议。根据几次会议的意见，财政部提出了修正税制的具体方案。12 月 26 日，政务会议讨论并批准这个方案。周恩来在会上说：

这次税制基本上没有变，如果说有一种改革，那就是将一部分商品改征商品流通税了，总的说来，还是税制的修正。

对改变合作社和国营企业的某些优待，周恩来作了说明：

合作社的发展，不能单靠优待，主要的应靠改善其经营。因此，取消了合作社的许多优待，使其和国营企业、私营企业在纳税待遇上一样，以打破其供给制观点，加强其经济核算制，这对合作社的发展也是有好处的。合作社总社的负责同志也同意这样做。不仅合作社，国营商业部门也有依靠国家贷款、收购等的优待而不大注意经营的情况。使国营企业、合作社和私营企业在纳税待遇上一样，就督促了国营企业和合作社注意使推销面大，资金周转得快，经营得好。[①]

接着，财经部门又向工商联负责人及工商界知名人士征求

① 金冲及主编：《周恩来传》，中央文献出版社 1998 年版，第 1092 页。

了意见。1952 年 12 月 31 日在《人民日报》上公布了《关于税制若干修正及施行日期的通告》，决定自 1953 年 1 月 1 日起实行新的税制。同一天，《人民日报》发表社论，提出“公私一律平等纳税”。

修正税制的原则主要有两条，一是保税，二是简化纳税手续。其最大的变化就是“应税货物，一律国营公司批发牌价核税；加工、订货、包销者同。”也就是不分公营、私营，一律平等纳税。

修正税制公布以后，在社会上引起强烈反响和波动。1953 年 1 月 9 日，山东分局第二书记、山东省人民政府副主席向明等三人联名写信给中央，反映执行新税制引起物价波动、强抢商品、私商观望、思想混乱等情况。1 月 11 日，北京市委也写信给中央反映了类似情况。各大区、各省市财委也纷纷写信、打电报给中财委，反映在执行过程中遇到的困难和问题。这件事引起毛泽东的重视。1 月 15 日，他给周恩来、邓小平、陈云、薄一波写信，说：

> 新税制事，中央既未讨论，对各中央局、分局、省市委亦未下达通知，匆卒发表，毫无准备。此事似已在全国引起波动，不但上海、北京两处而已，究应如何处理，请你们研究告我。
>
> 此事我看报始知，我看了亦不大懂，无怪向明等人不大懂。究竟新税制与旧税制比较利害各如何？何以因税制而引起物价如此波动？请令主管机关条举告我。

周恩来收到信后，立即召集有关部门负责人研究改行新税制后的物价问题，并连夜给毛泽东写回信，谈了处理办法。可见他把毛泽东这封信的分量看得很重。

薄一波看了信后也立即召集中财委有关人员开会，汇报执行新税制的情况。

薄一波说："我当时的心情半是沉重，半是茫然。信是批评刚出台半个月的新税制，而且词锋甚严，显然事出有因。我很注意信中的两句话，'此事我看报始知，我看了亦不大懂'，已预感到事情有些严重了。"①

随后，财政部和税务总局派出若干小组分赴各大中城市检查，并每天与各主要城市通话联系，解决发生的问题。对执行新税制中所发生的较大问题，很快都采取了补救措施，得到妥善处理。2月10日，财政部吴波、商业部姚依林、粮食部陈希云三人联名写信给毛泽东和中共中央，就修正新税制的目的、新税制对物价的影响和在执行过程中发生的问题等，作了说明。接着，财政部又向毛泽东、中央政治局作了一次汇报，由吴波把税制修正了哪些地方，实行中出现了哪些问题，如何解决的，一一作了说明。但毛泽东仍然尖锐地批评说："公私一律平等纳税"的口号违背了七届二中全会的决议；修正税制事先没有报告中央，可是找资本家商量了，把资本家看得比党中央还重；这个新税制得到资本家叫好，是"右倾机会主义"的错误。毛泽东的这些批评，比信中的批评又进了一步，语气也

① 薄一波：《若干重大决策与事件的回顾》上卷，中共中央党校出版社1991年，第234～235页。

更为严厉。批评的重点侧重于“事先没有报告中央”，错误的性质是“右倾机会主义”。薄一波当时听起来“不免感到震惊”。

薄一波在38年后回顾这段历史时说：修正税制本身虽然是一项具体的业务工作，但检讨起来，确实存在着一些严重缺点。主要表现在：

（一）“在修正税制的过程中，确有操之过急、工作过粗的毛病。新税制从9月财经会议酝酿到年底出台，仅用了三个多月时间。”为什么这么急呢？是“为了赶在元旦前一天公布实施，为了抢在春节前一个半月的旺季多收点税，许多该做的工作没有去做，或虽然做了但做得很粗”，“新税制方案公布前，我们主管的同志特别是我自己没有向毛主席进行汇报，听取他的意见，以致他‘看报始知’，这是更不应有的疏失和错误”。

（二）“修正后的税制，有些具体条文修改得不适当”。意见最多的是，把在流通环节难以收上来的工业品的批发营业税移到工厂去征。由于担心物价引起波动，未能及时调整出厂价格，以及其他一些相应的措施没有跟上，致使两千多户被合理批准免缴批发营业税的专营批发商，得到了一些便宜，工厂税负相应增加，“这样乍一看来，新税制就给人一种似乎偏袒了资本家的印象”。还由于取消了对供销社的一些优待条件，使得供销部门的意见也很大。新税制公布时正赶上商业系统贯彻中央关于调整商业的指示，正在调整一些商品的价格。个别商品确实因为实行新税制的缘故而提了价。宣传解释工作又没有跟上，因而使人们产生了误解，以为修正税制是又要涨一次物价。人民对国民党统治下的物价飞涨吃够了苦头，记忆犹新，十分珍惜解放后经过几年努力赢得的市场繁荣、物价平稳。当时正值年关，人们在心理上十分害怕物价上涨。由于这种种原因，新税制公布后，在很短的时间里确曾引起过一些混乱。

（三）关于“公私一律平等纳税”。当时发表的《人民日报》社论，为了说明修改税制的必要性和目的，原稿上有这样一句话：“国营企业和私营企业都要按照修改的税制纳税。”我在修改时，把这句话简化为“公私一律平等纳税”。看来，这是多余的，以不改为好。这次修正税制主要是针对流通环节的。货物一上市，就只能对物不对人了，商品按照一定税率平等纳税是应该的。这句话的确引起许多人的误解。

但是，薄一波认为“新税制确曾起到过保税、增税的作用”。①

这件事情发生后，毛泽东认为政府工作中存在分散主义。根据毛泽东的提议，中共中央在 1953 年 3 月 10 日作出《关于加强中央人民政府系统各部门向中央请示报告制度及加强中央对于政府工作领导的决定（草案）》，其中规定，今后政府工作中一切主要的和重要的方针、政策、计划和重大事项，均须事先请示中央，并经过中央讨论和决定或批准以后，始得执行。中央人民政府党组干事会应即撤销，政务院各部门的党组组织和直属政务院的其他部门，直接接受中央领导。决定还对中央政府的领导工作重新作了分工：

① 薄一波：《若干重大决策与事件的回顾》上卷，中共中央党校出版社 1991 年版，第 235～237 页。

国家计划工作，由高岗负责；

政法工作（包括公安、检察和法院工作），由董必武、彭真、罗瑞卿负责；

财经工作，由陈云、薄一波、邓子恢、李富春、曾山、贾拓夫、叶季壮负责；

文教工作，由习仲勋负责；

外交工作（包括对外贸易、对外经济、文化联络和侨务工作），由周恩来负责；

其他不属于前述五个范围的工作（包括监察、民族、人事工作等），由邓小平负责。

以后，政务院根据中共中央的决定，又在 5 月 15 日发出《关于中央人民政府所属的财政经济部门的工作领导的通知》，对中央人民政府所属的财政经济部门领导重新作了分工，其中一个重要内容就是把政务院 24 个部中的 8 个部，即重工业部、一机部、二机部、燃料工业部、建筑工业部、地质部、轻工业部、纺织工业部，由国家计委主席高岗领导。这 8 个部，都是工业建设的重要部门，尤其是在国家开始大规模经济建设时，它们的重要性更显突出。

四、高饶“发难”

◎“五马进京，一马当先”

◎财经会议上的“批薄射刘”

◎毛泽东建议周恩来“搬兵”解围

◎高岗散布的所谓“军党论”

◎饶漱石的呼应

◎全国组织工作会议上的“讨安伐刘”

1953年是中国大规模经济建设的第一年，也是第一个五年计划的第一年。大家的积极性很高，都想把建设搞得多一点，摊子铺得过大，财政收入却不能有相应的增加，而且在制定年度财政预算收入时，把上一年的财政结余40多亿元打了进去。事实上这笔钱已存入银行变成信贷资金，被银行贷出去了，成了所谓“一女二嫁”。这样，上半年国家预算执行的结果，出现了21.5亿元的赤字。鉴于这些问题，中共中央决定在1953年6月中旬召开一次全国财政经济会议。

财经会议原定的议程有三项：经济建设问题，财政问题，资产阶级问题。大会的经常主持人是周恩来、高岗、邓小平。原设想“总的会期争取半个月结束”，但会议开起来以后，会议时间和议题发生了变化，足足开了两个月，直到8月13日才结束。原因是高岗“发难”，使“讨论和批评新税制，实际上成了会议的中心问题”。

1952年夏，为加强中央的集中统一领导，中共中央决定逐步缩小各大行政区，将一些主要领导同志及一批工作人员调到北京。8月以后，邓小平首先由西南局来京，担任政务院副总理。以后，邓子恢、饶漱石、高岗、习仲勋等也陆续到京。高岗来京之前已担任中央人民政府副主席，来京后安排他担任国家计划委员会主席，应当说，高岗是很受器重的，权力、地位颇为显赫，一时有“五马进京，一马当先”之说。实行新税制后中央对政府重新分工，无疑是对中央人民政府党组干事会书记、政务院总理周恩来的严重批评。根据这个决定和分工，周恩来对政务院的工作除必须担负全部责任外，实际上他所直接领导的就只剩下一个外事口了。而政务院8个主要工业部划归高岗领导，是对高岗的信任和重用。高岗自认为已经组织了“经济内阁”，而这和1951年他得的“两分”是有联系的。正因为如此，高岗感到这是一个借以攻击刘少奇和周恩来的绝好机会，于是在会内外进行活动，急于谋取更高的权力。

高岗在小组会议上和会后的私下谈话中，多次“鼓动”别人向薄一波等“放炮”，给会议气氛加温。中南局第一书记陶铸后来揭发，财经会议刚刚开过第一次领导小组会后，高岗就把他请到家里吃饭，在饭桌上高岗对他说，这次会议的方针就是要重重地整一下薄一波，“希望大家能勇敢发言”，并要他放头炮。陶铸没有答应。

高岗还亲自出马，在大会发言中对薄一波等提出种种责难，批评的调子一直居高不下。薄一波接连两次在会上作检查，都过不了关。高岗还采取“移花接木”的手法，把刘少奇曾经讲过的话，包括1949年视察天津时的讲话，1950年有关东北富农党员问题的谈话，1951年对山西互助合作报告的批语等，统统安在薄一波头上，加以批判，这是明里批薄一波，暗中攻击刘少奇的“批薄射刘”的手法，暗示刘少奇犯有一贯的、系统的路线错误。高岗后来在被迫写的《我的反省》中作过这样的交代：我的发言“除批评薄一波同志外，还有指桑骂愧说少奇同志的意思”。高岗还对人说过：“我在全国财经会议上不讲话则已，要讲就要挖少奇的老底。”[①]

薄一波在第二次检讨后“已意识到高、饶绝不仅仅是攻击我，而是进而攻击刘、周，为了不使事态扩大到中央领导核心，我决定再不多说一句话。当时会上要我作第三次检讨，我拒绝了。周总理把我的态度报告了毛主席，毛主席说：薄一波同志可以不检讨了。”[②] 财经会议后期，毛泽东也发现会议的方向偏了，有些不大对头。因此，希望早点结束会议，要周恩来尽快作结论。周恩来是会议的主持人，很难作结论。话说轻了，会上是那样一种气氛，不大好通得过，而且有开脱、庇护之嫌；话说重了，就会为高、饶利用。最后还是毛泽东出了个主意，他对周恩来说：结论作不下来，可以“搬兵”嘛！把陈云、邓小平请回来，让他们参加会议嘛！陈云、邓小平对薄一波是比较了解的，陈云在北戴河疗养时，一些人去看望他，同他谈到财经会议的情况，陈云当时就明确表示：不能把薄一波同志几年来在中财委工作中的成绩抹杀了，我反对两条路线的提法。因此，毛泽东提出请陈云、邓小平回来，实际上也有为薄一波解围的意思。

陈云在发言中首先指出：几年来，薄一波在中财委做了大量的工作，这些工作即令是事务性的，也是非常重要的。因

① 薄一波：《若干重大决策与事件的回顾》上卷，中共中央党校出版社 1991 年版，第 311 页。

② 薄一波：《若干重大决策与事件的回顾》上卷，中共中央党校出版社 1991 年版，第 243 页。

为，如果没有人顶住事务，中财委的工作是不行的。他针对有人说中财委存在两条路线的问题说：我以为在工作中间个别不同的意见是不会没有的，在一起做了四年工作，如果说没有一点不同意见，当然不行。这些意见，也不能说他的都是错误的，我的都是对的，也不能说他的都是对的，我的都是错的。总的说起来，我在今天这样的会上不能说中财委有两条路线。

邓小平也在会上作了一次发言。大意是，大家批评薄一波的错误，我赞成。每个人都会犯错误，我自己就有不少错误，在座的其他同志也不能说没有错误。薄一波的错误是很多的，可能不是一斤两斤，而是一吨两吨。但是，他犯的错误再多，也不能说成是路线错误。把他这几年在工作中的这样那样过错说成是路线错误是不对的，我不赞成。

由于陈云、邓小平讲了话，会议的气氛起了变化，结论也就好作了。8 月 11 日晚，周恩来在全国财经会议上作会议结论。结论报告经过毛泽东多次修改。

对高岗在全国财经会议上的表现，邓小平在 1955 年 3 月党的全国代表会议上所作的《关于高岗、饶漱石反党联盟的报告》中指出：高岗利用财经会议“大大施展他的阴谋活动。他和他的追随者不但在会上为了有意制造党内纠纷而发表种种无原则的言论，并且在会外大肆散布各种流言蜚语破坏中央的威信，特别攻击中央书记刘少奇和周恩来同志，同时鼓吹他自己。他是想经过这些阴谋活动把这次会议转变为对党中央的进攻”。

财经会议后，高岗的活动更加嚣张。他搜集整理了许多刘少奇的讲话材料，向人散布现在党内有“两条路线斗争”。在南下杭州、广州期间，他又到处游说，制造种种流言蜚语，指名道姓地贬低和攻击刘少奇、周恩来，抬高他自己。

高岗在分裂党的活动中，提出所谓“军党论”。他散布说，在党的历史上，党的干部分为两部分。一部分是以毛泽东为代表的红区党，一部分是以刘少奇为代表的白区党。党是红区的党即军队的党创造的，是“枪杆子上出党”，“军队的党”是党的主体。现在党和国家领导机关的权力掌握在“白区的党”的人手里，应当彻底改组。他还说，党的历史上有“二元论”，党的六届七中全会通过的《关于若干历史问题的决议》要修改，决议中关于刘少奇是党的正确路线在白区工作中的代表的提法不对头，需要重新作出结论。

1953年下半年，毛泽东在领导层内提出中央分一线、二线的问题，希望自己退居二线，由其他同志主持一线工作。中共中央还考虑过最高国家行政机关是否采取部长会议形式，党中央是否增设副主席或总书记的问题。高岗觉得这是他谋取更高权力的好时机，他背地里的阴谋活动也达到了高潮。

高岗四处活动，捏造说刘少奇已不被毛泽东重视，还说毛泽东打算让刘少奇搞“议会”（人大常委会），周恩来当部长会议主席，由他（高岗）来搞政治局。在另外场合，他又表示不同意周恩来担任部长会议主席，主张由林彪来担任。他正式找到邓小平，说刘少奇不成熟，想拉邓小平一起拱倒刘少奇，遭到邓小平的驳斥。高岗也找到陈云谈判，说，搞几个副主席，你一个，我一个，被陈云断然拒绝。

对高岗的阴谋活动，邓小平、陈云立刻向毛泽东和中共中央作了报告，引起他的注意。

事隔27年后，邓小平回顾这段历史时说：

> 这个事情，我知道得很清楚。毛泽东同志1953年底提出中央分一线、二线之后，高岗活动得非常积极。他首先得到林彪的支持，才敢于放手这么搞。那时东北是他自己，中南是林彪，华东是饶漱石。对西南，他用拉拢的办法，正式和我谈判，说刘少奇同志不成熟，要争取我和他一起拱倒刘少奇同志。我明确表示态度，说刘少奇同志在党内的地位是历史形成的，从总的方面讲，刘少奇同志是好的，改变这样一种历史形成的地位不适当。高岗也找陈云同志谈判，他说：搞几个副主席，你一个，我一个。这样一来，陈云同志和我才觉得问题严重，立即向毛泽东同志反映，引起他的注意。高岗想把少奇同志推倒，采取搞交易、搞阴谋诡计的办法，是很不正常的。[①]

1953年12月，毛泽东准备去外地休假，在24日的政治局扩大会议上，提议由刘少奇临时主持中央工作。这是自党的七大以来的惯例，属正常的安排。刘少奇提出，这一次不要代理了，还是由书记处的同志轮流负责好了。书记处其他同志都赞成毛泽东的提议，不赞成轮流。高岗在会上不吭声，会后却一

① 《邓小平文选》第二卷，人民出版社1994年版，第293页。

再说，“轮流吧，搞轮流好。”高岗这一系列活动的目的，如他后来在《我的反省》中所承认的：我就是“企图把刘少奇拉下来，使自己成为主席的唯一助手，准备自己将来做领袖。”

在高岗积极进行反刘、周活动中，饶漱石密切配合，尤其是在1953年9月至10月中共中央召开的第二次全国组织工作会议期间，他故意夸大中央组织部工作中的某些缺点，大批长期主持日常工作的副部长安子文。

饶漱石给人印象是非常谨慎，有时连一句话都说不完整。在战争年代曾在刘少奇领导下工作过，受到刘少奇的器重。刘少奇离开华中后，由饶漱石接任华中局书记。同高岗一样，饶漱石也有着极强的权力欲。

1949年10月，各大区都由大军区司令员担任大区军政委员会主席，毛泽东两次说到华东军政委员会主席由陈毅担任，陈毅觉得自己是大军区司令员又是上海市市长，够忙了，推辞说让饶漱石当。毛泽东吩咐让华东局同志讨论，饶漱石得知此事后对陈毅说，你不担任我担任。根本没有提到华东局会议上讨论，就用华东局名义报中央以他为军政委员会主席。饶漱石到北京，毛泽东问起此事，饶漱石撒谎说：华东局几个同志都不同意陈毅担任，只好由我来担任。这样才骗取毛泽东的批准。饶漱石又是华东局书记，又是军政委员会主席，就显得比所有的大军区司令员、政治委员高一头了。饶漱石问题暴露之后，毛泽东才明白了事情的真相。他对陈毅说：“你推让，是不对的。谦逊并非在任何情况下都是好的，野心家就不让。让给他就使党受损失。”[1] 1952年饶漱石调到中央担任中共中央组织部长。他进京后，看到刘少奇受毛泽东批评，认为刘少奇已经失势，就一反常态，同高岗串通一气，相互配合，企图拱倒刘少奇。并借安子文草拟的一份名单，对高岗加以呼应。

1953年3月初，高岗向安子文转达毛泽东同他谈话的内容，说中央政治局成员要改组，要加强中央各部机构。安子文没有经过中央授权，就草拟了一份中央政治局委员名单和中央各部主要负责人名单。在这份名单上，政治局委员分两组写出，一组在毛泽东、刘少奇、周恩来、朱德、陈云（以上是书记处成员）以外，写有高岗、林彪、彭德怀、邓小平、饶漱石、薄一波、邓子恢（以上是各中央局书记）；另一组上写有董必武、林伯渠、彭真、张闻天、康生、李富春、习仲勋、刘澜涛。对中央各部，列了组织部、宣传部、政法统战部、农村工作部、财经工作部负责人和中央正副秘书长人选。[2] 这个名单安子文曾给高岗看过，也向饶漱石谈过。后来中央批评了这件事。安子文也向中央作了书面检讨，并请求处分。但高岗和饶漱石却抓住把柄不放，拿这个名单大做文章。

高岗和饶漱石私下里在许多人中间传播这个名单，并造谣说这个名单是刘少奇授意的。

高岗还编造说，政治局委员会的名单中“有薄无林”（即有薄一波而无林彪），连朱总司令也没有；说刘少奇不赞成陈

① 编写组：《陈毅传》，当代中国出版社1991年版，第494～495页。
② 薄一波：《若干重大决策与事件的回顾》上卷，中共中央党校出版社1991年版，第313页。

正人担任建委副主任或中组部副部长，不赞成陶铸在广西工作等。饶漱石也捏造说，某某是一个宗派，一个“圈圈”，刘少奇是他们的支持者。并说，财经会议上斗了薄一波，会后还要斗“圈圈”中的安子文。

果然，财经会议结束后，饶漱石就在中组部内开展对安子文的斗争，并夸大中组部工作中的某些缺点错误，在中组部的两次部务会议上大批安子文。

1953年9月，中共中央决定召开第二次全国组织工作会议，研究如何加强干部工作。饶漱石在这次会议上故意改变会议主题，再次挑起批判安子文的“高潮”。中央发觉问题的严重性，决定会议暂停，先举行领导小组会议，解决中组部内部团结问题。在领导小组会议上，饶漱石不但没有收敛，反而继续对安子文进行指责和攻击，致使会期一再延长，直到10月底才结束。

饶漱石如此起劲地大批安子文，实际矛头是对准刘少奇的。饶漱石在领导小组会议上受到批评后，曾对安子文这样说过：我说你对财经会议有抵触，其实不是指的你，而是指的刘少奇。后来他在检讨中也承认，在中组部斗争安子文，目的也是反刘少奇，以取得高岗的信任，进行政治投机。① 尽管毛泽东在某些问题上对刘少奇有过批评，但他对刘少奇是信任的。他发觉高岗的问题后曾对人说过，少奇同志是大公无私的，是正派的，他绝不是那种搞宗派的人。② 对高、饶的活动，毛泽

① 金冲及主编：《刘少奇传》下卷，中央文献出版社1998年版，第745～746页。
② 金冲及主编：《刘少奇传》下卷，中央文献出版社1998年版，第750页。

东在1955年3月党的全国代表会议上明确指出：虽然高岗、饶漱石之间没有订立文字协定，但是他们的思想、目标和行动的一致，说明他们不是两个互不相干的独立王国和单干户。薄一波认为“毛主席的话切中要害，完全符合高、饶反党活动的实际。”他还补充了几个事实：

（一）饶漱石一向被认为是尊重少奇同志的，可是在高岗发动“批薄射刘”斗争时，他却另辟一个“讨安伐刘”的战场予以配合。他后来承认：“我不否认我们两个在行动上、目标上都是反对刘少奇同志”。

（二）关于“名单问题”。毛主席说问题不在提名单的人身上，而要追查散布名单的人。散布者恰恰就是高岗、饶漱石两人。他们会上会下广为传播这份名单，造谣惑众，以达到不可告人的目的。

（三）高岗推荐的干部，饶漱石一概同意；高岗反对的干部，饶漱石一律排斥。饶漱石还说，今后中组部要以原东北局的组织部长为核心。

（四）饶的问题被揭露后，高两次找毛主席，要求保护饶。高岗问题被揭露后，饶也为高申“冤”。毛主席曾风趣地说：“高岗说饶漱石现在不得了了，要我来解围。我说，你为什么代表饶漱石说话？我在北京，饶漱石也在北京，他为什么要你代表，不直接来找我呢？在西藏还可以打电报嘛，就在北京嘛，他有脚嘛。第二次是在揭露高岗的前一天，高岗还表示要保护饶漱石。”

由此，薄一波认为：“当年党中央把他们称为‘高饶反党联盟’不是没有道理的。”[①]

五、七届四中全会和党的全国代表会议

◎毛泽东警告说：“北京有两个司令部”

◎毛泽东提议召开中央全会

◎毛泽东强调：“尽可能避免对任何同志展开批评，以便等候犯错误同志的觉悟”

◎毛泽东新中国成立以来第一次未出席中央全会

◎七届四中全会一致通过《中共中央关于增强党的团结的决议》

◎在会议的最后一天，刘少奇作了自我批评

◎邓小平说了一席公道话

◎党的全国代表会议通过《关于高岗、饶漱石反党联盟的决议》

高岗、饶漱石在财经会议上和第二次全国组织工作会议上的反常活动，以及他们在背地里搞的种种活动，引起毛泽东的关注和警惕。特别是毛泽东听了陈云和邓小平的汇报之后，逐步觉察到高饶的阴谋活动。

1953年12月23日，毛泽东主持中央政治局扩大会议。毛泽东当面对高岗、饶漱石提出严重警告：“北京有两个司令部，

① 薄一波：《若干重大决策与事件的回顾》上卷，中共中央党校出版社1991年版，第318～319页。

一个是以我为司令的司令部，就是刮阳风，烧阳火；一个是以别人为司令的司令部，就是刮阴风，烧阴火，一股地下水。”毛泽东还颇为直白地打了比喻：颐年堂门可罗雀，东交民巷8号（高岗的住处）车水马龙。就是在这次会上毛泽东建议要起草一个关于增强党的团结的决议，至于是否需要召开一次中央全会讨论通过，这次会议并未作议论。

政治局会议结束后，毛泽东动身去杭州休假，并主持起草宪法。当刘少奇在北京主持起草关于增强党的团结的决议初稿，送毛泽东审改，毛泽东才提出召开全会的建议，并对中央全会的议程和方针提出了明确的具体意见。

1954年1月7日，毛泽东致信刘少奇和中央书记处各同志。信中对召开中央全会作了详细的安排：

此决议似宜召开一次中央全会通过，以示慎重。中委大多数在京，不在京的是少数，召集甚易，加上若干负重要工作责任的同志参加会议。此议是否可行，请你们考虑。如召开全会，时间以在一月下旬为宜。议程可有三个：

（一）批准三中全会以来中央政治局的工作；

（二）决定于本年内召开党的全国代表会议讨论第一个五年计划纲要；

（三）通过关于加强党的团结的决议。报告请刘少奇同志做，事先写好，有四五千字就够了。

报告可分为三段：第一段，略叙抗美援朝，土地改革，镇反，恢复经济，过渡时期总路线及第一个五年计划第一年的成绩等事；第二段，为了讨论和通过第一个五年计划的纲要，有必要于本年内召开一次党的全国代表会议，并述代表已经选出，只待文件准备好，即可召开；第三段，将关于加强党的团结的决议草案的要点加以叙述，请求全会讨论和批准这个决议。此报告有三五天工夫即可写成，如时间许可，请用有线电发给我一看，如定于1月25日开会，则时间完全来得及。

毛泽东还交代说，全会应发一个简报，将三项议程公布就可以了，其他都可不公布。毛泽东特别关照："关于第三个议程，应尽可能做到只作正面说明，不对任何同志展开批评。"

同日，毛泽东又专门给刘少奇单独写了一封信，说："如各同志同意开全会，于你的报告稿宣读完毕后，似宜接着宣读你已有准备的自我批评稿，两稿各有一小时左右即够。自我批评稿宜扼要，有三四千字即可，内容宜适当，不可承认并非错误者为错误。如可能，请一并电告我一阅。"

根据毛泽东的建议，中共中央起草了关于增强党的团结的决议草案，送杭州请毛泽东审阅。毛泽东对决议草案作了这样一些修改：在"阶级是由党领导着的，党又是由它的中央委员会领导着的"后，毛泽东加上"党的中央委员会还紧紧地依靠着一批忠实的有能力的高级干部"一句话。在"党的团结的利益高于一切，因此应当把维护和巩固党的团结作为指导自己言论和行动的标准"一句中加上"言论和"三个字。在"即有利于党的团结的话就说"中加上"的话就说"四个字。在"不利于党的团结的话就不说，有利于党的团结的事就做，不利于党的团结的事就不做”一句中，增写了“话就不说，有利于党的团结的事就做，不利于党的团结的事就不做”27个字。

1月18日，毛泽东的建议得到中央书记处同意后，他致电刘少奇并书记处各同志，建议将决议草案即日用电报发给参加会议的同志阅看，以便他们“事先有所准备”。毛泽东还强调：“如有因病因事不能到会的，请他们用电报表示意见”，同时可征求各中央分局省市委的意见，“以供全会参考”。

高岗得知中央决定召开四中全会的消息后，当即写信给毛泽东，要求到杭州面见毛泽东。毛泽东于1月22日专就此及四中全会开会的方针致电刘少奇，说：高岗同志在信里说完全拥护和赞成关于增强党的团结的决议草案，并说他犯了错误，拟在四中全会上作自我批评，想于会前来这里和我商量这件事。我认为全会开会在即，高岗同志不宜来此，他所要商量的问题，请你和恩来同志或再加上小平同志和他商量就可以了。毛泽东接着又一次强调：关于四中全会开会的方针，除文件表示者外，对任何同志的自我批评均表欢迎，“但应尽可能避免对任何同志展开批评，以便等候犯错误同志的觉悟。这后一点我在1月7日致你和书记处各同志的信中已说到了。如你们同意这个方针，就请你们据此和到会同志事先商谈，并和高岗同志商谈他所要商谈的问题”。毛泽东在电文最后表示：“此电请送高岗同志一阅，我就不另复信了。”

按照毛泽东的指示，刘少奇同周恩来、邓小平一起，在1月25日和2月5日两次找高岗谈话。2月3日，刘少奇又和朱德、陈云、邓小平一起，找饶漱石谈话。

1954 年 2 月 6 日至 10 日，中共七届四中全会在北京召开。由于毛泽东不在北京，刘少奇主持会议。这是毛泽东新中国成立以来第一次未出席的中央全会。开幕当天，刘少奇受中央政治局和毛泽东的委托，作了报告。在报告的第三部分，批评了破坏党的团结现象。

在全会上，周恩来、朱德、陈云、邓小平等 44 人发言，对破坏党的团结的行为进行严肃的批评。高岗和饶漱石也被迫作了检讨。全会一致通过《中共中央关于增强党的团结的决议》。

在发言中，刘少奇作了诚恳而又不失分寸的自我批评，并对有些问题作了说明。比如他说道，1950 年 1 月与东北个别同志谈到农村互助合作问题时，我有一些话是说得不妥当的。在 1951 年春我批评了山西省委《把老区互助合作组织提高一步》的文件，我的批评是不正确的，山西省委的意见则基本上是正确的。在 1951 年秋中央讨论农业生产互助合作问题后，由于毛泽东同志的指示得到了改正，我也就抛弃了这种想法。他承认，1949 年春在天津的讲话批评了当时某些对资产阶级的“左”倾情绪，虽原则上没有错误，但其中有些话是说得不妥当的。刘少奇还对解放战争后期土改工作中的一些“左”的做法、1943 年延安审干期间发生的一些问题、1946 年关于“和平民主新阶段”的提法也作了检讨。最后，刘少奇诚恳地说：“党中央给我很大的责任，就我所处的工作地位来说，我就应该有更多警惕，特别慎重，去尽量避免发生错误。有些问题如果我能够采取更加谨慎的态度，更多地向党中央和毛泽东请示，用适当的态度更多地和同志们商量，就可以不犯或少犯错误。”[1]

在会议的第一天，即2月6日，邓小平就发了言。他说：

全国财经会议以来，刘少奇同志的言论较多，有些是很不适当的。我认为少奇同志在这次会议上的自我批评是实事求是的，是恰当的。而我所听到的一些传说，就不大像是批评，有些是与事实不相符合的，或者是夸大其词的，有的简直是一些流言蜚语，无稽之谈。比如今天少奇同志在自我批评里讲到的对资产阶级的问题，就与我所听到的那些流言不同。对资产阶级问题，虽然我没有见到1949年初少奇同志在天津讲话的原文，但是据我所听到的，我认为少奇同志的那些讲话是根据党中央的精神来讲的。那些讲话对我们当时渡江南下解放全中国的时候不犯错误是起了很大很好的作用的。虽然在讲话当中个别词句有毛病，但主要是起了好作用的。当时的情况怎么样呢？那时天下还没有定，半个中国还未解放。我们刚进城，最怕的是“左”，而当时又确实已经发生了“左”的倾向。在这情况下，中央采取坚决的态度来纠正和防止“左”的倾向，是完全正确的。我们渡江后，就是本着中央的精神，抱着宁右勿“左”的态度去接管城市的，因为右充其量丧失几个月的时间，而“左”就不晓得要受多大的损失，而且是难以纠正的。所以，我认为少奇同志的那个讲

① 金冲及主编：《刘少奇传》下卷，中央文献出版社1998年版，第755页。

话主要是起了很好的作用的，而我所听到的流言就不是这样的。又比如富农党员的问题，不过是早一点或迟一点发指示的问题，但是我所听到的流言就不是这样。[①]

邓小平的这番讲话，在35年后的1989年公开发表，凡是看过的人，都认为邓小平说了一席公道话。

尽管七届四中全会对高岗、饶漱石采取了团结的方针，但高、饶却执迷不悟，不作深刻检查，痛改前非。为全面查清他们的反党阴谋活动，根据中央书记处的决定，在2月中旬分别召开了由周恩来主持的高岗问题座谈会，邓小平、陈毅、谭震林主持的饶漱石问题座谈会。毛泽东在周恩来的发言提纲中增写了这样一些话："高岗的这种黑暗面的发展，使他一步一步地变成为资产阶级在我们党内的实际代理人"，"同时也就是资产阶级在过渡时期企图分裂、破坏和腐化我们党的一种反映"。在事实面前，高岗、饶漱石虽不得不在口头上承认错误，但仍避重就轻，百般抵赖。高岗竟在座谈会期间以自杀（未遂）拒绝党对他的挽救，并在8月17日再次服安眠药自杀身死。

1955年3月21日至31日，中共中央举行全国代表会议，通过了《关于高岗、饶漱石反党联盟的决议》。决议总结说，高岗、饶漱石反党活动的特点"就是他们始终没有在任何党的组织或党的会议上或公众中公开提出过任何反对党中央的纲领，他们的唯一纲领就是以阴谋手段夺取党和国家的最高权

① 《邓小平文选》第一卷，人民出版社1994年版，第202～208页。

力”。决议正式决定开除高岗、饶漱石的党籍。

六、后来的评说

◎邓小平说：“总之，高饶问题不揭露、不处理是不行的”

◎《中国共产党的七十年》一书指出：反对高、饶的斗争，“是中国共产党在全国执政以后进行的比较成功、比较健康的一次党内斗争”

◎《刘少奇传》一书指出：“这件事无论在党的历史上还是刘少奇个人的政治生涯中，都造成严重的影响”

◎毛泽东说：“伸手岂止高饶”

对党的七届四中全会在历史上的地位，邓小平在20世纪80年代初是这样回顾这段历史的：

揭露高饶问题没有错。至于叫不叫路线斗争，还可以研究。这个事情，我知道的很清楚。

……

高岗想把刘少奇同志推倒，采取搞交易、搞阴谋诡计的办法，是很不正常的。所以反对高岗的斗争还要肯定。高饶问题的处理比较宽，当时没有伤害什么人，还有意识地保护了一批干部。总之，高饶问题不揭露、不处理是不行的。现在看，处理得也是正确的。[①]

① 《邓小平文选》第二卷，人民出版社1994年版，第293～294页。

胡绳主编的《中国共产党的七十年》一书指出：

反对高、饶的斗争，是按照党的惩前毖后、治病救人的方针进行的，着重从思想上政治上吸取教训，从而使全党特别是党的高级干部受到教育，是中国共产党在全国执政以后进行的比较成功、比较健康的一次党内斗争。①

金冲及主编的《刘少奇传》一书指出：

高饶事件作为中国共产党在向社会主义过渡的战略转变中的一个“插曲”，以高岗、饶漱石的阴谋活动彻底暴露和失败而结束。但这件事无论在党的历史上还是刘少奇个人的政治生涯中，都造成严重的影响。高岗、饶漱石借以攻击刘少奇的一些“问题”，有些确是刘少奇工作中的失误，有些却是党在前进道路上还需要继续探索的问题，并且在以后的实践中证明未必都是错了。对这些问题，是非没有得到完全澄清。尽管刘少奇作了检讨，但在十二年后的“文化大革命”中，这些问题又被重新翻出来，当作刘少奇的“罪行”而加以批判，这不能不说是这次事件在党的历史上留下的一个缺憾。②

最后，再补充一个情节。1954 年 3 月 14 日，此时，党的七届四中全会早已开过。毛泽东离京南巡，将路过太

① 胡绳主编：《中国共产党的七十年》，中共党史出版社 1991 年版，第 319 页。
② 金冲及主编：《刘少奇传》下卷，中央文献出版社 1998 年版，第 755～756 页。

湖之滨的无锡。陈毅当时正在济南出席山东分局的会议，闻讯即赶赴无锡迎候。当日，把毛泽东迎至太湖疗养院。次日，毛泽东即邀陈毅去谈话。谈话气氛格外融洽，内容十分丰富。聊到阶级斗争，生产关系与生产力，假象与本质，等等。但有一句话特别触动陈毅。毛泽东说："伸手岂止高饶。"毛泽东又说，只是目前不必如此提出，以免有扩大化的嫌疑。4 月 26 日，毛泽东在中南海颐年堂召开的会议上谈到"三反""五反""高饶联盟"，指出都属于社会主义改造过程中阶级力量的重新组合和改造。新旧社会制度交替，必有一部分人拥护旧制度，反对新制度。毛泽东在这次会上再一次提出"伸手岂止高饶"，当然，这一次听者的范围大了很多。1954 年 12 月 19 日，毛泽东召集参加政协会议的党内外人士座谈，内容主要是关于政协的性质、任务、作用诸问题。但毛泽东谈到新旧矛盾、新旧制度时，又一次说到高饶：不要以为高饶事件解决了，就不会再发生高饶事件了。

第五章

对《红楼梦》研究的批判

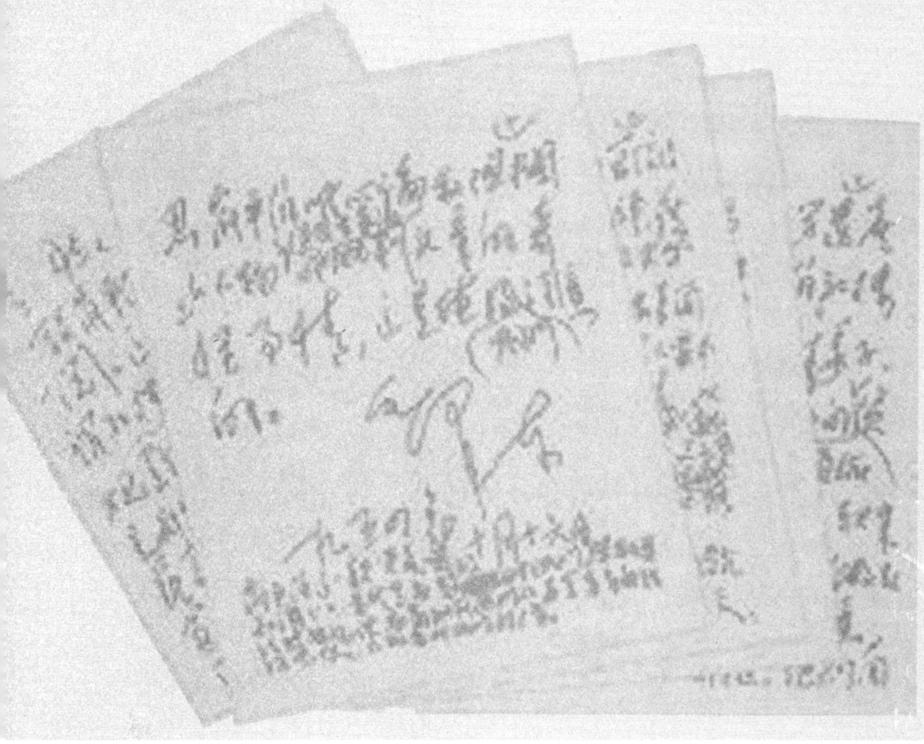

1954年10月，当人民群众还沉浸在国庆的喜悦中时，毛泽东已经关注到另一件事情了，那就是关于《红楼梦》的讨论。毛泽东直接给中央各有关方面负责人写信，并接连写下数十条批语，亲自发动了新中国成立以后的第二次思想文化领域的批判运动。从10月到12月，主要是批判俞平伯在《红楼梦》研究上的错误，从12月到次年3月，批判的重点转为胡适的唯心主义思想和各种学术观点。

一、简单的背景材料

◎从《红楼梦》到“红学”

◎“索隐派”对《红楼梦》的种种解释

◎俞平伯其人

◎《红楼梦研究》的出版

《红楼梦》，《辞海》称其为“我国古代长篇小说中现实主义的高峰”。前八十回为曹雪芹所作，后四十回一般认为系高鹗所续。曹作八十回在修改过程中就以抄本形式相传，在乾隆五十六年（1791年）程伟元以活字版印刷百二十本问世以来，便广为流传并引起人们浓厚的研究兴趣。从清朝光绪年间起，研究《红楼梦》就成了一门专门的学问，称为“红学”，而且有不同的学派。其中影响较大的是“消闲派”和“索隐派”。

“消闲派”抱着消遣的态度，把《红楼梦》纯粹当作一种谈笑的资料，或者一味欣赏书中男女情爱的庸俗趣味。对于作者的原意如何，是不求甚解的。他们心目中只有贾氏家世的如何华贵，排场如何阔绰，大观园风月如何繁盛，只是恨不得自己变了贾宝玉，把十二钗做他的妻妾才好。

“索隐派”又叫“附会派”、“隐射派”。他们把书中的故事人物和历史上的真人真事牵强附会地联系起来，像猜谜语似的去猜测，指称《红楼梦》里的某某人是影射历史上的某某人，《红楼梦》里的某某事是影射历史上的某某事。后继者更甚，认为《红楼梦》“无一字无来历”，滥加猜度附会，因而产生许多扑朔迷离的说法。

比如：一种说法是，认为《红楼梦》写的是清康熙朝明珠家里的事。明珠，清满洲正黄旗人，康熙十一年（1672 年）任兵部尚书，颇受倚重，官阶升至武英殿大学士，是文臣的最高官位。有人说是宰相，其实是不准确的。一来清代没有宰相一职；二来清代的内阁制承袭明制，明代的大学士为内阁长官，起草诏令，批答奏章，实握宰相之权，但官品较低。清代大学士虽然提高了品级，职任反不重要。大学士都以殿阁名入衔，这也与明代相同。即在哪个殿“办公”就叫哪个殿大学士。清代大学士专以三殿（保和、文华、武英）三阁（文渊、体仁、东阁）入衔。明珠曾担任过《太祖太宗实录》《大清会典》《明史》等书的总裁官。康熙二十七年（1688 年）以植党营私、招权纳贿被参，革去大学士，仍用为内大臣。后又跟从皇上征噶尔丹，督西路军饷。持这种说法的人认为，小说里的贾宝玉就是明珠的儿子纳兰成德。十二金钗就是纳兰成德当作座上宾的那些人。纳兰成德，后改名纳兰性德，字容若。康熙朝进士，官一等侍卫，善骑射，好读书，是清代词人。词以小令见长，多伤感情调，兼有雄浑之作，也能诗。词集名《纳兰词》，和贾宝玉的情形相仿佛。根据这一点，便认为《红楼梦》写的是纳兰性德的家事。

另一说法，认为《红楼梦》写的是董小宛。明末秦淮河畔的名妓董小宛，后为冒襄妾。冒襄是明末清初的文学家。明亡后隐居不仕，屡次拒绝清官吏的举荐。董小宛与冒襄在清兵南下时，辗转于离乱之间达九年，终因劳顿过度而死。但也有从清顺治和董鄂妃的身世演义而来的附会。说董小宛在清兵南下时掳到北京，得宠于清顺治，被封为贵妃。她后来死了，顺治悲痛欲绝，就出家到五台山做了和尚。贾宝玉也出家做和尚。所以认为是影射清世祖的事。

还有一种说法，认为《红楼梦》是政治小说，全书写的是康熙雍正年间满汉之间的斗争。其理由是，贾宝玉说过男人是土做的，女人是水做的。“汉”字的偏旁为水，故书中的女人皆指汉人。明末、民国初，人们多指满人为达达，“达”字起笔为土。故书中男人皆指满人。这种用拆字法来代替《红楼梦》的思想内容的分析，显然是十分勉强的。但其始终有市场。原因就在于它迎合了有些人反满的意识。一些具有资产阶级民主革命思想的文人学者，借《红楼梦》宣传反清，把《红楼梦》说成是“愤满人之作”。蔡元培在1922年出版的《石头记索隐》一书中，仍说《红楼梦》的作者“抒民族主义甚挚。书中本是在吊明之亡，揭清之失”，“书中‘红’字多隐‘朱’字。朱者，明也。宝玉有‘爱红’之癖，言以满人而爱汉族文化也；好吃人口上胭脂，言拾汉人唾余也。”“贾”，指斥清朝伪政府，金陵十二钗乃讥讽投降清朝的江南名士。蔡元培持这种说法，目的在于为当时的民族民主革命的政治宣传服务，政治上有进步性。但他的索隐方法同上述的“索隐派”并没有差别。

1919年五四运动以后，一些资产阶级学者用新的方法研究《红楼梦》，此后的“红学”称之为“新红学派”，五四以前的“红学”就成为“旧红学派”。

“新红学派”的主要代表是胡适。胡适在1921年10月写了《红楼梦考证》，后又写了四篇考证《红楼梦》的文章。他提出：

> 我现在要忠告诸位爱读《红楼梦》的人：“我们若想真正了解《红楼梦》，必须先打破这种牵强附会的《红楼梦》秘学！”
>
> 其实做《红楼梦》的考证，尽可以不用那种附会的法子。我们只须根据可靠的版本与可靠的材料，考定这书的著者究竟是谁，著者的事迹家世，著书的时代，这书曾有何种不同的本子，这些本子的来历如何。这些问题乃是《红楼梦》考证的正当范围。[①]

① 胡适：《红楼梦考证》，《胡适文存》卷三，上海亚东图书馆，1926年。

胡适的考证得到鲁迅的赞许。鲁迅说："迨胡适作考证，乃较然彰明，知曹雪芹实生于荣华，终于苓落，半生经历，绝似'石头'，著书西郊，未就而没。"①

除胡适以外，俞平伯、顾颉刚也是"新红学派"的主要代表。俞平伯，原名俞名衡，1900 年生。早年考入北京大学，1919 年毕业后在燕京大学、北京大学、清华大学任教。五四运动时期，加入"新潮社""文学研究会""语丝社"等进步文学团体，积极参加新文学运动。最初以创作新诗为主，1922 年与朱自清、郑振铎、叶圣陶等创办了中国现代最早的新诗刊物《诗》月刊，先后出版了《冬夜》《西还》《忆》等新诗集。他是当时著名的新诗人之一。稍后又是闻名文坛的散文小品作家。他研究《红楼梦》是受胡适的"感染"。顾颉刚在《古史辨自序》中对此有详细的说明。他说：

> 红楼梦问题是适之先生引起的，十年（1921 年）三月中，北京国立学校为了索薪罢课，他即在此时草成《红楼梦考证》，我最先得读……我的同学俞平伯先生正在京闲着，他也感染了这个风气，进行研读红楼梦。我归家后，他们不断地来信讨论，我也相与应和，或者彼此驳辩。这件事弄了半年多，成就了适之先生的《红楼梦考证改订稿》和平伯的《红楼梦辨》。《红楼梦辨》于 1923 年由亚东图书馆出版。全书三卷，上卷多是考证《红楼梦》

① 鲁迅：《中国小说史略》，《鲁迅全集》第八卷，人民文学出版社 1957 年版，第 198 页。

后四十回的文字，中卷论前八十回，下卷是其他考证及杂论。

1951 年，毛泽东提出“百花齐放，推陈出新”，作为改造旧文化、建设新文化的方针。为了更好地研究和继承祖国古典文学作品，有关部门整理出版了一批古典文学名著。以此为契机，俞平伯将 28 年前出版过的《红楼梦辨》“有的全删，有的修改”，“共得三卷十六篇”，易名《红楼梦研究》于 1952 年 9 月由棠棣出版社出版。此外，他还应报刊邀稿陆续发表了一些介绍《红楼梦》的文章，其中《读红楼梦随笔》是一篇近十万言的长文，分 38 节，每节均有小标题，曾连载于 1954 年 1 月 1 日至 4 月 23 日香港《大公报》。他在正文前的引言中说，这篇文章是就《红楼梦》的“传统性和作者著书的情况粗略地叙说”。他后来在《新建设》杂志 1954 年 3 月号上发表的《红楼梦简论》是他研究《红楼梦》成果的扼要总结。文章共分三节：（一）《红楼梦》的传统性；（二）《红楼梦》的独创性；（三）著书的情况。这篇文章正文前的引言与《读红楼梦随笔》的引言一字不差。

二、事情的缘起

◎毛泽东眼中的《红楼梦》

◎“小人物的文章”

◎有所保留的《文艺报》编者按

◎《光明日报》编者按的评价也不高

◎毛泽东这封信写给28位同志

◎"又出现容忍俞平伯唯心论和阻拦'小人物'的很有生气的批判文章的奇怪事情"

《红楼梦》是毛泽东最喜爱的古典小说。在他逝世后，工作人员整理他在丰泽园和游泳池住处的图书时，发现了线装木刻本、线装影印本、石刻本以及各种铅印本等多种版本的《红楼梦》，包括《全图足本红楼梦》《脂砚斋重评石头记》《增评加注全图红楼梦》《增评补图石头记》等二十多种。毛泽东还在影印本《脂砚斋重评石头记》和木刻本《增评补图石头记》上用铅笔圈画过。毛泽东甚至还翻阅过根据《红楼梦》的故事情节和人物仿写、"续写"的《红楼梦补》《红楼幻梦》《续红楼梦》《红楼真梦》《红楼圆梦》等。由此观之，说毛泽东一生喜读《红楼梦》，倒也不为过。

据毛岸青和邵华的回忆，1954 年毛泽东在杭州休养时，他问卫士张仙朋等人看过几遍《红楼梦》，有的回答看了一遍，有的回答看了两遍。毛泽东说："《红楼梦》这部书写得很好，它是讲阶级斗争的，要看五遍才有发言权。"1973 年 12 月，八大军区司令对调，毛泽东接见参加中央军委会议的成员，他问许世友："你现在也看《红楼梦》吗?"许世友说："看了，自从上次主席批评我，就全部都看了一遍。"毛说："要看五遍才有发言权呢。"可见，毛泽东对该书的重视。

毛泽东对《红楼梦》的评价相当高。1956 年 4 月，他在

《论十大关系》一文中讲到中国的过去时说："我国过去是殖民地、半殖民地，不是帝国主义，历来受人欺负。工业不发达，科学技术水平低，除了地大物博，人口众多，历史悠久，以及在文学上有部《红楼梦》等等以外，很多地方不如人家，骄傲不起来。"在这里，毛泽东把《红楼梦》同"地大物博，人口众多，历史悠久"相提并论，说《红楼梦》是中国人民的伟大文化遗产，是值得骄傲的方面，可见评价不低。

他还认为这是一部写得最好的古典小说，创造了好多文学语言。1962 年 8 月，毛泽东在中央工作会议上对几部中国古典小说进行了比较，说，《官场现形记》光写黑暗，鲁迅称之为谴责小说。只揭露黑暗，人们不喜欢看。《金瓶梅》没有传开，不只是它的淫秽，主要是它只暴露黑暗，虽然写得不错，但人们不爱看。《红楼梦》就不同，写得有点希望么。这么一比，就突出了《红楼梦》的地位与成就。

除了在总体上给以极高的评价以外，毛泽东对《红楼梦》具体内容也是赞赏有加。

他在《红楼梦》第一回写的批语是："此一大段是作者自道其现实主义创作方法。"

在第十七回写道："大观园的建筑结构，非精于园亭工程者，不能写出，作者真是个多才多艺的伟大作家。"

在第十九回写道："此回是一篇伟大的现实主义杰作。情切切段，是将两种人生观相互冲突的爱情，用花一样的语言，切切道出。宝玉与袭人的相爱，两方面都是诚恳的，但他们性格不同，思想有矛盾，无法统一。在袭人看宝玉，是'性格异常，放荡驰纵，任性恣情’。而宝玉对袭人，也只能以‘坐八人轿’慰之。意绵绵段与前段相反，这里是讲同一人生观相互结合的爱情，宝玉与黛玉的相爱，不仅是真挚的，而且建筑在思想一致的基础上，是任何人不能相比的，故宝玉说：‘见了别人，就怪腻的。’他把黛玉比作‘真正的香玉’。而黛玉向宝玉说：‘真正你是我命中的妖魔星’。从袭人的口中，听到切切的箴（言?），故待之以八人大轿。从黛玉的身上，闻到绵绵的幽香，故比之以优美的童话”，“用现实主义的场面，具体的情节，生活中非说不可的语言，把一个封建叛逆者的形象和性格，生动的渲染出来，自然的流露出来，这是作者现实主义最成功的范例。”

尽管毛泽东对《红楼梦》有上述众多的具体评价，但他始终认为《红楼梦》是“讲阶级斗争的”，“是一部形象的阶级斗争史”，不读《红楼梦》就不知道什么是封建社会，就不了解封建社会的兴衰变化、家族的瓦解和崩溃。对于贾府的衰败，他的看法是：首先是人的衰败，是统治阶级自身的腐败所致，任何个人试图支撑和拯救这烂透了的家族大厦，都是徒劳的。其次，中国封建社会的上层是家族天下，家国一体，下层是一家一户的小农经济，家庭既是社会经济细胞，又是社会统治的基本途径。在这种基础上形成的封建政治体制，家族的衰败，也就是封建制度的衰败。

后来毛泽东在 1964 年 8 月的一次谈话中，提出第四回是总纲之说。他说：什么人都不注意《红楼梦》的第四回，那是个总纲。说其中提到的一张“护身符”（即“贾不假，白玉为堂金作马。阿房宫，三百里，住不下金陵一个史。东海缺少白玉床，龙王请来金陵王。丰年好大雪，珍珠如土金如铁”），这贾、史、王、薛四家，“皆连络有亲，一损俱损，一荣俱荣，扶持遮掩，具有照应的”。从一个侧面揭示了封建统治阶级维护其不平等的统治秩序和地位的牢固形式和法宝，反映了他们利用这一法宝对财富的剥夺和占有，对贫苦百姓的欺压。

强调这些很重要，它有助于我们理解下面的内容。

俞平伯的《红楼梦研究》出版以后，《文艺报》于1953年5月第九号《新书刊》栏目作了报道，推荐说：“研究《红楼梦》，向来有个诨名，叫作‘红学’。过去所有红学家都戴了有色眼镜，做了许多索隐，全是牵强附会，捕风捉影。《红楼梦研究》一书作了细密的考证、校勘，扫除了过去‘红学’的一切梦呓，这是很大的功绩。”

不久，李希凡、蓝翎两位青年合写了一篇文章，题为《关于〈红楼梦简论〉及其他》。他们写信问《文艺报》可不可以批评俞平伯，《文艺报》没有答复。他们又写信给母校山东大学的老师，获得了支持，山东大学学报《文史哲》9月号发表了他们的文章。这是一篇11000多字的长文。文章首先批评了俞平伯否定《红楼梦》的“反封建倾向”。指出它“未能从现实生活的发展规律去探讨《红楼梦》鲜明的反封建的倾向，而迷惑于作品的个别章节和作者对某些问题的态度，所以只能得出模棱两可的结论”。

李、蓝两位作者认为“问题的严重性还不止于此，俞平伯先生不但否认《红楼梦》鲜明的倾向性，同时也否认它是一部现实主义作品。在《红楼梦简论》中他把《红楼梦》的内容分作‘现实的’、‘理想的’与‘批判的’三种成分，而‘这些成分互相纠缠着，却在基本的观念下统一起来的’。所谓‘基本观念’，也就是俞平伯先生在《红楼梦的传统性》一节中很明白的确认过的‘《红楼梦》的主要观念是色空’。既然是‘色’‘空’观念的表现，那么书中人物也就不可能是带着丰富的现实主义生活色彩的‘典型环境里的典型性格’，而是表现这个观念的影子。即像俞平伯先生所说‘这些人，若大若小，男男女女，生旦净末丑角色各异，却大伙儿都来表演这整出戏叫《红楼梦》’。这也就是说，《红楼梦》不是现实主义作品，而是生旦净末丑角色所表演的一出‘戏’。”

李、蓝两位作者最后的结论是：“从《红楼梦研究》到《红楼梦简论》，俞平伯研究《红楼梦》的方法基本上没有脱离旧红学的窠臼，并在《简论》一文中更进一步地加以发挥。考证的方法只能在一定的范围内活动，辨别时代的先后及真伪。但俞先生却已经把考证观点运用到艺术形象的分析上来了，其结果就是得出这一系列的反现实主义的结论。”

江青把李、蓝的文章送给毛泽东。毛读后，让江青传告《人民日报》转载。她当即在人民日报社召集胡乔木、邓拓、林默涵、林淡秋等人开会（主管文艺的周扬未参加），建议转载李、蓝的文章。会上胡乔木等人提出党报不是自由讨论的场所（这是学《真理报》，斯大林时期《真理报》只作结论，不许讨论）。会上大家一致意见交《文艺报》转载。由林默涵通知冯雪峰，快些转载。冯雪峰，我国著名文艺理论家、作家和诗人，当时任中国作协副主席、《文艺报》主编。冯起草按语送中宣部审阅后，于9月份转载在《文艺报》1954年第18期上。[①] 当月即转载，速度并不慢。转载时有编者按。

10月10日，《光明日报》副刊《文学遗产》在第24期上发表了李、蓝批评俞平伯的另一篇文章《评〈红楼梦研究〉》时，也加了编者按。

此后数天，针对这两篇文章和按语，毛泽东连续发了几个批示。

毛泽东在《关于〈红楼梦简论〉及其他》一文作者“李希凡、蓝翎”旁边写道：“青年团员，一个二十三岁，一个二十六岁。”

《文艺报》编者按说“它的作者是两个在开始研究中国古典文学的青年”，毛泽东在旁边写道：“不过是小人物。”

编者按说：“他们试着从科学的观点对俞平伯先生在《红楼梦简论》一文中的论点提出了批评”，毛泽东在旁边写道：“不过是不成熟的试作。”

编者按说：“作者的意见显然还有不够周密和不够全面的地方”，毛泽东写道：“对两青年的缺点则决不饶过。”“很成熟的文章，妄加驳斥。”

毛泽东还在“更深刻和更正确地了解”和“了解更深刻和周密”旁边打了问号，并写道：“不应当承认俞平伯的观点是正确的”，“不是更深刻周密的问题，而是批判错误思想的

① 黎之：《回忆与思考》，载《新文学史料》1994年第2期。

问题。”

《光明日报》编者按中有“试图”“提出一些问题和意见”“供参考”等说法，毛泽东写道：“不过是试作?”“不过是一些问题和意见?”“不过可供参考而已?”李、蓝的文章指出：贾氏的衰败不是一个家庭的问题，也不仅仅是贾氏家族兴衰的命运，而是整个封建官僚地主阶级，在逐步形成的新的历史条件下必然走向崩溃的征兆。毛泽东批注：“这个问题值得研究。”

李、蓝的文章指出：这样的豪华享受，单依靠向农民索取地租还不能维持，唯一的出路只有大量的高利贷，因而它的经济基础必然要走向崩溃。毛泽东批注：“这一点讲得有缺点。”

李、蓝的文章引用了俞平伯在《红楼梦研究》中的一句话：原来批评文学的眼光是很容易有偏见的，所以甲是乙非了无标准。即麻油拌韭菜，各人心里爱。毛泽东批注：“这就是胡适哲学的相对主义即实用主义。”

李、蓝的文章指出：俞平伯先生这样评价《红楼梦》也许和胡适的目的不同，但其效果却是一致的。即都是否认《红楼梦》是一部伟大的现实主义杰作，否认《红楼梦》所反映的是典型的社会的人的悲剧，进而肯定《红楼梦》是个别家庭和个别的人的悲剧，把《红楼梦》歪曲成为一部自然主义的写生的作品。这就是新索隐派所企图达到的共同目标。《红楼梦研究》就是这种新索隐派的典型代表作品。毛泽东批注：“这里写得有缺点，不应该替俞平伯开脱。”

由这些批语可以清楚地看出毛泽东的态度。

10 月 16 日，毛泽东写了一封关于《红楼梦》研究的信。

信是写给刘少奇、周恩来、陈云、朱德、邓小平、胡绳、彭真、董必武、林伯渠、彭德怀、陆定一、胡乔木、陈伯达、郭沫若、沈雁冰、邓拓、袁水拍、林淡秋、周扬、林枫、凯丰、田家英、林默涵、张际春、丁玲、冯雪峰、习仲勋、何其芳“诸同志阅”的，他们是党的领导人和文教宣传的主要负责人。信是这样写的：

各同志：

驳俞平伯的两篇文章附上，请一阅。这是三十多年以来向所谓《红楼梦》研究权威作家的错误观点的第一次认真的开火。作者是两个青年团员。他们起初写信给《文艺报》请问可不可以批评俞平伯，被置之不理。他们不得已写信给他们的母校——山东大学的老师，获得了支持，并在该校刊物《文史哲》上登出了他们的文章驳《〈红楼梦〉简论》。问题又回到北京，有人要求将此文在《人民日报》上转载，以期引起争论，展开批评，又被某些人以种种理由（主要是“小人物的文章”，“党报不是自由辩论的场所”）给以反对，不能实现，结果成立妥协，被允许在《文艺报》转载此文。嗣后，《光明日报》的《文学遗产》栏又发表了这两个青年的驳俞平伯《〈红楼梦〉研究》一书的文章。看样子，这个反对在古典文学领域毒害青年三十余年的胡适派资产阶级唯心论的斗争，也许可以开展起来了。事情是两个“小人物”做起来的，而“大人物”往往不注意，并往往加以拦阻，他们同资产阶级作家在唯心论方面讲统一战线，甘心作资产阶级的俘虏，这同影片《清宫秘史》和《武训传》放映时候的情形几乎是相同的。被人称为爱国主义影片而实际是卖国主义影片的《清宫秘史》，在全国放映之后，至今没有被批判。《武训传》虽然批判了，却至今没有引出教训，又出现容忍俞平伯唯心论和阻拦"小人物"的很有生气的批判文章的奇怪事情，这是值得我们注意的。

毛泽东在信后又加写了这样一句：

俞平伯这一类资产阶级知识分子，当然是应当对他们采取团结态度的，但应当批判他们的毒害青年的错误思想，不应当对他们投降。

三、批判的发动和兴起

◎"小人物"终于在党报上发表了他们的批评文章

◎全国著名的专家教授出席了中国作协主持的第一次批评会

◎陆定一的报告说，这次讨论不应该仅停止在《红楼梦》一本书和俞平伯一个人上

◎《人民日报》的署名文章：《质问〈文艺报〉编者》

◎全国文联主席团和作协主席团接连召开八次会议

◎文联主席郭沫若提出"三点建议"

◎作协主席茅盾的发言题目是"良好的开端"

◎中宣部副部长周扬作了“我们必须战斗”的发言

◎毛泽东说：《文艺报》必须批判，否则不公平

◎《文艺报》领导机构改组

毛泽东的这封信，当时只在很小的范围内传达，虽然传达的范围很小，但是通过间接的方式，很快向理论界宣布了信的指示精神。“文化大革命”期间公布了一部分，那句“被人称为爱国主义影片而实际是卖国主义影片的《清宫秘史》，在全国放映之后，至今没有被批判……”在批判刘少奇时曾经广为传布。

10 月 24 日，李希凡、蓝翎终于在《人民日报》发表了他们的批评文章《走什么样的路？——再评俞平伯先生关于〈红楼梦〉研究的错误观点》。文章的锋芒显然要比在他们的母校《文史哲》上发表的那一篇尖锐得多，指出：“新红学”的实质就在于它是士大夫阶级意识和买办思想的混血儿，是反动的实验主义在古典文学研究领域中的具体表现。几十年来成绩虽不多，而影响却不小，它支配着对红楼梦的研究，过去是这样，今天在一定程度上也还是这样。

同一天，中国作家协会古典文学部召开了关于《红楼梦》研究的讨论会。会议由中国作家协会古典文学部部长郑振铎主持。出席的除了有被批评的俞平伯和他的助手王佩璋，批评俞平伯文章的作者李希凡、蓝翎，还有《红楼梦》研究工作者和大学古典文学教授共 49 人，以及旁听者 20 人，系报刊编辑。在讨论会上先后发言的，有俞平伯、王佩璋、吴组缃、冯至、

舒芜、钟敬文、王昆仑、老舍、吴恩裕、黄药眠、范宁、郑振铎、聂绀弩、启功、杨晦、浦江清、何其芳、蓝翎、周扬等，大都是全国著名的教授专家，由此也可以看出学术界对这个问题的重视。

大多数发言者指出，李希凡、蓝翎的文章及《人民日报》最近连续发表的有关文章，针对俞平伯先生关于《红楼梦》研究的错误观点所作的批判是极重要的，非常值得重视。尽管这几篇文章中有些个别论点还需要进一步加以研究。大家一致认为，在古典文学研究领域中以马克思列宁主义的立场、观点、方法来批判资产阶级唯心主义的立场、观点、方法，是一场严重的斗争。现在提出这个问题来，是十分需要的。这一斗争的进一步展开将推动古典文学研究工作提高到一个新的阶段。俞平伯的《红楼梦》研究方法，是沿袭了胡适的资产阶级唯心主义、形式主义的观点、方法，从趣味出发，其结果，必然抽掉《红楼梦》这一伟大的古典现实主义作品的巨大社会意义，陷入烦琐的考据中。大家认为：考据工作在古典文学研究中是必要的，但这只能是作为研究工作的一种手段，绝不能仅仅以考据为满足，甚至以考据代替研究；考据的目的是为了帮助理解作品的时代背景和思想内容，而不是为考据而考据，把读者引导到牛角尖里去。

对这次会议，中宣部部长陆定一于10月27日给毛泽东及中共中央作了汇报，报告讲道，有一些古典文学研究者在发言中为俞平伯的考据辩护，主要是担心自己今后的考证工作会不被重视。关于这一点，我们适当地作了解释。这次讨论的目的，是要在关于《红楼梦》和古典文学研究方面与资产阶级唯心论划清界限，进而运用马克思主义观点和方法对《红楼梦》的思想性和艺术性作出较全面的分析和评价，以引导青年正确地认识《红楼梦》。报告特别提出，在讨论和批评中必须防止简单化的粗暴作风，允许发表不同的意见，只有经过充分的争论，正确的意见才能真正为多数人所接受。报告还提出，对那些缺乏正确观点的古典文学研究者，仍应采取团结的、教育的态度，使他们在这次讨论中得到益处，改进他们的研究方法。这次讨论不应该仅停止在《红楼梦》一本书和俞平伯一个人上，也不应仅限于古典文学研究的范围内，而应该发展到其他部门去，从哲学、历史学、教育学、语言学等方面彻底地批判胡适的资产阶级唯心论的影响。

毛泽东对这个报告未加任何批语，只是批给刘少奇、周恩来、陈云、朱德、邓小平阅，“退陆定一照办”。

10月28日，《人民日报》发表署名袁水拍的文章《质问〈文艺报〉编者》。文章指出该报的按语“尤其可怪的是它对待青年作者的资产阶级贵族老爷式态度”。这篇文章经过毛泽东10月27日的审阅，除了做些零星的文字修改以外，毛泽东加写一句话：

> 《文艺报》在这里跟资产阶级唯心论和资产阶级名人有密切联系，跟马克思主义和宣扬马克思主义的新生力量却疏远得很，这难道不是显然的吗？

紧接着，10月31日、11月7日、11月11日、12月8日，中国文联主席团和中国作协主席团连续召开扩大联席会议，在首都文艺界领导层中展开讨论。地点在青年剧院楼上的“青年宫”，又叫作“青年宫会议”，整整开了八次。在最后一次会上，文联主席郭沫若作了题为“思想斗争的文化动员”的发言，作协主席茅盾作了题为“良好的开端”的发言，作协副主席、中宣部副部长周扬作了题为“我们必须战斗”的发言。这些发言从不同角度阐述了毛泽东信中的精神，提出了开展讨论批判的建议。毛泽东认为郭老的题目不很醒目，建议他的题目改为“三点建议”。

这次会议，通过了关于《文艺报》的决议，批评了《文艺报》在《红楼梦》研究上的错误，决定改组《文艺报》的领导机构，成立新的编委会，实施集体领导原则。并责成各个协会和所属各地分会的机关刊物以及省市文联所属机关刊物的编辑机构都根据这个决议的方针检查改进工作。此后，批判《红楼梦》研究的势头也像批判《武训传》那样迅猛发展，在全国全面展开，批判的重点也由对俞平伯的《红楼梦》研究转向对胡适思想的批判。在此期间的11月间，毛泽东又对两篇文章作了重要批注。

一篇是对《人民日报》11月10日发表的《〈文艺报〉编者应该彻底检查资产阶级作风》的署名黎之的文章。

黎之批评《文艺报》编者“滋长了一种骄傲自满的情绪”。毛泽东在这句话旁边打了问号，写上：“首先不是没有自我批评的问题，而是是否犯了错误的问题。”

黎之说："正是这种骄傲自满的情绪，使《文艺报》逐渐地脱离实际，脱离群众，对新鲜事物越来越失去了感觉。"毛泽东在旁边打了问号，写上："不是骄傲的问题，而是编辑部被资产阶级思想统治了的问题。"

黎之说："在许多问题上，表现出《文艺报》编者已丧失对当前重大政治问题的敏锐感觉，他们钻在冷冰冰的公式主义的套子里，对新鲜的事物和新鲜的思想缺乏热情。"毛泽东批注："不是丧失敏锐感觉，而是具有反马克思主义的极其敏锐的感觉。"

黎之说："《文艺报》编者的骄傲自大的情绪，也表现在这个刊物的老大的作风上面。"毛泽东在"骄傲自大"和"老大的作风"旁边批道："不是这些问题，而是他们的资产阶级反马克思主义的立场观点问题。"

另一篇是冯雪峰发表在 11 月 4 日的《人民日报》上的《检讨我在〈文艺报〉所犯的错误》一文。他说："袁水拍同志严厉地批评了《文艺报》在关于《红楼梦》研究问题的讨论中所采取的错误态度。这个批评是完全正确的，是把《文艺报》的这个错误的实质和严重性完全揭露出来了。这个错误完全由我负责，因为我是《文艺报》的主编，而且那个错误的编者按语是我写的。"

冯雪峰检讨说："我犯了这个错误，不是偶然的。在古典文学研究领域内胡适派资产阶级唯心论长期地统治着的事实，我就一向不加以注意，因而我一直没有认识这个事实和它的严重性。"毛泽东批道："限于古典文学吗？应该说从来就很注意，很有认识，嗅觉很灵。”

冯雪峰检讨说：“这完全说明我对于资产阶级的错误思想失去了锐敏的感觉，把自己麻痹起来，事实上做了资产阶级的错误思想的俘虏。”毛泽东批道：“一点没有失去，敏锐得很。”

冯雪峰检讨说：“检查起来，在我的作风和思想的根底上确实是有与资产阶级思想的深刻联系的。我感染有资产阶级作家的某些庸俗作风，缺乏马克思列宁主义的战斗精神，平日安于无斗争状态，也就甘于在思想战线上与资产阶级唯心论‘和平共处’。”毛泽东批道：“不是‘某些’，而是浸入资产阶级泥潭里了。不是‘缺乏’的问题，是反马克思主义的问题。”

冯雪峰检讨说：“我平日当然也做过一些帮助青年的工作，例如替他们看原稿，设法把他们的作品发表或出版。但虽然如此，仍然可以不自觉地在心底里存在着轻视新生力量的意识。”毛泽东在“可以不自觉地”和“在心底里存在着”旁批道：“应说自觉的。不是潜在的，而是用各种方法向马克思主义作坚决斗争。”

冯雪峰检讨说：“在这次错误上，我深深地感到我有负于党和人民。这是立场上的错误，是反马克思列宁主义的错误，是不可容忍的。”毛泽东在“反马克思列宁主义的错误”旁批道：“应以此句为主题去批判冯雪峰。”

据有人回忆，后来听周扬顺便讲起，当时毛泽东拿《文艺报》给他看，说，你看，倾向性很明显，保护资产阶级思想，爱好反马克思主义的东西，仇视马克思主义。可恨的是共产党员不宣传马克思主义，共产党员不宣传马克思主义，何必做共产党员！——周扬说，主席这句话重复了两遍。——毛泽东说，《文艺报》必须批判，否则不公平。[1] 这就成为文联和作协主席团联席扩大会议决定改组《文艺报》领导的原因。

四、对这次批判的评析

◎超过了批判《武训传》的规模

◎在这场运动中，报刊上发表了数百篇文章

◎很多批评意见包含着正确的合理的成分

◎陈毅说，贾宝玉和林黛玉是当时的新兴阶级的代表，这个说法，我不赞成

◎很多批判文章严重混淆了学术问题和政治问题的界限，乱扣帽子，无限上纲

批判运动在全国展开后，除学术界以外，各地的文化教育部门，包括各大专院校的文科各系、文艺团体、民主党派都纷纷举行《红楼梦》研究问题座谈会、讨论会、批评会，规模之大，超过电影《武训传》的思想批判运动。在这场运动中，报刊上发表了数百篇文章，后来作家出版社在1955年编辑出版了《红楼梦讨论集》，共四集，选收了129篇文章，约100多万字。

文章大都认为《红楼梦》是一部伟大的现实主义作品，它有鲜明的反封建主义倾向，深刻地暴露了封建贵族阶级的内外矛盾和斗争，深刻揭示了贵族统治阶级和封建制度即将崩溃的

① 黎之：《回忆与思考》，载《新文学史料》1994第2期。

历史命运。文章主要批评俞平伯承袭胡适的观点和方法，割弃了作品的社会意义和艺术价值，否认《红楼梦》是一部伟大的现实主义作品，用烦琐的考据把人们引向不可知的迷津。具体说，集中批评俞平伯的六个方面的问题。

第一，所谓"自传说"。俞平伯认为曹雪芹写《红楼梦》"是感叹自己的身世"，"是为十二钗作本传的"，一句话，"《红楼梦》有自传的性质"。这个观点同胡适的"自传"说有某种历史的联系。批评者认为，《红楼梦》和其他文学作品一样往往融进了作者自身的经历和生活感受，但它毕竟是艺术典型的创作。《红楼梦》写的不是曹雪芹的个人的遭遇，它是对当时的整个封建社会面貌的艺术概括，说它是作者个人的"自传"，就抽掉它的丰富的社会内容，否认了《红楼梦》是曹雪芹以现实主义态度对封建社会进行解剖的典型意义。

第二，所谓《红楼梦》的风格是"怨而不怒"。俞平伯虽然在一些文章里也说过《红楼梦》描写了封建大家庭的罪恶，但他认为曹雪芹对这个大家庭和封建社会的现实所抱的态度是："既无所赞美也无所贬抑"，即所谓"怨而不怒"，不像《水浒》那样"有些过火"，"锋芒毕露"。俞平伯还认为曹雪芹对书中所写的人物是一视同仁的，无所谓爱憎和褒贬。他列举"金陵十二钗正册"中钗黛二人"合为一图，合咏一诗"；第五回对秦可卿的描写："鲜艳妩媚有似宝钗，风流袅娜又如黛玉"，"乳名'兼美'"；"红楼梦曲引"中有"悲金悼玉的红楼梦"一句，金指宝钗，玉指黛玉，"悲"、"悼"都是痛惜的意思。根据这些，他断定钗黛"名虽二人，人却一身"，是"两峰对峙，双水分流”。批评者指出，“双美合一”，抹杀了作者对人物的褒贬态度，把互相矛盾的两个人物形象调和在一起，否定了作者爱憎的倾向性，也就否定了作品深刻暴露封建社会种种罪恶的积极意义。

第三，所谓《红楼梦》的主要观念是“色”“空”。俞平伯说《红楼梦》的“主要观念是色、空”。由“色”“空”观念出发，产生了许多真假反正，可彼可此，无所谓肯定或否定的人物。批评者指出，《红楼梦》有“空”的思想，但它不是主要的，《红楼梦》写的是现实社会的悲剧，它真实地反映了封建社会内部的各种矛盾，各种人物之间的复杂关系以及整个社会面貌。作者对于“僧”“道”是持批判态度的。“色”“空”观念论，直接否定了《红楼梦》的现实主义特色。《红楼梦》的总的倾向和感人之处不是什么“色”“空”，而是刚好相反的对于至死不变的爱情的歌颂，对于封建社会的叛逆者和被压迫者的热烈的同情。

第四，所谓“脱胎”说。俞平伯在论述《红楼梦》的“传统性”时，认为《红楼梦》“脱胎于《金瓶》”，“源于《西厢》”，“以《水浒》为蓝本”，“得力于《庄子》《离骚》”。他从《红楼梦》中找出个别故事情节或词句，同它以前的古典作品相对照，根据它们之间的相似点，得出“脱胎而来”的结论。批评者指出，学识渊博的文学作家利用前人的文学成果，或者由于描写人物的需要，借用古典作品中的故事或语句，是不足怪的。把这种利用前人成果说成是文学的“传统性”，那是对“传统性”的曲解。在说明《红楼梦》同过去文学作品的继承关系时，要着重地强调作者的独创性，而不应该牵强附会地去推测作者的模仿性。“脱胎”之谈，否认了《红楼梦》的独创性，也就贬低了这部伟大现实主义杰作的价值。

第五，批评者还认为俞平伯的实用主义烦琐考证不是对《红楼梦》的思想性和艺术价值的研究，而是对书中的一些无关紧要的细枝末节，一些个别的情节或词句，孤立地主观附会。批评者一致认为，考证作品年代、作者生平、辨别版本的真伪，无疑是必要的，但这种考证的方法只能在一定的范围内有用。由于俞平伯把考证的观点运用到艺术形象的分析上来了，其结果就是得出了这一系列的反现实主义的形式主义的结论。这种方法是“新红学派”惯用的基本方法，它不可能真正理解《红楼梦》的价值和意义。

第六，有的批评者在批评俞平伯的错误观点和方法时，还把马克思主义的分析方法和美学观点引进《红楼梦》研究以及整个古典文学领域。提出不能限于只考察作者和作品本身，必须了解当时的社会经济情况、阶级情况、政治情况，以及文化思想情况，然后才可能判断作品所表现的思想是属于什么阶级或什么阶层，然后才可判断它在当时是进步的还是反动的。

这次批判是运用马克思主义观点研究《红楼梦》的开端，宣告了以胡适为代表的“新红学派”的终结，成为“红学”发展史上的一个里程碑和转折点。① 但是，批判运动也存在严重的缺点和错误。在强调用阶级斗争的观点分析《红楼梦》时，

① 戴知贤：《文坛三公案》，河南人民出版社 1989 年版，第 56 页。

有的人从一种倾向走到另一种倾向。比如，有的意见说，贾宝玉是新兴市民阶级的代表；还有的说，贾宝玉、林黛玉和薛宝钗是根本对立的，等等。这些不免有主观拔高的因素。还有，对“新红学派”对《红楼梦》的考证是不是要一概加以否定？其中有没有值得肯定的东西？“自传说”“钗黛合一”论有没有合理的成分？在批判中也有简单化倾向。

1963年，曹雪芹逝世200周年，文化界举行大规模纪念活动，举办了“曹雪芹逝世二百周年纪念展览”。时任副总理的陈毅参观展览会预展时，发表了许多很有见地的意见。他说：有人说，贾宝玉和林黛玉是当时的新兴阶级的代表，是新人。这个说法，完全是胡说八道，我不赞成。这是跟把武则天加以现代化一样，几乎把武则天描写成“民主妇联”的领导人了。

陈毅说：《红楼梦》最重要的是反映了封建社会的从盛到衰。曹雪芹他是看不到前途才写的。恩格斯对巴尔扎克的评论可以用到曹雪芹身上来。曹雪芹还是拥护封建社会的。由于他的个人遭遇，所以他的作品暴露了当时的社会，抨击了当时的社会。曹雪芹不可能摆脱封建制度，这是他的局限性。他虽然暴露了贾府，但还是希望它能够再生。在当时，即使是农民运动，也是用封建思想作指导的。①

如果说，上面各种意见虽有缺点但还是带有学术批评和思想批判性质的话，那么，下面的各种批判就严重混淆了学术问题和政治问题的界限，属于乱扣帽子，无限上纲了，是用群众

① 刘世德：《回忆陈毅同志谈〈红楼梦〉》，载《红楼梦研究学刊》第二辑，1980年3月。

运动声讨的方式解决学术问题和思想认识问题。表现在：

第一，把学术观点提高到政治问题的高度加以批判。说“红学”是一个思想大战场，是各个不同的政治思想、文化思想的异常尖锐复杂的斗争。突出强调《红楼梦》所反映的阶级和阶级斗争的社会内容，强调它暴露和批判封建制度的历史价值和现实意义。而指责“新红学派”抹杀《红楼梦》的阶级内容和反封建的意义，认为“新红学派”“假借《红楼梦》的名义，狂热地鼓吹资产阶级唯心主义的文艺理论，以对抗马克思主义的传播和中国共产党领导的革命文化运动的发展。”

第二，宣称这场斗争“是过渡时期复杂的阶级斗争在文学研究领域中的反映”。更有批判者具体地指出，1953年中国共产党提出过渡时期总路线，要对私有制实行社会主义改造，是要把资本主义制度和一切剥削制度彻底埋葬的一场革命。这场革命必然遇到资产阶级的反抗。俞平伯不早不晚恰在这时发表唯心主义的东西，是胡适派资产阶级知识分子在意识形态领域配合社会上的资产阶级抗拒社会主义改造。

第三，有的文章认为俞平伯的阶级根源和思想根源是“五四以来洋场绅士的本色”，其目的“在于散布民族自卑感”，是“为帝国主义的‘文明’和‘理论’张目”。[①] 还有的说，俞平伯的《红楼梦》研究的理论和实践，“是买办资产阶级意识和封建士大夫阶级意识相结合的产物。按其思想本质来说，这是‘外国帝国主义的奴化思想和中国封建主义的复古思想的反动同盟’

① 《新华月报》1955年第2期。

（毛泽东：《新民主主义论》），在古典文学研究领域中向马克思列宁主义思想进攻的一种具体表现”，说“这个问题的讨论实质上是思想战线上工人阶级对资产阶级的又一次严重的斗争”。有的人指出，俞平伯的文学见解“不但是资产阶级的，而且是封建的”，有“引导读者逃避革命的政治目的”[①]。归纳一下，看看俞平伯的错误有多少阶级属性了：封建主义的、资产阶级的、买办资产阶级的、封建士大夫阶级的、帝国主义的，等等。

其作用是：散布民族自卑感，为帝国主义“文明、理论”张目，抗拒社会主义改造，狂热地鼓吹资产阶级唯心主义的文艺理论，引导读者逃避革命，对抗马克思主义的传播和中国共产党领导的革命文化运动的发展，向马克思列宁主义思想进攻，等等。

难怪有人说，俞平伯真是“罪该万死”了。

五、对胡适思想的批判

◎批判胡适的九个题目

◎联席会议推定的九人委员会

◎专家座谈会召开21次

◎全国批判文章数百篇

◎以批判胡适思想来配合和推动正在进行着的社会主义改造

◎被赋予极强的现实针对性的批判运动

◎“突出了批判的正义性，而不注意批判的科学性”

① 《新华月报》1955年第1期。

毛泽东在《关于〈红楼梦〉研究问题的信》中明确指出："看样子，这个反对在古典文学领域毒害青年三十余年的胡适派资产阶级唯心论的斗争，也许可以开展起来了。"事实也正如此。从1954年12月开始，一场从意识形态领域阶级斗争的高度批判胡适资产阶级唯心论的斗争迅速展开。斗争不局限于《红楼梦》研究，也不局限于古典文学，而是要"清除五四以来胡适资产阶级思想在整个学术界和思想界的流毒和影响"。1954年12月2日下午，在中国科学院院部与作家协会主席团的联席扩大会议上，根据毛泽东头一天晚上同周扬的谈话精神，对原来讨论胡适问题的计划草案作了根本修改，改为以批判胡适思想为主，讨论的题目改定为九个，即：

（一）胡适的哲学思想批判（主要批判他的实用主义）

（二）胡适的政治思想批判

（三）胡适的历史观点批判

（四）胡适的《中国哲学史》批判

（五）胡适的文学思想批判

（六）胡适的《中国文学史》批判

（七）考据在历史学和古典文学研究工作中的地位和作用

（八）《红楼梦》的人民性和艺术成就及其产生的社会背景

（九）关于《红楼梦》研究著作的批判（即对所谓新旧"红学"的评价）

为了领导这次讨论，会议推定郭沫若、茅盾、周扬、邓拓、潘梓年、胡绳、老舍、邵荃麟、尹达九人组成一个委员会，推郭沫若为主任。

这个联席会议从 1954 年 12 月到 1955 年 3 月，共召集 21 次会议，参加会议的有作家、历史学家、大学教授、文艺工作者以及文艺、学术刊物的编辑近百人。

这是一条线，是在知识界高层内开展的。

1955 年 1 月，中共中央发出《关于在干部和知识分子中组织宣传唯物主义思想批判资产阶级唯心主义思想的演讲工作的通知》。3 月，中共中央又发出《关于宣传唯物主义思想批判资产阶级唯心主义思想的指示》（以下简称《指示》）。《指示》说："为了实现党的总路线，在三个五年计划、15 年左右的时期内实现我国的社会主义建设和社会主义改造，达到消灭城乡资本主义的成分，在六万万人口的伟大国家中建成社会主义社会，必须在知识分子中和广大人民中宣传辩证唯物主义和历史唯物主义思想，批判资产阶级唯心主义思想，并在这个思想战线上取得胜利。没有这个思想战线上的胜利，社会主义建设和社会主义改造的任务就将受到严重阻碍。"因此，《指示》提出："党在思想工作中最根本的任务，就是宣传唯物主义的思想，反对唯心主义的思想，使党的干部能够懂得思想和客观存在的关系，懂得思想、意识是客观存在的反映，懂得要根据社会现实生活的发展规律来进行党的工作，从而提高自己的理论水平和政治觉悟，便于在实际工作中学会运用马克思列宁主义这个思想武器改进党和国家的工作，同时使广大人民群众脱离资产阶级思想的影响，大大提高他们为建设社会主义而奋斗的觉悟程度，便于形成以马克思列宁主义为基础的政治上和思想上的一致。"

据此，全国各地有组织有计划地在高等学校举行各种讨论会、座谈会、批判会。在各省、市级以上报纸、刊物上发表了数百篇批判文章。1955 年由三联书店选择 150 多篇结集出版，共 8 册，200 多万字，名为《胡适思想批判论文汇编》。

这是另一条线，是在全党乃至全国范围开展的批判运动。

在当时历史条件下，这场批判运动，被赋予极强的现实针对性，是以批判胡适思想来配合和推动我国正在进行的生产资料私有制的社会主义改造。

新中国成立不久，人们对于旧中国的种种往事记忆犹新。帝国主义欺压中国人民 100 多年。抗战胜利后，是美帝国主义以大量的军援物资支持蒋介石发动内战。用毛泽东的话说，这是“美国出钱蒋介石出人替美国打仗杀中国人”。新中国刚刚诞生，美国就带头对新中国实行封锁、禁运，企图把新生的人民政权扼杀在摇篮中。美国又出兵朝鲜，把战火烧到中国边境。美国还扶持日本军国主义势力，威胁中国安全。这一切，决定了广大人民群众心目中的美帝国主义的形象。而胡适长期为国民党政府效劳，同美国的关系特别密切，他曾留学美国七年，担任美国用来进行文化侵略的中华文化教育基金会名誉秘书长，当过国民党政府驻美大使，1949 年初逃离中国又去了美国。他平生为美国说过不少好话，而几十年来却反对共产党，反对马克思主义，反对工农革命，写过许多文章，发表过许多言论。跑到美国后，诋毁新中国，坚决反共反人民。在这样的背景下，人们对胡适思想的批判，很自然地带有强烈的政治声讨色彩，充满了革命的义愤。比如说他是“美帝国主义的奴才”，“是最反动的帝国主义御用哲学实用主义的化身，是美帝国主义所豢养、用以从文化方面侵略中国的走狗”，是“认贼作父”，是“反动的买办文人”，等等。

政治上否定胡适，也波及对他学术思想的实事求是的评价。

对他在 1918 年所著的《中国哲学史大纲》（上卷）全盘否定，认为贯穿渗透这部著作的是“实用主义的主观唯心论和庸俗进化论的观点和方法”。实事求是地说，这本《中国哲学史大纲》在当时及以后，曾产生了极大的影响，被认为在学术上具有开创性意义。书中打破以往的经学框架，抛弃了独尊儒家的传统，把孔孟与诸子百家放在平等的地位上。这样的研究，具有重大的思想解放意义。该书还注重提炼中国古代哲学的思想方法，即其中的逻辑思维方法，弥补了过去只见材料的横向编排，不见思想的递次演进的那种致命的缺陷。

胡适是白话文的首倡者，参加新文学运动，在当时社会上享有与陈独秀、鲁迅齐名的声望，他的著述所以能够广为流传，也与此有关。但在批判中，就提出“在某些人心目中胡适还是学术界的‘孔子’”，这回就是要在学术上“把他打倒”。

总之，在当时的环境和气氛下，这场批判运动，像有的学者所评价的那样：是“突出了批判的正义性，而不注意批判的科学性”，“几乎不可能对他的一生作出科学的评价”。[①]

① 戴知贤：《文坛三公案》，河南人民出版社 1989 年版，第 78、82 页。

第六章

贯彻过渡时期总路线（上）

大业宏图——1954年的中国

1954年1月1日，《人民日报》发表了题为《一切为了实现国家的总路线》的社论，作为“元旦献辞”，从而把这一年的中心工作画龙点睛地告诉了广大人民群众。照理讲，这部分内容应该放在本书的开篇。但考虑到贯彻落实总路线经历了几年时间，1954年仅仅是开始，所以还是放在了这里，以示这一幕正剧的高潮尚在以后，此处所叙述的是序曲，尽管第一主题的旋律已经出现。

一、农业互助合作运动的初兴

◎第一次互助合作会议

◎每天开会六小时，每天一个几百字的简报

◎“请你们当作一件大事去做”

◎1952年底，全国有800多万个互助组

◎《中共中央关于农业生产互助合作的决议》公开发表

◎庞大的中国农民代表团访问苏联

◎互助合作运动开始滋长急躁冒进倾向

过渡时期总路线的基本内容概括为“一化三改”，即社会主义工业化与对农业、手工业和资本主义工商业的社会主义改造，实施的办法是“同时并举”。其中农业的社会主义改造就

是指鼓励农民经过合作化的道路，逐步将个体所有制转变为集体所有制的过程。农业合作化的具体步骤是：互助组—初级农业生产合作社—高级农业生产合作社，由低级到高级，不断增加社会主义因素。

在本书第四章已经涉及关于农业互助合作的争论，争论的结果是全党的思想基本上统一到毛泽东关于农业合作的指导思想上来。

1951 年 9 月 20 日，根据毛泽东的意见，召开了全国第一次互助合作会议。会议由陈伯达主持。陈伯达当时是中宣部副部长、中央农村工作部副部长。会开得很简单，和座谈会一样，先传达了毛泽东的指示精神，然后就讨论由他起草的决议（草案）初稿。陈伯达坐中间，大家围坐一圈。陈伯达逐字逐句读初稿。开始，大家很不习惯这种会议开法，要求汇报一下各地互助合作运动的情况和问题，也有人要求先通读初稿后再逐字逐句讨论。陈伯达没理会大家的意见，仍坚持他的做法。但讨论仍然很热烈，有些同志在发言中坚持了自己的意见，提出了一些问题。另有的同志提出土地改革后进入合作化阶段农村阶级路线如何提法？贫农上升中农后是否还可以依靠？富农如何对待？陈伯达不作正面回答，总是把人们引到修改文件上来。

会议每天只开六小时，每天出一个几百字的简报，如实地写上会议提出的各种看法和各种问题，当晚即报送毛泽东。

30 日会议结束。

决议（草案）初稿经毛泽东审定后，于 12 月 15 日以《中共中央关于农业生产互助合作的决议（草案）》（以下简称《决议（草案）》）印发到全国各县区党委试行。其主要内容是：

（一）开宗明义地指明：农民在土改后表现出两个积极性，一个是个体经济的积极性，一个是劳动互助的积极性。不能挫伤农民个体经济的积极性，但是，必须提倡‘组织起来’，按照自愿互利的原则发展农民劳动互助的积极性，其发展前途就是农业集体化或社会主义化。

（二）农业互助合作有三种形式，第一种是简单的劳动互助，第二种是常年的互助组，第三种是以土地入股为特点的农业生产合作社。

（三）确定发展互助合作运动的方针是：在全国特别是新解放区和互助合作运动薄弱的地区，大量地发展互助合作运动的第一种形式。在有初步互助运动基础的地区，逐步地推广第二种形式。在群众有比较丰富的互助经验，又有坚强领导骨干的地区，应当有领导地同时又是有重点地发展第三种形式。

《决议（草案）》下达后，各级党委和各级人民政府普遍加强了对互助合作运动的领导，确定了适合本地情况的发展互助合作组织的方针和措施，配备和设置了专职管理互助合作工作的机构和干部。可以说，一时间举国上下掀起了一场以爱国丰产竞赛为中心的互助合作运动。参加互助组的户数约占全国总农户数的40％，比上年增加一倍多。这一年各种农作物产量都有大幅度增长，而多数互助合作组织的产量都高于当地单干户的10％以上。其中，上半年全国各地依靠互助合作的力量兴修和整修水利工程扩大灌溉面积约2290万亩，超过1951年的两倍多。

互助合作运动持续发展，到 1952 年冬季形成一股新的“热潮”，促成这股“热潮”的是这么几件事。

第一件事，1952 年 9 月 20 日，中共中央委托中央政策研究室召开了全国第二次互助合作会议，修改《中共中央关于农业生产互助合作的决议（草案）》。会后，毛泽东等又对文件作了修改，中共中央于 1953 年 2 月 15 日正式通过，删掉“草案”二字，以《中共中央关于农业生产互助合作的决议》为题目公开发表，见报的日期为 3 月 26 日。文件重要的改动有以下几处：

（一）原来所提的两个积极性中“劳动互助的积极性”改为“互助合作的积极性”。

（二）在“根据我们国家现在的经济条件，农民个体经济在一个相当长的时期内，将还是大量存在的”一句中的“时期”前面加上“历史”两个字。

（三）在“中央估计了它们的两方面的性质，即私有的性质和合作的性质。初级互助组的组员，他们的生产资料是完全私有的，但也带了共同劳动的性质，这就是社会主义的萌芽。常年互助组则使这种萌芽进一步生长起来了。农业生产合作社，就其建立在私有财产的基础上，农民有土地私有权和其他生产资料的私有权，农民得按入股的土地分配一定的收获量，并得按入股的工具及牲畜取得合理的代价这些条件来说，它保存着私有的性质。就其在农民以土地入股后得以统一使用土地，合理使用工具，共同劳动，实行计工取酬，按劳分红，并有某些公共的财产这些条件来说，它就比常年互助组具有更多的社会主义的因素”这段文字中，下面加点的字均是新加上去的。

（四）将提倡“爱国丰产运动”，改为“爱国增产运动”。在“片面地提出‘发家致富’的口号是错误的”一句之后，加上“当然，不把爱国的口号和改善农民的生活具体地联系起来，也是不对的”。

（五）将“在农民完全同意并有机器条件的地方”后半句的“并有机器”四个字改为“和有适当经济”六个字，变为“在农民完全同意和有适当经济条件的地方”。

第二件事，1952年秋农村开始整党。主要是解决三个问题：第一是改善党群关系，致力于提高党员觉悟和积极性；第二是明确农村经济发展方向，即党在农村中经济发展的方向是走互助合作而非资本主义道路；第三是纯洁党的组织，运动中严肃处理了坏分子、落后分子，老区还批判了互助合作中的右倾错误。

第三件事，1952年4月至8月，中国农民代表团赴苏联访问。代表团成员178人，翻译20人。团员中有著名劳动模范李顺达、吕鸿宾、韩恩、耿长锁等。在俄罗斯的两个边疆区、乌克兰、阿塞拜疆、格鲁吉亚、哈萨克斯坦共参观了72个集体农庄、28个国营农场、22个农机拖拉机站、27个科研机关、16所农业院校，历时四个月。参观范围之广、时间之长、人数之多，在中国出国访问代表团中是罕见的。代表团回国后，于11月在国内开始广泛但多少有点片面的宣传苏联农业集体化的好处，引起了强烈反响。

由于这些因素的影响，1952年冬季以后，互助合作运动出现了一些偏差，相当大的一部分农村中急躁冒进倾向滋长，不顾主客观条件，盲目办社。

在华北区，不少地方存在着“宁多勿少，宁大勿小”，“越多越好，越大越好”的错误思想，违反农民自愿，一味地多办社、办大社。而且盲目追求财产公有的现象也很严重。如山西长治专区新办的千余个农业生产合作社中，有76%将牲口、农具全部归社公有，有的甚至连棺木寿材、老羊皮袄也归了社。这些错误已在群众中引起思想混乱，不少地方一冬无人拾粪，副业无人搞，牲口无人喂，场里、地里庄稼无人收拾；有的地方已经发生贱卖牲口，滥砍树，杀猪大吃大喝的现象。

在华东区，互助合作组织发展很快，大约60%是正常的，20%较差，20%已垮台。较差的、垮台的都是强迫编组的。在急躁冒进情绪影响下，安徽徽州地区一下子就办了167个农业生产合作社（不是互助组，已经提高到合作社了）。

在中南区，尽管一年来试办的数量并不大，但试办一开始就露出冒进的苗头。如河南鲁山县由两个社一跃而为71个社，泌阳县一个区一开始即办了50个社。办社的过程表现出自愿互利政策贯彻不够，残存的农业社会主义思想还相当严重，不尊重私人财产权，许多社牲口折价入社的办法等于变相归公。原因主要是一些干部不懂得互助合作的发展规律，盲目追求高级形式，存在着不健康的盲目攀比乃至互不服气的情绪。宣传农业生产合作社的优越性，没有着重讲清楚发展过程与条件，片面鼓吹好处，引起一部分积极分子与劳动模范为了争光荣而盲目带头。再者政府对组社在物质上给予很多扶持，照顾过多，群众眼红，不少群众是为争扶持而组社的，并没弄明白为什么要建立合作社。

二、“春天反冒进”

◎毛泽东对邓子恢说：调你来做农村“统帅”

◎邓子恢的六个理由

◎“小生产改变为大生产，绝非朝呼夕至之事”

◎分了土地给他，就不能随便剥夺，必须依法保障这种所有权

◎第一次全国农村工作会议

◎“开始阶段宁缓勿急，连滚带爬，欲速则不达”

◎急躁冒进倾向到6月初基本终止

1953年1月，邓子恢来到北京，任中央农村工作部部长。

抵京后不几天，他就同农村工作部秘书长杜润生一道去见毛泽东。毛泽东热情地接见了他们，说：关于农村问题，中央已经有了一个文件，即第一次互助合作会议的文件。在这个文件中，要求把开展互助合作当作新时期一项历史任务。其中，正式提出农民有两个积极性。你们农工部，要发挥互助合作的积极性又必须保护个体的积极性，而不要挫伤它。还说：我们不是谈过上下两篇文章吗？上篇搞民主革命，下篇就是搞社会主义革命嘛；就农村来说，土改已经结束了民主革命，现在是要做第二篇文章了。子恢同志，调你来做农村“统帅”。邓子

恢说：还是主席统帅，我们当助手。毛泽东转向杜润生，问他下面农村情况如何。杜润生说：土地改革以后，成了小农经济的天下，向互助合作方向前进，得从小农经济的现状出发，加以引导，不搞不行，太着急也不行。邓子恢插话：河南提出允许“四个自由”，发布告示，让农民放心，这个布告还是好的。杜润生接着说：对于新区，还是生产压倒一切。毛泽东说：好哇，第一件事就抓这个吧。

2 月初，邓子恢走马上任。

邓子恢上任以后，农村有两个问题引起他的关注，一是发展农业生产合作社贪多求快；二是推广农业生产技术发生强迫命令。为解决这些问题，他派出两个工作组到河北和山西进行考察。根据掌握来的材料，他认为，目前互助合作运动中有两种偏向存在：一种是强迫编组，单纯的形式主义，放弃对互助组的领导，盲目追求高级形式和强调增加社会主义因素；另一种是自流等待的偏向，认为目前好像没有必要搞互助合作，要等到有了拖拉机才搞。但就全国范围来看，急躁冒进，贪多贪大，盲目追求高级形式的偏向是主要的。邓子恢主张及时纠正急躁冒进倾向。

3 月 8 日，邓子恢向毛泽东汇报了农村情况，随后又写了书面报告。指出，农村工作中存在的这些错误倾向，主要是干部思想认识上有误解：一是不了解互助组、合作社是建立在私有制基础上，过分强调互助组、合作社的社会主义因素，把互助组当作半社会主义性质的经济，把农业合作社与集体农庄（即高级生产农业社）混同起来；二是不了解要改造小农经济，必须配合整个国民经济的发展进行长期的耐心的工作。因此，要使干部从思想认识上把互助组、合作社和集体农庄三者之间的区别明确起来，要把改造小农经济是长期的工作这一点明确起来。

为此，他代中央草拟了三个文件，代批了一个批示。这些指示、批示经过毛泽东同意，分别下发。

邓子恢在这些文件中首先提出调整五年互助合作发展指标。按照10年、15年或再长一点时间完成农业社会主义改造的设想，互助合作五年参加农户控制在占总户数的70%（新区）到80%（老区），其中老区合作社组织的发展达到农户的45%，新区平均达到12%，常年互助组控制在30%。

其次，强调把春耕生产作为压倒一切的中心，其他一切工作都必须围绕并结合春耕生产来进行。凡是影响和阻碍春耕中心工作的任何工作，均应改变，推迟或缩小甚至取消原来的计划。

再有，要求照顾小农经济的特点。只有照顾到其分散性、私有性，多强调从群众中来，因地制宜，集中群众意见而非强迫命令，农业合作和生产任务才能顺利完成。

他还嘱托杜润生为《人民日报》撰写了《领导农业生产的关键所在》的社论。社论强调指出：

> 当我们向互助合作道路上前进时，切不要忘记前进的出发点乃是小农经济，工作对象是小私有者，而对这种小私有者个体农民说来最关紧要的问题，是他们切身利益能

否得到保护和发展的问题……为了正确地组织领导农民，发挥农民的生产积极性，必须切实纠正互助合作运动中正在滋长的急躁冒进倾向。

4月1日，毛泽东将这其中的三个文件（《中共中央关于农业生产互助合作的决议》《中共中央关于春耕生产给各级党委的指示》《领导农业生产的关键所在》）汇编成册，统称《农村工作指南》发到全党。书前的按语说：这三个文件“提示了党在当前阶段指导农村工作时所必须掌握的理论认识和重要的政策原则，以及群众路线的工作方法”，号召各级党委指定一定时间组织一切从事农村工作的人员来一次认真的学习。

4月13日至23日，邓子恢受中央委托主持召开了第一次全国农村工作会议。邓子恢在会上的讲话和会议最后的总结再次阐明了他的前述思想。邓子恢反复讲，要照顾个体农民的积极性，尊重农民的土地财产所有权，保护农民的私有财产不受侵犯。对私有制要积极地逐步地加以改造，这是总方向。但不是一下子就改造完成，要10年、15年甚至更长时间。分了土地给他，就不能随便剥夺，必须依法保障这种所有权，不能说横竖将来要为公现在就随便侵犯。我们总的方针是限制富农发展，但又要允许富农存在，今天完全不让富农有一点发展也是不可能的，对这不要害怕。会议期间，邓子恢向毛泽东汇报会议情况时，毛泽东说允许富农经济存在，不是不加限制。互助合作发展，社会主义因素增加，也就是限制富农发展。什么“四大自由”，“四小自由”也不能有。富裕中农怕“冒尖”，我才高兴。毛泽东对于“确保农民的私有制”的说法也提出了批评，说保护是可以的，“确保”是不可能的。这个谈话，邓子恢在会议上都原原本本地作了传达。

据杜润生回忆，这段时间邓子恢还多次强调：

“慎重初战”，“第一批社，一定要办好。要使社员收入超过中农水平，才有吸引力”，“开始阶段宁缓勿急，连滚带爬，欲速则不达”。

“苏联搞集体农庄，支付了很大代价，带来本可以避免的损失”，但是“苏联能在集体化后短期内供应大批拖拉机，这一点，我们比不上他们”。

“中国小农经济上千年历史，个体变集体，小生产改变为大生产，绝非朝呼夕至之事。”

“我们同志们都是吃公粮的，不晓得农民是吃私粮，一定要算账的，吃亏的事他决不会干。强制办社，绝没有好结果。打土豪可以不算细账，办合作社则不同，一要大家个人有利，二要成员之间彼此互利，农民把全部生计交社长统管，能放心吗？”[①]

这些文件的下达和第一次农村工作会议使急躁冒进倾向到6月初基本终止，农民卖地、卖牲口、杀猪宰羊、伐树毁林等现象已停止，生产情绪趋于安定。

---

① 杜润生：《是非功过，自有历史评说》，载《回忆邓子恢》编辑委员会：《回忆邓子恢》，人民出版社1996年版，第47页。

三、“秋天大发展”

◎毛泽东关于农业互助合作的两次谈话

◎“走直路，走得好，可以较快地搞起来，为什么不可以？”

◎“对于农村的阵地，社会主义如果不去占领，资本主义就必然会去占领”

◎“纠正急躁冒进”，吹倒了一些不应当吹倒的农业生产合作社

◎“群居终日，言不及义，好行小惠，难矣哉”

◎“办合作社，这不仅是个方向，而且是当前的任务”

◎“鉴于今年大半年互助合作运动收缩了一下，所以这次会议要积极一些”

◎所谓的“确保私有”，“四大自由”

◎到 1954 年夏，全国各地兴建合作社已达 22 万多个

◎1955 年 2 月，中共中央发布《紧急指示》

◎毛泽东说：“方针是‘三字经’，叫一曰停，二曰缩，三曰发”

1953 年 6 月，毛泽东在中央政治局会议上提出党在过渡时期的总路线，这以后毛泽东考虑问题的中心和出发点都是过渡时期总路线。在他来看这是一个总战略，一切都应以此为统属。谈到粮食统购统销，他就说过：你讲征购不联系过渡时期总路线，就无法使全党同志赞成这个东西。同样，在毛泽东看来，粮食、棉花、蔬菜等农副产品出现供应紧张可以采取应急

措施，但其中所反映的农村问题，就不是应急措施所能解决得了的，需要找出根本解决的办法。

这年10月，毛泽东对互助合作运动有了新的部署，采取了推进农业社会主义改造的一个重大措施：召开全国第三次互助合作会议。毛泽东没有出席会议，也没有到会讲话，但他一直从思想上对会议进行着指导。

会前的10月15日，他同中央农村工作部副部长陈伯达、廖鲁言谈话。他说：

办好农业生产合作社，即可以带动互助组大发展。

在新区，无论大中小县，要在今冬明春，经过充分准备，办好一个到两个合作社，至少一个，一般一个到两个，至多三个，根据工作好坏而定。要分派数字，摊派。多了冒进，少了右倾。有也可以，没有也可以，那就是自流了。可否超过三个？只要合乎条件，合乎章程、决议，是自愿的，有强的领导骨干（主要是两条：公道、能干），办得好，那就是韩信将兵，多多益善。

责成地委、县委用大力去搞，一定要搞好。中央局、省市委农村工作部就要抓紧这件事，工作重点要放在这个问题上。

要有控制数字，摊派下去。摊派而不强迫，不是命令主义。10月开会后，11月、12月，明年1月、2月，北方还有3月，有四五个月可搞。明年初，开会检查。这次就交代清楚。明年初是要检查的，看看完成的情形怎样。

……

一般规律是经过互助组再到合作社，但是直接搞社，也可允许试一试。走直路，走得好，可以较快地搞起来，为什么不可以？可以的。

各级农村工作部都要把互助合作这件事看作极为重要的事。个体农民，增产有限，必须发展互助合作。对于农村的阵地，社会主义如果不去占领，资本主义就必然会去占领。难道可以说既不走资本主义的道路，又不走社会主义的道路吗？资本主义道路，也可增产，但时间要长，而且是痛苦的道路。我们不搞资本主义，这是定了的。如果不搞社会主义，那资本主义势必要泛滥起来。

“确保私有财产”，“四大自由”，都是有利于富农和富裕中农的。为什么法律上又要写呢？法律是说保护私有财产，无“确保”字样。现在农民卖地，这不好。法律不禁止，但我们要做工作，阻止农民卖地。办法就是合作社。互助组还不能阻止农民卖地，要合作社，要大合作社才行。

一二百户的社算大的了，甚至也可以是三四百户。在大社之下设几个分社，这也是一种创造，不一定去解散大社。所谓办好，也是不完全都好。各种经验，都要吸取，不要用一个规格到处套。

华北现有六千个合作社，翻一番——摊派，翻两番——商量。合理摊派，控制数字，不然工作时心中无数。东北一番，一番半或两番，华北也是这样。控制数字不必太大，地方可以超过，超额完成，情绪很高。

发展合作社，也要做到数多、质高、成本低。所谓成本低，就是不出废品；出了废品，浪费农民的精力，落个影响很坏，政治上蚀了本，少打了粮食。最后的结果是要多产粮食、棉花、甘蔗、蔬菜，等等。不能多打粮食，是没有出路的，于国于民都不利。

粮食、棉花的供求也都有极大的矛盾，肉类、油脂不久也会出现极大的矛盾。需求大大增加，供应不上。

从解决这种供求矛盾出发，就要解决所有制与生产力的矛盾问题。是个体所有制，还是集体所有制？是资本主义所有制，还是社会主义所有制？个体所有制的生产关系与大量供应是完全冲突的。个体所有制必须过渡到集体所有制，过渡到社会主义。

总路线也可以说就是解决所有制的问题。国有制扩大——国营企业的新建、改建、扩建。私人所有制有两种，劳动人民的和资产阶级的，改变为集体所有制和国营（经过公私合营，统一于社会主义），这才能提高生产力，完成国家工业化。生产力发展了，才能解决供求的矛盾。①

邓子恢此时正在南方。他是参加完决定实行粮食统购统销的中央政治局扩大会议后，受中央的委托，前往南方考察的。他第一站到了武汉，与中南局领导一起初步订出粮食征购任

① 中共中央文献研究室：《建国以来重要文献选编》第四册，中央文献出版社1993年版，第467～470页。

务，管理粮商的方针与配售办法。第二站到了南京，接着到上海。就在上海期间，他接到廖鲁言、刘瑞龙的来信。刘瑞龙是农业部党组书记、副部长。来信讲了毛泽东找陈伯达、廖鲁言谈话及所谈内容，并说，中央决定提前召开全国第三次互助合作会议，议定互助合作发展计划。

邓子恢感到毛泽东对今春纠正急躁冒进倾向的看法有所改变，要改变互助合作运动的发展方针，即把中央前不久确定的应以发展和巩固互助组为中心环节，改变为以发展农业生产合作社为中心环节。他彻夜未眠，赶忙给中央写报告，先表示同意中央提前召开第三次互助合作会议的决定。接着检讨4月全国第一次农村工作会议所提的互助合作发展计划低了，在纠正急躁冒进倾向过程中不少地区产生了放任自流现象。他承认中央抓住粮食这一中心环节向城乡资本主义还击，乘此机会发动一个社会主义合作化的宣传攻势，有计划地积极地而又稳步地发展互助合作，是极其有利的。不过，他认为今春中央发的“三大文件”是农村工作走向健康发展的指南，调动了广大干部、农民的积极性，减轻了今年特大灾害造成的损失。互助合作组在数量上虽然发展不大，但质量上已比前巩固、切实了，今冬明春将有个相当大的发展。他还坚持认为，合作社户数一般仍应有控制，贯彻从大到小，逐步发展的原则。[①] 至此，邓子恢和毛泽东关于农业互助合作运动的分歧已见端倪。分歧就是合作化稳步发展和加速发展之争。邓子恢原本主张互助合作

① 《邓子恢传》编辑委员会：《邓子恢传》，人民出版社1996年版，第468页。

运动在当前主要是巩固与发展互助组；毛泽东主张要以发展农业生产合作社为中心。毛泽东认为，小农经济不能满足大规模经济建设的需要，特别是当1953年出现粮食、油脂等农作物短缺以后，更坚定了他以发展农业生产合作社来提高农业生产力的想法。

1953年10月26日至11月5日，全国第三次互助合作会议在中央农村工作部副部长廖鲁言的主持下召开了。会议首先传达了毛泽东10月15日的谈话。各大区农村工作部负责人都汇报了本区互助合作运动的情况和今冬明春以及今后五年的互助合作发展计划，普遍反映今年上半年纠正急躁冒进倾向大有成效，贯彻执行自愿互利原则方面大有改善，形式主义大为减少，农业社试办工作比较成功，在群众中的印象良好。有些地方的工作出现了一些偏差，把纠正急躁冒进倾向变成了急躁冒退，这种倾向也很快得到了纠正。与会人员对毛泽东提出的“办好农业生产合作社，即可带动互助组大发展”的指示都很重视，同时又都认为不论老区新区，互助组还是大量存在，不能放松对互助组的领导。会议讨论了中央《关于发展农业生产合作社的决议（草案）》，这个文件在12月16日经中共中央通过，以《中国共产党中央委员会关于发展农业生产合作社的决议》的题目下发。文件确认：农业生产合作社“在目前整个互助合作运动中日益显出重要的地位，并日益成为我们领导互助合作运动继续前进的重要的环节”，要求各级党委“有必要更多地和更好地注意对于发展农业生产合作社的领导，根据当地的具体情况，准备试办和逐步推广的条件。继续贯彻‘只许办好，不许办坏’的方针”。

在全国第三次互助合作会议结束前一天的11月4日，毛泽东又一次同陈伯达、廖鲁言谈话。他说：

> “纠正急躁冒进”，总是一股风吧，吹下去了，吹倒了一些不应当吹倒的农业生产合作社。倒错了的，应当查出来讲清楚，承认是错误，不然，那里的乡干部、积极分子，就憋着一肚子气了。
>
> 要搞社会主义。“确保私有”是资产阶级观念。“群居终日，言不及义，好行小惠，难矣哉。”“言不及义”就是言不及社会主义，不搞社会主义。搞农贷，发救济粮，依率计征，依法减免，兴修小型水利，打井开渠，深耕密植，合理施肥，推广新式步犁、水车、喷雾器、农药，等等，这些都是好事。但是不靠社会主义，只在小农经济基础上搞这一套，那就是对农民行小惠。这些好事跟总路线、社会主义联系起来，那就不同了，就不是小惠了。必须搞社会主义，使这些好事与社会主义联系起来。至于“确保私有”，“四大自由”，那更是小惠了，而且是惠及富农和富裕中农。不靠社会主义，想从小农经济做文章，靠在个体经济基础上行小惠，而希望大增产粮食，解决粮食问题，解决国计民生的大计，那真是“难矣哉”！
>
> 有句古话，“纲举目张”。拿起纲，目才能张，纲就是主题。社会主义和资本主义的矛盾，并且逐步解决这个矛盾，这就是主题，就是纲。提起这个纲，各项帮助农民的

政治工作，经济工作，一切就都有统属了。

总路线就是逐步改变生产关系。斯大林说，生产关系的基础就是所有制。这一点同志们必须弄清楚。现在，私有制和社会主义公有制都是合法的，但是私有制要逐步改变为不合法。在三亩地上“确保私有”，“搞四大自由”，结果就是发展少数富农，走资本主义的路。

县委书记、区委书记要把办社会主义之事当作大事看。各级书记，都要负责，亲自动手。中央现在百分之七八十的精力，都集中在办农业社会主义改造之事上。

生产合作社的发展计划提出来了，今冬明春，到明年秋收前，发展32000多个，1957年可以发展到70万个。但是要估计到有时候可能突然发展一下，可能发展到100万个，也许不止100万个。总之，既要办多，又要办好，积极领导，稳步发展。①

这段谈话，反映了毛泽东的思想和作风。由于合作化工作的重点业已明确，所以这次谈话强调的是立场问题、态度问题。不这么去做就是办个体经济之事，就是走资本主义道路，党的各级领导干部都要积极领导，集中精力办社会主义之事。会议决定了的，必须认真执行。定了指标，到时检查，完成不了，就是问题。

上面所列举的毛泽东的前后几次谈话，都点了“确保私

① 中共中央文献研究室：《建国以来重要文献选编》第四册，中央文献出版社1993年版，第470～476页。

有”，“四大自由”，都是针对邓子恢说的。那到底是怎么回事呢？

其实，邓子恢并不是要确保私有，他只是认为现在是过渡时期，农村的小农经济是小私有，组织互助组、合作社，不要忘记从小农经济的现状出发，从群众的觉悟水平和切身利益出发。针对干部中的急于过渡到社会主义的思想，在新区必须广泛深入地宣传党的保护农民私有财产的政策，打消农民“怕归公”的顾虑，以安定农民的生产情绪。

至于“四大自由”。据杜润生回忆，邓子恢并没有提倡过“四大自由”。那是“在土改结束后，中南局讨论农村工作时，大家一致认为，中南新区的农村，除地主外，富农也基本上消灭了，土地分配的平均度很高。农村经济的走势，主要是中农化，而中农怕冒尖的思想很突出。如果政策上放一下，经济上形成自由竞争环境，既有利，也有弊，而利大于弊。邓老据此支持过各省政府向社会发出布告，保护农民私有财产和与此相联系的土地租种自由、买卖自由、雇工自由、借贷自由权利。”[①] 也有材料说，1953 年 4 月 13 日，中南地区的同志在第一次全国农村工作会议上汇报说：“革命（指社会主义革命）不是暴风骤雨式的，而是不断组织和不断改革，要实行四大自由，保护私有，这样做农民喜欢。”这个说法随后用简报和口头汇报的形式反映到中央和毛泽东那里去了。而且，邓子恢奉调进京后去见毛泽东，席间，他插话说：河南提出允许“四大自由”，发布告示，让农民放心，这个布告还是好的。这也许

① 杜润生：《是非功过，自有历史评说》，载《回忆邓子恢》编辑委员会《回忆邓子恢》，人民出版社 1996 年版，第 53 页。

会给毛泽东造成一个邓子恢主张“四大自由”的印象。尽管如此，当毛泽东1953年4月间第一次批评“四大自由”时，邓子恢就明确表示了自己的态度。他在第一次全国农村工作会议上说：笼统地提“四大自由”的口号是不妥当的，不是“四大自由”，也不是“四小自由”，而是有限度的自由。不能不加限制，又不能限制得太死。

全国第三次互助合作会议的召开和《中共中央关于发展农业生产合作社的决议》的形成，促使中国的农业合作化运动又迅速掀起一个发展高潮。当时农村干部中流行着一句幽默的话：“春天反冒进，秋天大发展。”确是如此。

本来，在会上各大区分别提出了各自的发展计划，到1954年秋，全国总计将组建31381个合作社（初级社），1957年将达到70万个左右。《中共中央关于发展农业生产合作社的决议》又规定了新的初级社发展指标，决议指出，从1953年冬到1954年秋一年内，全国农业生产合作社应由1.4万个发展到3.58万个，并责成各地党委去努力完成这个计划。各地落实时，又根据会议上提出的要加强领导的精神，对原发展计划再次进行修订，追加了数字。追加的结果是比原计划数再增加1万余个，总计全国达到4.5万个。[①] 实际发展结果都突破了这一数字，华北翻了两番，东北翻了一番半。到1954年3月20日掌握的数字是“目前各地已经建立和正在建立的农业生产合作社共达7万多个”，超出最后计划的一倍。一个月后，这一数字又增加到9万多个。

① 中华人民共和国国家农业委员会办公厅：《农业集体化重要文件汇编》上册，中央党校出版社1981年版，第321页。

到1954年夏，全国各地新建合作社15万个，加上原有的7万多个，实际已达22万多个。

在这种形势下，1954年10月召开的第四次全国互助合作会议又提出了新的规划。会议报告认为，各地在1955年春耕前使初级社达到60万个的发展计划是合适的，建议中央批准，并雄心勃勃地预计1957年前后将完成社会主义改造的第一步：实现初级合作化；第二个五年计划转入高级合作化；第三、四个五年计划期间实现大规模的农业机械化。① 这个计划，当时看起来已经很了不得了，可后来看却还是保守的。后来在1955年下半年大踏步前进，全部实现了高级社，比该计划再提前了七八年。

中央正式批准了这个报告，并要求各级党委把主要精力放在发展初级社上。于是，合作化高潮再起。到1954年12月底，初级社已经发展到48万个。

这种迅猛的发展，一方面使中国农村发生了有史以来从未有过的巨大变化，另一方面农业合作化高潮一浪高过一浪，确实发展过快，势头过猛，并由此带来了一系列问题，造成农业形势一度紧张。主要表现在：

（一）出现攀比风和强迫命令现象。山西长治地委报告说，有些区乡已把未入社入组的农户称为“自发户”，强迫群众加入，甚至用中断供应等方法强迫群众入社；有的用支部决定、批斗中农来凑社员数量。东北某地某村在区下达70％合作化指标后，宣布明年该村90％合作化，另一村则提出100％合作

① 中华人民共和国国家农业委员会办公厅：《农业集体化重要文件汇编》上册，中央党校出版社1981年版，第260页。

化；有的村干部明白地说："咱村老百姓历来有个毛病，不瞪眼不行。"河北大名县某乡共700户，要建600户以上的大社，为此发动了村与村之间、乡与乡之间的挑战竞赛。辽宁省个别地方还采用了强迫农民签字、指模画押等做法。山东曹县干部提出口号："运动要暴风骤雨"，"猛虎下山，饿虎扑食"①。河北省定县有的区干部向村干部讲话说："要跟着毛主席走社会主义道路的就入社"，"不入社就是走资本主义道路，那你到台湾找蒋介石好了"。②

（二）由于对合作化政策宣传不够，很多农民有误解，加上部分地区执行政策存在某些偏差，例如过早过急地实行牲畜折价归社，而估价又偏低，价款又不能按期归还；或者是合作社使用私有牲畜所给的报酬过低，合作社一般都要求把小牲畜（驴）换成大牲畜（马、骡），还有的限制老病幼弱的牲畜入社。这样就使得有牲口的农民卖牲口，而一般农民很少买牲口，卖的多买的少，于是就大量宰杀。还有，部分地区粮食统购统销征过了头，农民口粮偏紧，未留牲口饲料粮，也大量出卖和宰杀牲口，并大量杀猪宰羊。华南分局反映，年底由于农民大量杀猪杀鸭，猪价陡跌，不少农民弄死小猪。浙江毛猪减少30%。河北省委也在1954年12月报告，各地牲口价格出现普遍下跌1/3至1/2的反常现象。大量出卖和滥宰耕畜的问题

① 中华人民共和国国家农业委员会办公厅：《农业集体化重要文件汇编》上册，中央党校出版社1981年版，第271～273、311页。

② 农业部农村经济研究中心当代农业史研究室编：《当代中国农业变革与发展研究》，中国农业出版社1998年版，第64页。

已经影响春耕生产，使耕作缺少畜力。

1955年2月，全国财经会议研究了当前农村情况和粮食购销问题，通过了《中共中央、国务院关于迅速布置粮食购销工作，安定农民生产情绪的紧急指示》(以下简称《紧急指示》)。毛泽东签发了《紧急指示》后，就约邓子恢谈话，告诉他，五年实现农业合作化的步子太快，有许多农民入社，可以肯定不是自愿的。到1957年入社农户发展到1/3就可以了，不一定要50%。

此次谈话过后不久，3月中旬，毛泽东又一次听取邓子恢、陈伯达、廖鲁言、陈正人（原城建部部长，1955年1月调中央农村工作部任副部长）、杜润生汇报农村工作。汇报到当前农村紧张状况时，毛泽东说："生产关系要适应生产力发展的要求，否则生产力就会起来暴动，当前农民杀猪宰羊就是生产力起来暴动。"汇报到农业生产合作社发展方针时，毛泽东说："方针是'三字经'，叫一曰停，二曰缩，三曰发。"这就是后来所说的"停、缩、发"。他还与邓子恢、陈伯达、廖鲁言、陈正人、杜润生当场议定，浙江、河北两省收缩一些，东北、华北一般停止发展，其他地区（主要是新区）适当发展一些。

看来形势是朝稳的方向运转了。

邓子恢开始落实这一指示。他主持起草了《对浙江省目前农业合作化工作的意见》，坚决贯彻收缩的方针，一个多月后，浙江省农业生产合作社由53114个减少为37507个，减少的15607个，大都转为互助组。但是到4月下旬，毛泽东再一次表示不同看法，5月间他在浙江视察后警告邓子恢："不要重犯1953年大批解散合作社的错误，否则又要作检讨。"5月17日，他在中共中央召集的十五省、市委书记研究合作化的工作会议上又说："在合作化问题上，有种消极错误，我看必须改变。再不改变就会犯更大的错误。"6月，在农业生产合作社是翻一番还是翻半番上，毛泽东和邓子恢发生了更大的争论，邓子恢被指责是"像一个小脚女人"走路的有"右倾机会主义思想"的人。用这样的语言斥责一名党内老资格的领导人，确有些过了。

第七章

贯彻过渡时期总路线（下）

大业宏图——1954 年的中国

一、和平赎买政策

◎张闻天提出用国家资本主义的办法

◎陈云关于把私营工厂“夹”到社会主义的思想

◎工业中的收购、加工、订货、统购、包销等形式

◎零售商业的批购、经销、代销

◎公私合营“是最有利于将私有企业改造和过渡到社会主义去的形式”

◎毛泽东说：过去是“西向让三，南向让再”，今后每年都要发展

农业的社会主义改造是通过农业互助合作的道路得以实现，资本主义工商业如何向社会主义过渡呢？中国共产党对这一问题一直在进行探索。1948年9月，在中共中央东北局任常委兼组织部长的张闻天在《关于东北经济构成及经济建设基本方针的提纲》中提出，用国家资本主义的方法，把一部分私人资本吸收在国营经济体系之内。国家资本主义是私人资本主义经济中最有利于新民主主义经济发展的一种形式。

张闻天起草的提纲，受到毛泽东、刘少奇等领导人的高度重视。毛泽东亲自对提纲作了一些修改，将提纲中关于国家资本主义的分析吸收到七届二中全会的报告中，明确把国家和私人合作的国家资本主义经济列为新民主主义经济结构的五种主要经济之一。刘少奇在1949年6月《关于新中国的经济建设

方针》的报告中也指出，国家资本主义的经济是十分接近于社会主义的经济，可在一定程度上成为国营经济的助手。

但是，由于实践还不够丰富，关于国家资本主义的形式讨论还不充分。在此以后，调整工商业，政府帮助私营工商业克服生产经营上的困难而采取的一项措施和手段，创造了加工订货、公私合营的一系列国家资本主义形式。1952 年 9 月，毛泽东在中央书记处会议上谈到他对如何向社会主义过渡的看法时，肯定了公私合营、加工订货这些国家资本主义形式将使私营工商业发生质变。

工业中的加工订货是统称，其中包括收购、加工、订货、统购、包销等五种形式。

收购，是国营商业根据产品的规格、质量，以合理的价格，临时或定期地向私营工厂收购一定数量的产品，是国家资本主义最低级的一种形式，也是最灵活的形式，国营经济与资本主义经济之间只发生不太稳定的外部经济联系，但也能起重要作用。因为数量很大，而且有些产品，如手工业产品，以基本上保持自由竞争和自由贸易为有利，所以还是一种宜于采用的形式。

加工，是由国营企业或其他国家单位，通过订立合同，向私营工厂供给原料或半成品，委托其按照国家规定的价格、质量、数量和期限，进行加工生产，并将成品交给国营企业或其他国家单位，由后者付给私营工厂加工费，又称工缴费。加工的产品多是加工的数量很大、规格较为固定而国家掌握了原料的，如棉纱、粮食等。在一部分行业中，由于国家控制了原料，私人资本就不得不仰赖于加工，故加工是在稳固性上仅次于公私合营的国家资本主义形式。

订货，是国营企业或其他国家单位，通过订立合同，向私营工厂订购产品，后者按规定的规格、数量、质量，按时交货，取得合理货价。由于某些行业国家是主要买主，如机器制造，所以订货这种形式在这些行业中也是稳固的形式。一般来说，采取订货形式的多是规格复杂多变，并有指定的专门用途的产品。在这方面，国家也有掌握一部分或大部分原料的，如机器制造业的钢、铁等，可以在必要时作为使私人资本不得不接受订货的武器。在当时一般是采取将原料卖给私人的办法。

统购，是由国家以法令形式作出规定，由指定的国营商业部门，对私营工厂生产的某些与国计民生关系重大的产品，按照适当价格长期地统一收购。统购的产品，一律不准私营工厂在市场上自行销售。

包销，是国营企业同私营工厂订立合同，规定后者所生产的某些产品，按照规定的规格、质量和合理的价格，在一定时期内全部卖给国营企业，即由国营企业对私营工厂的这部分产品全部包下来销售，也有的产品只包销一部分。采取包销这种形式多是日用品中的名牌货，如黑白牙膏、固本肥皂、四一四毛巾、金星水笔等，或者是其他重要轻工业品。通过这种形式，国家长期地和全部地控制了某些私营工业的产品。但因国家在这方面经济上的主动权不多，这种形式就一般只能建立在互利和资本家自愿的基础上，因此是较不稳固的形式。

上述这些形式都只是国家资本主义的低级形式。它们都还是国营经济与资本主义经济在外部进行经济联系的形式，但联系得已经是比较固定，比较紧密了，有的还带有法律强制性。从而大大加强了国营经济对资本主义工业的领导，并使后者的生产逐步纳入国家计划间接控制的轨道。1952 年，加工订货已经达到占资本主义工业总产值的 56%。

商业中国家资本主义的低级形式，对零售商业的主要是批购、经销、代销。

批购，又称批购零销或批销，是指私商以现款向国营商业批购商品，并按照规定的牌价或核定的价格出售，私商在零销中取得批零差价的收入。批购零销的私商仍可向自由市场进货。

经销，是指国营商业把自己的商品委托给私营零售商店经销。经销的私商按国营商业供应计划，以现款从国营商业进货，并按国营商业规定的零售牌价和供应办法出售，私商从批零差价中取得收入，经销店对经销的商品，不得再从自由市场进货。

代销，是指国营商业把自己的商品委托给私营零售商店代销。私营代销店在按国营商业的供应计划和规定的牌价出售商品后，把货款全部交给国营商业，从后者领取规定的手续费。执行代销业务的私营商店，须向国营商业缴存一定的保证金，并不得再向自由市场购进属于代销品种的商品。除一般代销外，还有专业代销或专柜代销的形式。

在国民经济恢复时期，批购、经销、代销都还处于萌芽状态，户数不多。1953 年下半年，国家对粮、棉、油、布等主要商品相继实行了统购统销，掌握了这些商品的全部货源，粮、油、布三个行业的零售商全部纳入了经销、代销的轨道。随后，猪肉、煤、茶叶、煤油、烟、酒等行业陆续实行了全行业改造，大都实行了经销、代销。

1953 年三四月间，为了研究新的形势下的公私关系和如何加强对资本主义工业的改造等问题，中共中央派中央统战部调查组到武汉、南京、上海等工业比较集中的大城市进行调查研究。中共中央统战部部长李维汉于当年 5 月向中共中央和毛泽东汇报并提交了关于《资本主义工业中的公私关系问题》的报告。

报告肯定各种形式国家资本主义都不同程度地改变了资本主义企业的生产关系。高级形式的国家资本主义即公私合营，公私合营的企业中国家可以掌握经营管理权，工人群众则从为资本家生产的观点改变为为国家生产的观点，容易改变为新的劳动态度。因此，这样的企业就具备了将其生产、财务和基本建设都列入国家计划的条件。这样，公私合营是最有利于将私有企业改造和过渡到社会主义去的形式。但在步骤上必须照顾需要、干部、资金、资本家自愿和政治影响等条件，有计划地进行，并须有控制，即有一定的批准程序。

毛泽东看过报告后，将其送交中央政治局讨论，刘少奇、周恩来都认为这个文件很好，系统地解决了问题。1953 年 6 月中旬，政治局召开两次扩大会议，确定经过国家资本主义改造资本主义工业的方针，决定发展公私合营，过渡到社会主义，把它作为过渡时期总路线的一个重要组成部分。毛泽东在 6 月 15 日第一次会上说：对公私合营，过去是“西向让三，南向让再”，谓过于谦让、谨慎。[1] 今后每年都要发展。

二、走历史必经之路

◎资本家回想起1950年“黄金时代”，不胜依依

◎“船在河中，只好认头”

◎毛泽东说：实行国家资本主义，不但要根据需要和可能，而且要出于资本家自愿

◎周恩来说：采取逐步过渡的办法，做到“水到渠成”

◎黄炎培形容社会主义改造方针是“同登彼岸，花团锦簇”

◎第一次中华全国工商业联合会会员代表大会

◎比较集中地进行了总路线的教育

变革资本主义私有制，是一场极其深刻的革命，必然引起资产阶级的疑虑和误解。1953年9月4日，中共中央有关方面负责人邀请黄炎培、陈叔通、李烛尘座谈，向他们通报了党在过渡时期的总路线，党对资本主义工商业实行改造的基本方针和政策。陈叔通针对对私商采取“排除”的政策说：“商业的数目很大，是最难办的。我认为应向他们公开地讲清私人商业的方向、前途、困难和办法，告诉他们要消灭商业，以国营贸易、合作社代替之。”反映了商业界人士对前途感到茫然的思想状况。

---

① 见《史记·孝文本纪第十》。吕后死后，诸吕欲为乱，大臣共诛之，谋召立代王。代王西向让者三，南向让者再，遂即天子位。

过渡时期总路线经过全国政协发布的《庆祝中华人民共和国成立四周年口号》向全国公布，资本家普遍受到震动，引起不安，其中尤以中小资本家为甚。

有的认为，新民主主义“很优越”，还是“让我们多喊几声新民主主义万岁吧”。他们形容自己的处境是“上了贼船”，“跟着走，能有出路”，“逆着办，只有下水”，“船在河中，只好认头”。他们要求保持现在的秩序，不甘接受“逐步过渡”。回想起1950年“黄金时代”，不胜依依，认为“那年头是睡在西蒙丝床上”，“什么国法、纲领也不放在心上”，“现在是睡在炕上”，已经退居一等，最好不要再“过渡”了。

很多资本家，不情愿走国家资本主义道路，认为原来多好，不用和国家打交道，“晚睡晚起，自由自在”。加工订货已经“不太自由”，公私合营就要被“溶解掉”。“代购代销是进去了一点”，加工订货是“进去了一半”，公私合营“就全进去了”。公私合营是“借地插秧”，公的比例一天比一天大，到时候“哪有你的份”！

中共中央认真分析这一新形势，决定自上而下，先骨干后一般，有领导有步骤地开展过渡时期总路线的宣传教育，打消顾虑，减少抵触，以期顺利地完成对资本主义工商业的社会主义改造。

9月7日，毛泽东同民主党派和工商联部分代表谈话，民建方面的还有章乃器、李烛尘、盛丕华等。毛泽东说：

有了三年多的经验，已经可以肯定：经过国家资本主义完成对私营工商业的社会主义改造，是较健全的方针和办法。

稳步前进，不能太急。将全国私营工商业基本上引上国家资本主义轨道，至少需要三年至五年的时间，因此不应该发生震动和不安。

有些资本家对国家保持一个很大的距离，他们仍没有改变唯利是图的思想。有些工人前进得太快了，他们不允许资本家有利可得。我们应向这两方面的人们进行教育，使他们逐步地（争取尽可能快些）适合国家方针政策：即使中国的私营工商业基本上是为国计民生服务的，部分地是为资本家谋利的——这样就走上国家资本主义的轨道了。

需要在资本家中间进行爱国主义教育，为此需要有计划地培养一批眼光远大的、愿意和共产党和人民政府靠近的资本家，以便经过他们去说服大部分资本家。

实行国家资本主义，不但要根据需要和可能（共同纲领），而且要出于资本家自愿，因为这是合作的事业，既是合作就不能强迫，这和对地主不同。

至于完成整个过渡时期，即包括基本上完成国家工业化，基本上完成对农业、对手工业和对资本主义工商业的社会主义改造，则不是三五年所能办到的，而需要几个五年计划的时间。在这个问题上既要反对遥遥无期的思想，又要反对急躁冒进的思想。[①]

① 中共中央文献研究室：《建国以来重要文献选编》第四册，中央文献出版社 1993 年版，第 344～346 页。

毛泽东的这番谈话，明确指出经过国家资本主义的社会主义改造是一个历史必经之路，这一点要认识清楚。同时也强调要稳步前进，不必为之不安。他还指出，私营工商业是国家的一项大财富。

9月8日至11日，全国政协召开常委扩大会，邀请部分工商界代表人士参加。周恩来在会上作了关于过渡时期总路线的报告，系统地阐述了我国社会主义改造的方针政策。他说：什么叫作社会主义？社会主义最基本的就是完成了社会主义改造，就是消灭了生产资料的私人资本主义所有制，归国家所有了，就是农业、手工业集体化了。完成这个任务，不是要等到那么一天，由国家宣布所有的生产资料都归国家所有，而在这一天以前，一切都原封不动毫无变化。这是不可能的。我们不采取激烈的突然变革的办法，而采取温和的逐步过渡的办法。在过渡期中，要使社会主义成分的比重一天一天地增加。过去我曾与盛丕华先生说过，将来是“阶级消灭，个人愉快”。就是说采取逐步过渡的办法，做到“水到渠成”。

我们既然确定走社会主义道路，就要相信自己的力量能够完成这个重要任务。现在这样做，还不是多数人都懂得的，我们要做很多的教育工作，把这些道理说清楚。政府部门也准备设立一个专门的机构来管理私营工商业方面的事情，使这方面的工作更加有领导有计划地进行。

听了毛泽东、周恩来的讲话，资产阶级上层代表人物的疑虑减少了，他们表示拥护总路线和国家资本主义方针。盛丕华对资本家现在有利润可得，将来有工作可做，表示满意。黄炎培形容党的社会主义改造方针是“同登彼岸，花团锦簇”。

接着，10月至11月，召开了已筹备一年有余的中华全国工商业联合会会员代表大会。这是宣告中华工商联正式成立的大会。中华工商联执委会主任委员陈叔通致开幕词。他号召全国工商界人士要为实现国家总路线，正确地发挥私营工商业的积极作用而奋斗。李维汉在大会讲话中进一步阐述了过渡时期总路线和对私营工商业实行利用、限制、改造政策的内容、意义和步骤。分析了国家资本主义企业比私人资本主义企业所具有的五方面的优越性：

一是在不同程度上改变了企业的生产关系，因而有利于企业生产逐步纳入国家计划。

二是有利于改善公私关系和劳资关系。

三是有利于发展生产。

四是可以使企业有利可图，资本家有利可得，职工生活可以逐步提高。

五是有利于资本家及其代理人充分贡献其生产技术和经营管理的才能，并在与社会主义成分的合作中逐步受到教育，为最后完成社会主义改造准备条件。

与会大多数人受到深刻教育，认识到“社会主义是大势所趋，不走也得走”。黄炎培在大会发言中说：在过渡时期资产阶级只要接受改造，将是“风又平，浪又静，平平安安到达黄鹤楼”，“到社会主义都有一份工作，有饭吃”。这个说法，博得许多代表的赞赏。

大会通过决议，郑重宣告接受和拥护过渡时期总路线和对资本主义工商业的利用、限制、改造政策。

会议最后选举出中华工商联常务委员会主任委员陈叔通，副主任委员李烛尘、南汉宸、章乃器、许涤新、孟用潜、盛丕华、荣毅仁、傅华亭、陈经畬、黄长水、胡子昂、龚天民、李象九。

与此同时，北京、上海等地党委统战部门也召集工商界和民主人士代表开会，或是召开本市工商联会员代表大会，比较集中地进行了总路线的教育。北京就通过工商联组织工商界活跃分子和经济作用比较大的工商资本家 2100 人进行了系统的学习；上海在半年内对私营工商业者所组织的有关报告会约 90 次，参加者有 8 万多人。经过这些活动，再分地区往下传达到广大工商业者当中去，组织座谈和小组讨论。

经过这些学习和教育，已有一部分资本家初步解除了怀疑、顾虑和恐惧，澄清了一些混乱思想，对总路线的认识有不同程度的提高，对接受改造的态度也开始产生了一些变化。

三、1954 年的扩展公私合营

◎中财委提出，方针是“巩固阵地，重点扩展，加强准备”

◎政务院通过了《公私合营工业企业暂行条例》

◎对公私合营是先“吃苹果”

◎孙孚凌说：“改变私有制不像梅兰芳唱戏，台前台后各一套，而是要脱胎换骨”

◎乐松生的同仁堂国药店是全国中药行业公私合营第一家

◎扩展公私合营第一年的产值超过过去几年全部公私合营的总产值

◎解决"吃葡萄"的问题

◎毛泽东说："不看僧面看佛面"

1954年把私营企业改造成公私合营企业的条件更为成熟。

1月6日至16日，中财委召开会议，决定扩展公私合营。方针是"巩固阵地（对已有合营企业），重点扩展，加强准备（对以后扩展）"。范围是将10人以上的资本主义企业基本上改造为公私合营企业。国家为此将拿出8210万元作为合营投资。计划公私合营651个企业，年产总值14.8亿元。会议提出：这只是一个拟定的框框，要根据供、产、销情况及资本家态度准备加以缩减和变动。各地对于扩展合营的年总产值，应在工作质量基本做好的前提下，如数完成。各省市在此基础上制定分期的具体执行计划，报中央局批准，中财委备案。重要企业和重要资本家的企业，在合营前须报中央批准或备案。

3月4日，中共中央批准了中财委的文件，认为：中财委对扩展公私合营工业所提出的政策原则及1954年扩展公私合营的工作方针和具体措施"是正确的和适当的"。

9月2日，政务院通过了《公私合营工业企业暂行条例》，文件解释了什么叫公私合营，即"由国家或者公私合营投资并由国家派干部，同资本家实行合营的工业企业，是公私合营工业企业。"合营的三个前提是：国家的需要、企业改造的可能和资本家的自愿。公私双方应当对企业的实有资产进行估价，估价要根据公平合理的原则，参酌财产的实际尚可使用的年限和对于企业生产作用的大小，协商进行。

各地资本家对待公私合营的态度大体有三种。

第一种是主动申请公私合营的。北京的孙孚凌、乐松生是其中的代表人物。孙孚凌是北京最大、条件最好的私营福兴面粉厂经理。解放前夕参加过共产党的外围组织。解放后，他注意学习党的政策和企业管理，使企业扩大，生产发展，盈利增加，职工的工资福利也有很大提高。他在缴纳税款，稳定物价，认购公债以及抗美援朝捐献等方面都在北京市工商业中起了积极的带头作用。1953 年底，他积极响应党的号召，同乐松生等主动申请公私合营。他认识到："改变私有制不像梅兰芳唱戏，台前台后各一套，而是要脱胎换骨"，"我得先走一步，不然怎样带头？"1954 年 12 月 29 日，他在同有关部门签订协议后，正式宣布合营。北京同仁堂国药店经理乐松生在合营问题上经历了思想斗争，把家传的"乐家老铺"交出去实行合营，有点不太舍得。经过学习，认定要使民族工商业得到发展，关键是私营企业必须走社会主义道路。他在 1953 年底带头申请公私合营，是首都也是全国中药行业走上公私合营的第一家。[①]

第二种是对公私合营存有各种疑问的和抵触的，在当时占绝大多数。如上海信谊药厂总经理陈铭珊就提出四个担心：股东红利是不是照发？总经理还让不让他做？他的高工资要不要

① 寿充一等编：《走在社会主义大道上》，中国文史出版社 1988 年版，第 171～173 页。

减到工人的水平？与公方代表是否合得来？这种心理有一定的代表性。他在1954年7月正式公私合营后，被任命为厂长。他没有想到，说："这真是出乎我的意料，我反而有点惶恐了。这件事对我触动很大，我深深感到共产党的政策说到做到，是令人信服的。"①

第三种是拒绝改造，甚至进行破坏活动。这在资本家中是极少数。他们有的用非法手段从企业中抽逃大量资金，有的故意向职工寻衅闹事，个别人甚至进行破坏生产的违法活动。

有计划的公私合营一开始是对那些规模较大的、产品同国计民生关系密切的工业企业先合营。这种单个企业公私合营的发展，当时称之为"吃苹果"的方式。

工业企业比较集中的上海市采取从少到多，逐步推开，分批发展的办法。到年底，公私合营工业企业已达244家，占全市工业企业总数的0.8%，当年工业总产值占全市工业总产值的20.4%。其中轻工业共合营64户，在造纸、搪瓷、保温瓶三个行业中发展的合营企业产值即占该行业总产值的1/3左右。

北京市根据有关部门"巩固阵地，重点发展"的方针，于1954年4月12日，首先在市副食品行业实行公私合营试点，市国营零售公司采用国家现金投资的形式同北京副食品行业中的稻香村食品店、桂香村食品店、大有酱园等几个规模较大的私营零售商店进行公私合营的试点。这些商号的特点是：历史

① 寿充一等编：《走在社会主义大道上》，中国文史出版社1988年版，第107～110页。

悠久，各有特色，前厂后店，品种齐全，在消费者中有一定信誉，在同行业中声望较高。这些企业的资本家奉公守法，并有合营的要求。经市政府同意，由市委统战部、朝阳区委工商协会同北京市零售公司共同派代表组成公方，在调查研究的基础上，同私方、工会共同清产核资，确定私股股金，公方代表参加企业管理，企业隶属市零售公司。这一年工业上先后有新华橡胶厂、三星铅笔厂、中国水暖铁工厂等 21 个企业，商业上先后有同仁堂国药店、瑞蚨祥绸布店等近 10 个企业，被批准实行公私合营。户数虽然不多，但这些企业在当时社会上有一定的声誉，资本家或是资方代理人又多是些头面人物，所以在私营工商业中引起了反响和震动。

天津根据市委“先少后多，先大后小，先慢后快”的意见，按照需要与可能和资本家自愿的原则进行。事先的准备工作做得比较充分，宣传工作也比较深入，个别企业合营进展比较顺利。天津解放前的北洋纱厂，生产凋敝，发展困难。解放后，经市人民政府大力扶持，生产经营状况日渐好转，1953 年平均产量较 1949 年增加 1.4 倍。1954 年 2 月，由天津市地方工业局投资，这家历史较久、规模较大的私营纱厂正式成为公私合营企业。1954 年 9 月，又有振华造纸厂等 14 家私营工厂宣布实行合营，由地方工业局领导。12 月，全市有 300 多家私营企业资本家陆续申请将企业改为公私合营。到这年底，全市新扩展的 78 家公私合营企业产值占全市工业总产值的 12.6％以上。

经过各方面的共同努力，1954 年扩展公私合营的工作取得了很大的进展。这一年全国合营了793户规模较大的、产品同国家建设及人民生活关系比较密切的工业企业，当年产值25.6亿元，超过过去几年全部公私合营的总产值。在这年全年工业总产值中，私营工业只占了24.9%。这个结果不仅显示了社会主义和半社会主义的经济力量，更重要的是，第一年扩展公私合营成果，为以后的公私合营起到很好的示范作用。

1954年公私合营虽然取得很大的进展，但也暴露出一些问题。主要是我国私营工业企业规模大的只是少数，绝大部分是中小企业。少数大企业公私合营后，资本主义原有的内部联系被打破了，剩下大量分散落后的中小企业，生产发生严重困难，加上国营部门在社会主义改造中对各种类型经济未能切实贯彻统筹兼顾的方针，在加工订货分配上，重视国营和公私合营企业，较少照顾私营企业，同行业大中工厂合营后，生产迅速增长，中小企业就更吃不饱了，以致生产难以维持。

1954年12月，国务院第八办公室和地方工业部联合召开第二次全国扩展公私合营计划会议。与会者一开始就提出“吃苹果”与“吃葡萄”的问题。他们说：现在光“吃苹果”，把一堆堆又小又烂的“葡萄”甩给地方，地方又没有财力给他们加工订货的任务。如果不首先安排私营企业的生产，解决他们的困难，扩展公私合营的工作就很难开展下去。周恩来听了汇报后明确提出统一领导，归口管理，按行业一条鞭进行改造，全面规划的方针。陈云在会议的报告中也提出：安排加工订货要从全行业出发，统筹兼顾，统一安排。他指出：私营工厂也是国民经济的一部分，如果听任私营工厂停工关厂，工人失业，必然会造成社会动乱，影响工人阶级内部的团结。毛泽东也指出：不管私营不行，要看到私营工厂中有两百万工人，“不看僧面看佛面”。

1955年元旦，中央政治局讨论私营生产安排问题时，批准了统筹兼顾的原则。3月，陈毅给中央的报告中提出：“为了贯彻统筹兼顾的政策，在扩展合营的方式上，应采取个别合营与按行业改造（组）相结合的办法”，可以个别合营的，就进行个别合营；需要进行联营合并的，就采取以大带小，以先进带落后的办法，进行并厂和生产改组，并使这种改组工作和合营工作结合起来。

这样，按行业公私合营的办法就应运而生了。

第八章

文学、社会及其他

一、文学艺术上新的创作繁荣

◎优秀的名篇《黎明的河边》

◎闪烁着英雄人物精神美的《党费》

◎具有“英雄史诗精神”的《保卫延安》

◎成就最高、影响最大的《阿诗玛》

◎新中国成立头三年群众歌曲评奖

◎《渡江侦察记》获一等奖

◎《美术》和《戏剧报》创刊

◎中国国际旅行社和高等教育出版社成立

中华人民共和国的成立，开辟了中国社会历史的新阶段，也开辟了文学艺术发展的新阶段。新中国成立初期的文学艺术继续着发端于五四运动、经过精心培育并逐步形成的具有民族特色的革命现实主义和革命浪漫主义传统，通过形象化的表现方法，反映并促进社会政治、经济制度的建立、发展和完善巩固。

1953年9、10月间召开的第二次文代会讨论和明确了下面几个问题，从而提出了新的文艺创作的方针和任务：

第一，在国家新的建设时期，文艺工作的主要任务是以抓创作为主。

第二，确定将社会主义现实主义作为文艺创作和批评的最高准则。什么是社会主义现实主义？周恩来在《政治报告》中提出："革命的现实主义和革命的理想主义结合起来，就是社会主义现实主义。"

第三，对新中国成立以来文艺创作上的概念化、公式化及其他反现实主义的倾向，对文艺批评上的简单化、庸俗化的倾向和文艺领导上的行政命令等进行了全面的总结和初步的清算。

第四，提出如何运用社会方式领导文艺工作，以克服违背艺术规律的行政方式和不恰当的干涉。

从这次代表大会以后，中华全国文学艺术界联合会（简称"全国文联"）改为中国文学艺术界联合会（简称"中国文联"），郭沫若为主席，茅盾、周扬为副主席。中华全国文学工作者协会（简称"全国文协"）改为中国作家协会（简称"中国作协"），茅盾为主席，周扬、丁玲、巴金、柯仲平、老舍、冯雪峰、邵荃麟为副主席。

第二次文代会对促进文学艺术的繁荣发展产生了积极的作用。大会后的两三年中，涌现出一批在思想性和艺术性，在反映生活的深度和广度上都很有生气的优秀作品。

1954 年间发表了一批在当代文学史上颇有影响的文学作品，这里不可能一一尽述，只能撷取其中的几朵奇葩。

发表于 1954 年的《黎明的河边》是优秀的名篇，也是峻青的代表作。

峻青，原名孙俊卿，1922 年生于山东海阳县。少年时当过学徒，1940 年参加革命。曾任《大众报》（胶东区党委机关报）记者、新华分社随军记者、敌后武工队小队长。1952 年调中南文联从事专业创作，后调上海文联工作。

《黎明的河边》描写了交通员小陈带领武工队负责人通过敌人封锁区时，他连同他的母亲、弟弟赴汤蹈火，壮烈牺牲的故事，具有强烈的感染力。主人公小陈是一位在战火中成长起来的少年英雄，“如果没有战争，他也许在父母的面前撒娇呢!”然而，昌潍平原沦陷后，还乡团的匪徒到处杀人放火，残酷的战争使小陈变得异常勇敢、刚毅。河东的游击队垮了，敌人严密封锁渡口，小陈接受了护送武工队干部过河的命令，到了渡口，由于叛徒出卖，还乡团把小陈的母亲、弟弟抓去做人质，要小陈将护送的同志“献给”还乡团，否则全家的生命都要遭殃。在这危急的情况下，在这生死考验面前，小陈把革命同志和革命任务看得高于一切，忍受着巨大的悲痛，亲眼看着母亲和弟弟被还乡团杀害，自己则坚持在三面遇敌、一面背水的危急情况下，掩护他的父亲带领武工队领导人过河，最后他“抱着一个冲到他面前的匪徒，向着浊浪滚滚的潍河里跳了下去”，英勇地献出了宝贵的生命。作者通过小陈一家的壮烈行为，深刻地揭示了人民群众对革命战争的真诚拥护与支持，揭示了“战争之伟力存在于民众之中”的道理。

《黎明的河边》通过“生与死”“革命与家庭”等抉择，刻画了小陈的崇高精神，整篇作品写得有声有色，矛盾冲突环环紧扣，小陈及其母亲、弟弟牺牲的场面描绘得惊心动魄。作者的笔触也很细腻，描写小陈的语言、动作、神态，母亲、弟弟就义时的大义凛然，父亲刚强的个性，都显得饱满、有力度，极具感染力。作品除人物形象生动鲜明外，情节的处置也颇具特色。作者在人物与环境、人物与人物之间编织了一系列矛盾和冲突，特别是恰如其分地运用了悬念，因而造就了一种紧张、惊险的气氛，扣人心弦，深深地吸引着读者。《黎明的河边》是作者峻青以亲身经历过的一件相类似的事实为基础写成的。解放以后，他无限怀念那些已经牺牲的战友，他回忆自己的创作经历时说："夜里，我睡不着，感情激动得厉害。于是，我点着油灯，伏在一张小凳子上，开始《黎明的河边》的初稿的写作。写着写着，眼泪就滴落在纸上了。"[1] 正是对英雄人物的这种炽热的感情，才使得峻青笔端激情流溢，产生那样一种感人至深的艺术魅力。

王愿坚 1954 年发表的第一个短篇作品《党费》。

王愿坚，1929 年出生于山东省诸城，1944 年参加革命，在部队主要从事文艺宣传工作。解放后，任《解放军文艺》编辑，并参加了《星火燎原》一书的编辑工作。王愿坚亲身感受抗日战争后期和解放战争时期斗争生活的经历，使他有更多的机会接触和了解革命英雄可歌可泣的事迹，编辑《星火燎原》时曾多次到第二次国内革命战争时期的湘、赣、闽、粤、鄂等老根据地和红军长征路作实地采访，对革命先辈为中国革命和穷苦大众解放英勇献身的精神有了更深刻的感受。他说："我们今天走着这条幸福的路，正是这些革命前辈用生命和鲜血给铺成的；他们身上的那种崇高的思想品质，就是留给我们这一代人最宝贵的精神财富。"[2] 出于这样一种创作理念，王愿坚在

① 峻青：《〈黎明的河边〉的创作》，载《文汇报》1955 年 9 月 27 日。
② 王愿坚：《后代·后记》，作家出版社 1956 年版。

作品中不仅仅满足于讲述那些英勇无畏的斗争故事，同时还着力通过这些故事挖掘和表现革命前辈身上那种“最宝贵的精神财富”。这种追求，造就了王愿坚短篇创作的艺术特色，即他的作品总是能以朴实的笔调揭示出主人公精神世界中最动人的内容。

《党费》是王愿坚1954年开始创作短篇小说后写出的第一篇作品。作品的女主人公共产党员黄新，送丈夫随红军长征走了，自己带着孩子在家乡坚持斗争。敌人切断了她和党组织的联系，生活极端困苦。当时山上的游击队遭敌人封锁，长期吃不上盐，黄新牢记党员的责任，积极组织群众千方百计腌制咸菜，作为党费交给组织，支援山上的游击队。在那艰难的岁月，多日都没有尝过盐味的女儿拿起一根腌豆角，黄新忍痛从女儿手中夺下豆角，交给游击队。她最后献出了年轻的生命。黄新那种无畏的斗争精神和不怕牺牲的正气，一个共产党员在革命危急时刻对党的一片赤诚之心，使人看到英雄人物精神美的闪光，给读者留下深刻印象。

同年，杜鹏程发表的优秀长篇小说《保卫延安》，是第一部大画面描写解放战争的鸿篇巨制，当时被评论界称为“具有古典文学中的英雄史诗的精神”。小说不仅成功地塑造了一批解放军指战员的英雄形象，再现了保卫延安的几次著名战役，而且第一次在当代文学作品中描绘了彭德怀的领袖人物形象。

杜鹏程，1921年出生在陕西韩城县一个贫苦农民家庭，自幼过着忍饥啼寒的生活。1938年到延安参加革命，先后在鲁迅师范学院、八路军随军学校、延安大学学习，并有在边区农村、工厂基层工作数年的经历，这不仅使他的思想受到教育，文化程度和艺术修养得到提高，而且使他对陕北人民的思想感情、风土人情有了一定的了解，为他日后的文学创作积累了丰富的营养。

1947 年 3 月，当国民党实施重点进攻战略，兵车辚辚，直逼延安之际，我军不固守城池，战略转移，从延安撤退。不久，杜鹏程就以随军记者身份加入西北野战军。他来到一个英雄模范连深入生活，随部队参加了大小无数次战斗，走遍了西北大部分地区，“穿过沙漠、草原、戈壁，越过数不清的高山峻岭和大小河川，直到 1949 年末进军至帕米尔高原”。随军期间，在极其艰苦的行军作战生活中，他除了写下大量的新闻报道、散文、报告文学，还用日记和札记的形式记下两百多万字的创作素材。1949 年，杜鹏程开始动笔写《保卫延安》。他本人曾这样描绘这一创作经历：“在工作之余，一年又一年，把一百万字的报告文学，改为六十多万字的长篇小说，又把六十多万字变成七十万字，又把七十万字变成四十万字，再把四十万字变为三十多万字……在四年多的漫长岁月里，九易其稿，反复增删何止数百次。”[①] 1954 年夏，《保卫延安》正式出版。

《保卫延安》是我国第一部大场面描写解放战争的优秀长篇小说。作者以饱满的激情，动人的笔锋，真实地再现了延安保卫战中几次著名的战役，塑造了一批人民战士的英雄形象，特别是第一次在我国当代文学作品中成功地描绘了中国人民解

① 杜鹏程：《保卫延安》，人民文学出版社 1979 年版。

放军副司令员、西北野战军总司令员兼政治委员彭德怀的感人形象，是新中国成立初期文学领域的重要收获。

《保卫延安》一书场面宏大，笔调豪放，人物众多，形象丰满。它直接描写彭总的地方并不多，主要集中在彭总亲临前线指挥作战时和通过小说中的陈兴允旅长的观察间接地得到反映。就在这有限的章节中，彭总卓越的军事才能及其人品，得到了生动的再现：他正确地执行中央的战略方针，善于研究战争的规律，在战略上他视敌人如粪土，但在具体的战役指挥上他不允许有丝毫疏忽，他能虚心听取下级的意见，又能坚持正确的判断，西北战场总指挥员彭德怀将军的感人形象凸现出来。作者还注意刻画彭总质朴的一面，他像普通战士一样过着艰苦的生活，他善待百姓，为人敦厚，对老人和孩子亲如一家。一位伟大的无产阶级革命家、军事家慈祥、谦和的形象跃然纸上。

《保卫延安》最成功之处就是通过文学创作歌颂老一辈无产阶级革命家的丰功伟绩，在文艺作品中塑造他们的崇高形象。这一点，带有开创先例的意义。

此外，作品还塑造了一系列生动人物。周大勇从一个勇敢、顽强但还不成熟的连级干部，成长为称职的营级干部。当我军撤离延安时，他还不能深切理解我军的战略意图，在十分艰苦的环境中，尤其是在他率领连队单独与敌人苦战的磨炼中，周大勇迅速成长起来。作战时他刚毅、勇猛，指挥时他冷静、果断；对战友他一往情深，对人民群众他时刻维护他们的利益。在西北战场进入大反攻时，他已经是政治上比较成熟、军事上颇有指挥才能的干部了。在这一群体中，还有作战似猛虎，然而平时性格沉静，神态腼腆的王老虎；将自己的一切都献给革命，最后在极其艰苦的行军途中默默死去的孙权厚；倔强、耿直的马全有；勇敢、乐观的李江国；战斗中流尽最后一滴血的卫毅；壮烈跳崖的梁光清等。透过这些战士的生死，描绘了在这场敌我力量悬殊的战争中，战争程度的空前激烈与残酷和运动战的极端的艰苦，每一个胜利都付出了“一个脚印一身汗，一片土地一片血”的惨痛代价；描绘了边区军民对敌人的无比仇恨以及“战斗、困苦、血、汗、死亡，什么都吓不倒我们”的坚强意志。全书洋溢的这种革命英雄主义的激情，使人们真实地感受到人民战争无坚不摧，无往不胜的巨大威力。

诗歌创作的鲜花是和开国大典的礼花一起开放的。

我国新诗的奠基人郭沫若热烈欢呼“光芒万丈，辐射寰宇”的人民中国屹立在亚洲的东方（《新华颂》)。何其芳歌唱“如此巨大的国家的诞生”，这是他旧社会唱“夜歌”时代的结束，新社会唱“白天的歌”的开始（《最伟大的节日》)。艾青高歌“礼炮震动着整个地壳，全世界都庆祝新中国的诞生”(《我想念我的祖国》)。朱子奇在献给新中国成立一周年的诗中说：“在这空中飞翔的每只鸟都展开快活的翅膀，在这路上行走的每个人都沐浴着幸福的阳光”（《我漫步在天安门广场上》)。

在 1954 年，诗人们也发表了不少诗歌。阮章竞赞美道：“伟大的建设计划，在创造新的大地和新的蓝天”(《光辉灿烂的五年》)。

也有歌颂《宪法》的：

仿佛是不同的颜色组成的灿烂的图画，
仿佛是不同的声音组成的和谐的交响，
不同的民族组成了我们的国家。
各族人民欢呼着迎接你，祖国的第一部宪法！[①]

但若论这一年最有影响、成就最高的当数少数民族叙事长诗《阿诗玛》的整理和发表。

1953年5月，云南省人民文工团深入撒尼人聚居的路南县圭山区进行民间采风发掘工作，在三个月时间里，搜集到《阿诗玛》的传说异文20种。黄铁、刘知勇、刘绮对异文进行了整理，公刘作了润色，1954年得以发表。后来并有俄、英、法等多种译本。

长诗共分十三章。第一章是序曲；第二至四章，介绍诗中的主要人物阿诗玛、阿黑兄妹俩以及热布巴拉家的丑恶的儿子阿支；第五至九章，描写热布巴拉家说媒遭到阿诗玛的坚决拒绝，他们抢走了阿诗玛，阿黑得知后持弓策马，紧紧追赶；第十至十二章，写阿黑对热布巴拉家的不屈的斗争，终于迫使热布巴拉家放出了阿诗玛；最后一章，写热布巴拉指使崖神在阿诗玛兄妹的归途中发大水冲走了阿诗玛，阿诗玛从此变成了山谷的回音。

① 胥树人：《颂歌——为庆祝中华人民共和国宪法而作》。

故事表现了撒尼人民热爱劳动，反抗强暴，追求美好生活的愿望和聪明勤劳、勇敢机智的品格，富有传说和歌谣的色彩，形象生动，节奏明快。说阿诗玛是“千万朵山茶花”中“最美的一朵”，“千万个撒尼姑娘”中“最好的一个”。她绣出的花“鲜艳赛山茶”，她赶的羊“白得像秋天的浮云”。阿诗玛的美名，传遍四方。财主热布巴拉托媒人去说媒，想将阿诗玛娶来给他的儿子阿支做老婆。尽管媒人把热布巴拉家的财富吹得天花乱坠，阿诗玛坚决不答应。她虽然被抢走，受尽折磨，关进黑牢，但她仍不屈服。她高声唱道：“你家谷子堆成山，我也不情愿。你家金银马蹄大，我也不稀罕。”她美丽、善良、刚强，是撒尼人民理想中的姑娘。阿黑的形象是同阿诗玛交相辉映的。他唱山歌“画眉飞来和”，他吹笛子“过路马鹿也停脚”，他武艺高强“拉弓如满月，箭起飞鸟落”，他有强烈的反抗精神，为了救阿诗玛，他骑马去追“一口气跑了两座山，两口气跑了五座山”，他聪明、能干，热布巴拉父子再诡计多端，也难不倒他。他跟他们比赛唱歌、砍树、接树、撒米、拾米，都取得了胜利。他射死了他们放来残害他的三只老虎，还用神箭射中了热布巴拉家的大门、堂屋柱子、供神桌，迫使热布巴拉父子不得不放还阿诗玛。阿黑“他像高山上的青松，断得弯不得”，这种性格和超人的智慧和力量，正是撒尼人民理想中的英雄。

《阿诗玛》在艺术上也是很有特色的。在表现手法上，充分运用了山歌“盘”和“绕”的特点。“盘”就是对唱中反复问答，其含义就是盘字反复、回旋本意的引申，起着酝酿感情和集中注意力的作用。比如长诗的首篇唱道："应该唱一个呀，应该怎样唱呀，山中的姑娘，山林中的花。"这一段重复了三次，从婉言推让，进而商量对唱，最后到腼腆地加入对唱，盘来盘去，人物的神态表现得非常生动，如闻其声，如见其人。"绕"就是将单纯的情节绕得又长又远，然后再回归本题，这样就将情节发展逐层递进，增强了表现力，加深了印象。如写阿诗玛成长，从三个月、五个月、七个月、六岁、七岁、十岁……长长绕来，反复重叠："爹爹欢喜了一场，妈妈欢喜了一场。"《阿诗玛》的比喻也很清新独特，如形容阿诗玛的美，把她的头发比作"落日的影子"，使人联想起南国落日那种柔媚、润泽。比喻阿诗玛兄妹犁地"泥土翻两旁，好像野鸭拍翅膀"，既生动、形象，又富有浓烈的生活气息[①]。

1954年还进行了群众歌曲评奖活动。评奖的范围是自1949年10月1日至1952年10月1日的三年来发表传唱的全国性群众歌曲。评奖活动由文化部和中国文学艺术界联合会主办。其目的在于"丰富群众歌曲的题材和形式，从各个角度来反映祖国的社会主义建设、人民的生活和保卫世界和平的事业"[②]，克服以空洞的政治口号和一般化的曲调来代表生动的艺术形象，纠正那种缺乏深刻的思想感情和艺术感染力的倾向。

这次活动专门成立了评选委员会，由吕骥为主任委员，周

① 郭志刚：《中国当代文学史初稿》上册，人民文学出版社1980年版，第398～399页。

② 《文化部、中国文学艺术界联合会关于三年来全国群众歌曲评奖的公告》，1954年3月26日新华社报道。

巍峙、赵沨为副主任委员，贺绿汀、马思聪、李凌、孙慎、马可、何士德、李焕之、李伟、张非、梁寒光、田汉、光未然、袁水拍、田间、林默涵、安娥、宋之的、严文井 18 人为委员。

评奖的基本标准是：作品的思想和艺术水平及在群众中流行的程度，在具体掌握上坚持思想性艺术性兼顾。比如有些歌曲歌词与曲调水平不一致，要么曲调较好为群众所喜爱，但歌词却空洞；要么歌词水平较高，而曲调较差而不易流行。对此，评选委员会认为最好的群众歌曲应是曲词俱佳的作品，只占一个方面的不能算是好歌曲。又比如，有一些歌曲是配合各种政治运动发挥了宣传作用的，也有一定的群众基础，但思想性、艺术性均较差，运动过后，即被群众遗忘。对这些歌曲，评选委员会认为，应该肯定其历史作用，但最好的群众歌曲应是宣传作用与艺术价值相统一的作品，达不到这一点的不予评奖。另外，有不少歌曲是根据民歌加工创作的。对此，评选委员会主要根据改编者所付出的劳动大小与效果优劣作为评选依据，这一类包括将民间曲调加以整理、配置和声并改填新的歌词的；从几首民歌综合创作的；在一首民歌的主题上发展的；曲调基本未动，主要是填配新词的。群众歌曲的范围，不仅限于齐唱，也可包括合唱、联唱、独唱，等等，且有电影插曲和歌剧曲等许多形式。当时提出，只要是群众爱唱、能唱的，便是群众歌曲。

三年间全国共发表歌曲 10000 多首，经过各大行政区、军委总政治部文化部、中央直属单位、文化部艺术局音乐处等机构从下到上，层层推荐，最终有 208 首歌曲参加评奖，包括作曲者 167 人、作词者 187 人。3 月 26 日，评奖结果正式公布。

获一等奖的歌曲 9 首，它们是：

《全世界人民心一条》，招司词，瞿希贤曲；

《歌唱祖国》，王莘词曲；

《中国人民志愿军战歌》，中国人民志愿军某部战士词，周巍峙曲；

《歌唱毛泽东》，托尔逊瓦依提词，阿不力克木曲；

《我是一个兵》，陆原、岳仑词，岳仑曲；

《王大妈要和平》，放平、张鲁词，张鲁曲；

《草原上升起不落的太阳》，美丽其格词曲；

《小鸽子》，冷岩词，刘守义曲；

《歌唱二郎山》，洛水词，时乐蒙曲。

获二等奖的歌曲 43 首。

获三等奖的歌曲 62 首。

一等奖获奖金 500 元，词曲作者各 250 元；二等奖获奖金 300 元，词曲作者各 150 元；三等奖获奖金 200 元，词曲作者各 100 元。奖金额度应该算很可以的了。以当时的工资水平看，一般工人的月收入为 30 多元，500 元相当于普通工人工资的十几倍。后来还搞过若干次群众歌曲评选，奖金没有达到这么高。

获奖作品后来编印成《评奖群众歌曲集》。

这次评选是比较公正和科学的。所以这么说，因为它经过了时间的检验。过了 60 年后的今天，在当初获得一等奖的 9 首歌曲里有 6 首仍被现在的群众不同程度地传唱着，其中《歌唱祖国》传唱的频度最高，凡是在较为喜庆而又隆重的场合里都要高奏一曲或高歌一曲。中央人民广播电台早间的《新闻和报纸摘要节目》开播曲就是《歌唱祖国》。其他的像《我是一个兵》《中国人民志愿军战歌》《草原上升起不落的太阳》《小鸽子》《歌唱二郎山》在各种音乐制品中都不难找到，40岁以上的人几乎人人会唱。

电影是最受老百姓喜欢的，1954年电影拍摄在头五年当中是第二多的。共计故事片（包括舞台艺术片）20部、纪录片170部、科教片19部、美术片4部。其中不乏新中国电影史上的经典作品，比如孙道临、中叔皇等主演的《渡江侦察记》，常演不衰，在1956年“第一次优秀影片故事片评奖”中获一等奖。张伐、金焰等主演的《伟大的起点》获三等奖。另外，《沙家店粮站》《山间铃响马帮来》《春风吹到诺敏河》也都有很好的艺术表现力。京剧《盖叫天舞台艺术》、汉剧《宇宙锋》、桂剧《拾玉镯》、锡剧《双推磨》以及《川剧集锦》（收入川剧折子戏《五台会兄》《评雪辨踪》《秋江》）等的文化价值已经远远超出作品本身，成为不可复制的绝代之作。

这一年在中国文化史上占有一席之地的几件事是：1月15日，中国美术家协会机关刊物《美术》创刊。1月20日，中国戏剧家协会机关刊物《戏剧报》创刊。4月15日，中国国际旅行社（简称“国旅”）成立。5月1日，高等教育出版社成立。5月3日，中国人民对外文化协会成立。这些机构在日后的作用和影响已经不是一两句话能说完的了。

二、人口和行政区划

◎1954年人口首次突破六亿

◎这一年创造了前七年单年人口增长新纪录

◎撤销六大行政区

◎若干省市建制被合并

旧中国没有准确的人口统计数字，有些参考价值的是20世纪较早时期的两次普查数字。一次是清末的1909年的普查，后经1912年北洋军阀政府内务部整理，全国人口为40581万。另一次是1928年国民党政府进行的户口调查，1931年整理出资料，显示全国人口为47479万。倘若以这些数字为基数看，则1910年至1949年共增加14296万人，总增长率为35.2%，年平均增长率为0.78%。若分区段看，1928至1949年间，人口增加7398万人，年平均增长率为0.69%。这些数字虽然不尽准确，但从中也可看出民国期间人口增长速度不快。

中华人民共和国成立后，社会经济条件发生巨大的变革，长期战争结束了，经济恢复，生产发展，生活改善，医疗卫生状况大为改观，各种危害人民生命的急性传染病很快得到控制，人口理所当然地加快了增长，从1949年到1952年全国人口增至57482万，三年增加3315万，年平均增长2%。①

① 资料来源：《中国统计年鉴》(1986)。

1953年开始至1956年，我国进入大规模经济建设时期，也出现了新中国第一次人口增长高峰。其中，1954年人口总数首次突破6亿，为60266万，年增长数达到这一区段的净增最高点，比1953年增加1470万。在总和出生率中，1954年也是同时期最高的，达到37.97‰。而死亡率为次高，仅次于1953年的14‰，为13.18‰。这些数字表明，1954年进入新中国成立后人口增长的第一次高峰。

造成人口高增长的原因，除了前面提到的新中国经济社会的宏观条件改变了以外，人们的观念因素不可忽视。至少有三点形成人口观念上的误区。

其一，对社会主义人口理论认识上的偏差。片面地强调人是生产力当中最重要的因素，认为："以我国之大，实行新民主主义建设，并走向社会主义的前途，人力愈多愈好。"[①] 甚至有的分析认为，在我国正是由于"人口众多"，才加速了各种经济建设的进程。这种认识之所以是片面的，就在于它只看到问题的一面，人是生产者；完全忽视了问题的另一面，人还是消费者。人是生产者与消费者的统一。

其二，接受了苏联的人口理论，将其视之为人口规律。影响较大的是苏联人口理论认为："社会主义的人口规律表现为人口不断迅速地增长。"[②]这种观点的片面性是显而易见的。像苏联那样地多人少，特别是经过卫国战争后，人口锐减，缺乏

① 《有计划有步骤地实现全面的劳动就业》，《人民日报》1952年8月4日社论。

② 苏联科学院经济研究所编：《政治经济学教科书》中译本，人民出版社1955年版，第596页。

劳动力的国家，当然也需要在不断发展物质生产的同时增加人口生产，但不能说成是社会主义的人口规律，因为像中国这样的地少人多的国家无论如何不能照此办理。

其三，落后的传统意识。“多子多福”“传宗接代”“重男轻女”“不孝有三，无后为大”等意识，是几千年小农经济的产物，把“儿孙满堂”看成是“家业兴旺”的标志，一直是老百姓不变的人口观念和生育伦理，这些都是现代社会所必须克服的旧的传统观念，并且不会在短期内，更准确地说不会在短的历史时期内能根本扭转。同时，1953 年实行统购统销政策，按人口分配口粮，也在一定程度上强化了人们“添丁加口”的意识。

新中国成立后第一次人口生育高峰成为 1957 年马寅初提出《新人口论》的社会经济背景。而对于马寅初的忠告的不慎处置，一时的人口失控，造成我们很长一段时间都不得不背负的沉重的发展上的包袱。

1954 年，在国家体制变化之前，地方行政体制已经作了变化和调整。

新中国成立初，全国总共分设六大行政区，它们是东北、华北、西北、华东、中南、西南，称为大行政区人民政府（军政委员会），也称大区人民政府。它们既是中央人民政府的代表机关，又是地方政权的最高机关，负责向所属省、市、县转发中央的政令，省、市、县向中央的请示由它们转报，它们也有权在职权范围内颁布决议、命令，拟定与地方政务有关的暂行法令、条例（但须报政务院批准或备案），并审查其执行，也可依法任免或提请上级批准任免所属工作人员，等等。其所下设的工作部门一般都称为部，如财政部、教育部、民政部等。

1952年11月，恢复国民经济任务完成，各项社会改革运动基本结束，为了加强中央的集中领导，中央人民政府决定大行政区人民政府或军政委员会“一律改为行政委员会”，仅作为中央人民政府的代表机关，不再作为地方最高政权机关。1952年12月至1953年2月，华东行政委员会、中南行政委员会、东北行政委员会、西北行政委员会、华北行政委员会、西南行政委员会先后宣告成立。其所下设的各部一律改称为局（处）。

1954年6月，为了进一步加强中央的集中统一领导，减少组织层次，增加工作效率，并适当加强省市的领导，中央人民政府委员会决定撤销大行政区一级的行政机构。至同年11月，大行政区委员会机构撤销工作按照有计划分期逐个撤销的办法全部完成。

省或相当于省级行政区：在新中国成立初期共有29个省，1个自治区及西藏地方，8个相当于省的行署区，14个中央或大行政区直辖市。1954年6月，中央人民政府委员会在撤销大行政区的同时决定合并若干省市的建制，即：

（一）辽东、辽西两省的建制均撤销，合并改为辽宁省；

（二）松江省建制撤销，与黑龙江省合并为黑龙江省；

（三）宁夏省建制撤销，与甘肃省合并为甘肃省；

（四）沈阳、旅大、鞍山、抚顺、本溪、哈尔滨、长春、武汉、广州、西安、重庆等11个中央直辖市，改为省辖市。

这样，到1954年下半年，全国共有河北、山西、辽宁、吉林、黑龙江、热河、陕西、甘肃、青海、新疆、山东、江苏、安徽、浙江、福建、河南、湖北、湖南、江西、广东、广西、四川、贵州、云南、西康25个省及待统一的台湾，北京、天津、上海3个直辖市及内蒙古自治区、西藏地方和昌都地区。县和相当于县的行政单位2116个，乡220466个，县级以上的民族自治地方的自治机关65个。

县、区以下的各级政权也开始健全起来。1月27日，内务部发出《关于健全乡政权组织的指示》，要求各地应本着适应农业互助合作运动发展的原则，在普选的基础上，对乡政权组织加以整顿，建立乡人民代表大会和人民政府委员会制度。乡人民政府内设生产合作、文教卫生、治安保卫、人民武装、民政、财政、调解等各种工作委员会。乡以下政权分自然村、选区或行政村（若干自然村组成），行政村下按自然村划分居民小组。这个文件将国家行政系统一直垂直延伸到村民家庭。这是和历史上的大不同之处，古代中国官制只到县，县令是最低一级，所谓七品芝麻官，比喻其小。县以下基本上靠宗族和乡绅治理。行政成本减少很多，而且主要是依据家族管教和道德约束。民国时，这种习惯势力依旧保存，虽增设保甲制，也还没有到村以下。

三、社会风尚和时代精神

◎1954 年长江淮河发生特大洪水

◎人民群众用自己的双手，把“水涨堤高”的神话变成了现实

◎2.3 万平方米的宏伟而复杂的建筑，仅用 11 个月就完成了

◎胡耀林青年突击队开风气之先

20 世纪 50 年代，在很多人心目中留下美好的记忆，特别是那时候的社会风尚和时代精神，至今仍令人回味。尽管每个人的具体感受千差万别，但本质东西可以归纳为一条，即人民群众万众一心的精神和开创伟大事业的热情。这里不妨列举 1954 年发生的两件事作为这一判断的注脚。

1954 年长江、淮河出现了近百年罕见的洪水。从 6 月 26 日至 10 月 3 日整整 100 天，武汉关的洪水都在警戒水位以上，7 月、8 月淮河曾先后出现了五次凶猛的洪峰。武汉关最高水位曾比长江百年来最高水位记录的 28.28 米高出 1.45 米，比 1931 年洪水破堤时的水位高出 2.79 米；正阳关最高水位曾比淮河历史上最大洪水年（1931 年）的 24.62 米高出 1.79 米。1931 年的洪水泛滥，长江流域，沿岸城市和乡村，包括国民政府首都南京都被浸在水里，武汉市积水 4 个月未能排出。在淮河流域，惊涛骇浪闯入了蚌埠，越过淮河北堤，越过津浦铁路，直泻江苏省，突破运河堤防，横扫里下河地区。这一年根

据南京国民政府赈务委员会公布的数字，仅江淮流域被淹死者就达26.5万人（全年死于灾荒者为370万）。

但是，在1954年的洪水面前，人民群众显示了前所未有的信心和力量。党和政府的动员令一下，千千万万的工人、农民、解放军战士、店员和居民、机关干部和学生就像潮水一样涌上堤防前线。水不断地上涨，防汛队伍也不断在扩大：最初是10万防汛大军，后来成为14万，以后又成为20万，最多时到了30万，也就是说每五个武汉人里就有一人在抗洪前线。在淮河汛情紧张的时候，参加防汛工作的有80多万人。在暴风雨的夜晚，每一条街道，每一个机关，都有后备突击队在“枕戈待命”，一声令下，立刻就奔赴前方。

成百上千的工人采石采土，供应前方的急需。由于任务紧迫，来不及事先搭好工棚就冒雨工作，夜里睡觉，就用扁担撑起雨布，背靠背坐着过夜。在三个多月中，全靠人手工挖土采石270多万立方米，如果把它摆成一米高一米宽的堤，可以从武汉一直到东北的齐齐哈尔。

从洪水肆虐的开始，人们就响亮地提出“和洪水赛跑”，“水涨堤高”的口号。但是，“跑在洪水前面”谈何容易！武汉的长江子堤加高一条麻袋，全线便是50万条，为了争夺一分一秒的时间，有的人每次多挑土，几天里就压断了两条扁担，有的人干脆用两条扁担一次挑两担飞跑。打夯的工人，为了赢得时间，从一分钟30下的速度，加速到一分钟50下，再加到一分钟60下。就是这样，完全是用自己的双手，把“水涨堤高”的神话变成了现实。

排水工程同样创造了奇迹。300多架抽水机，像几十条青龙一样，把岱家山下一片汪洋的积水，抽上高坡，倾入长江。三个月中，排除的积水达1亿多立方米。据一位老工程师说，在旧社会，这300多架抽水机，从工程设计到安装，至少得用六个月到八个月，但是今天，在全体技工、电工、搬运工的集体努力下，只用了八天时间就完全竣工。为了清除吸水管“莲蓬头”上的杂草，有的工人不顾天冷水寒，冒着大雨，在水里坚持了16个小时之久。实现了他们的“让渍水滚进长江，让农民兄弟早日返回家园”的誓言。

铁路工人在铁路线被切断的千钧一发之际，果断地抬高路轨，以保障堤防前线的土方石块和防汛器材的供应。水涨一次，他们抬高一次，一共抬高了六次。最后，水越涨越大，路轨已经无法再抬高了，勇敢的司机就冒着生命危险，在大水中驾驶火车，摸索着缓缓行进，终于把成千上万吨物资及时运上堤防。

防汛地区人民的斗争不是孤立的。在整个防汛期间，只要他们向任何一个地区的党组织和政府请求援助，立即会得到热情的答复：吉林省连夜送去了草袋，湖北省迅速送到了木料，广州等地的手工业工人加工编织了篾缆，上海运去了铁锚，太原运去了蔬菜，四川运去了大米；而在更远的城市里，还有人主动询问：“我们有土豆、干鱼，你们要不要?”各地的支援，不仅解决了防汛地区人民物质需要，更增加了他们的信心。

长江水落，淮河水降，这一结果，未必说明“人定胜天”，但却显示了人民群众万众一心的精神力量。

反映开创伟大事业的热情，莫过于火热的经济建设中的英雄群体。

在北京动物园（当年又叫“西郊公园”）东边，矗立着一幢别具一格的建筑，当时它和古老的北京相比显得太“洋”，现在它和现代气派的北京相比又显得太不合潮流，它就是“北京展览馆”。

“北京展览馆”当年是北京的标志性建筑，于 1954 年建成，原名“苏联展览馆”。它集中体现了苏联建筑艺术的优美。

在中央大厅上方，是高达 50 米的镏金铁塔和塔顶红星，还有镏金的镰刀和锤子，象征荣誉的桂树叶，象征和平的橄榄叶和象征劳动的金黄麦穗。左右两侧一连串的拱门中间高悬着苏联 16 个加盟共和国国徽（已不存在），广场中央有 16 个花瓣组成的大喷水池。中央大厅拱门的上方镶嵌着由毛泽东亲笔手书的“苏联展览馆”。

在中央大厅高 20 米的穹隆下，悬挂着一盏重 1.5 吨、高 10 多米的银色大吊灯。四壁有四幅巨型壁画，分别画有：莫斯科的克里姆林宫、莫斯科大学的学生、开着联合收割机在田野里收割庄稼的集体农庄庄员、在海滨疗养院休养的劳动者。

中央大厅北边是长 92 米、高 19.5 米的工业馆，它由 9 个大圆拱组成，很像一个现代化的大工厂的厂房，拱环上装有 1500 盏灯。中央大厅东侧是文化馆，内墙大部分是淡灰或淡黄颜色，与在这里展出的文化艺术品十分和谐。文化馆的中部东穿堂是一个圆拱形建筑，阳光从拱顶四周的玻璃窗照射进来，异常明媚。文化馆的北端，有一间完全按照俄罗斯民间建筑形式建造的小型展览馆，从天花板、地板到圆柱，都采用木构建筑，圆柱上刻着格鲁吉亚风格的花纹，这里专门展出精致手工艺品。中央大厅西侧是农业馆。馆内的墙壁、柱子、吊灯和其他装饰，都是绿的或古铜的色调，寓意田野和土地。

西穿堂向北，是莫斯科餐厅。1954 年国庆五周年时，赫鲁晓夫访问中国，毛泽东曾在此宴请过他。该餐厅四壁全部以花绿色的天然大理石镶成，天花板布满各种松叶、松果和六角雪花的石膏装饰，餐厅中的四根圆柱上，镶嵌着山鸡、鹿、白熊、松鼠、猫头鹰、兔子等各种深绿色铜质的小动物。北面墙上，装饰着两块浮雕：一块是一个拿着猎枪的猎人，带着一只敏捷的猎狗在野外找寻动物；一块是森林里，一只大麋鹿安静地站在那里，一只小松鼠活跃在树梢。这里的一切都充满了苏联北部的情调。餐厅西北部是咖啡厅和小型宴会厅，咖啡厅外有一个半圆形喷水池。餐厅南边，是可容纳 800 多人的电影馆，馆内天花板和圆柱上的图案，是中国色调的如意花纹和装饰。整个建筑的最后边是一个可容纳 2000 多名观众的露天剧场（后改为室内剧场），剧场两边建有上下两层走廊，供人们在演出前和幕间休息时散步、聊天。

如此不厌其详地介绍这个展览馆，当然不是为了吹嘘这个建筑，而是要衬托出营造这个建筑的建设者。

这个 2.3 万平方米的宏伟建筑，不是方方正正的火柴盒，而是带有那么多雕塑和装饰，充满了曲线和拱形的美轮美奂的复杂建筑物，但工人和技术人员仅用了 11 个月就完成了，这个奇迹是怎样创造的呢？

承担建筑北京苏联展览馆的是北京第一建筑工程公司。1954年1月，当时工程进入冬季施工最紧张的阶段，工区党委向工人发出号召：提高劳动生产率，在保证质量的前提下，加快建设速度。1月13日，根据自愿的原则，由各班组选出了18名青年团员，成立了由胡耀林任队长的木工青年突击队。突击队从一开始就表现出高度的积极性和克服困难的精神。首战就以三小时完成了七小时才能完成的水泥溜槽任务，继而又带头承做了工业馆拱顶大梁模板的任务，以181个工日完成了原计划用478个工日的任务，提高生产效率146%，开风气之先。木工青年突击队的出色表现，给全工区的青年树立了榜样。在他们的带动下，到2月中旬，工区又先后建立了瓦工、抹灰工、电气工、水暖工、混凝土工等六支青年突击队，他们都超额完成了任务。

工人们不仅能干，还会巧干。北京苏联展览馆最主要的标志是高50米的镏金铁塔和塔顶红星。丰台桥梁工厂接受了制造安装任务。铁塔由20余节拼装而成，每节剖面都是八角形，风格独特，焊接时不能有任何变形，技术要求很高。工厂专门成立了制作小组，不断研究总结，发明了特制的工具和工袋，保证了工作质量和进度。4月上旬，开始现场安装。20余节构件要求笔直地拼装为一体，要从室内逐节向上吊，工作视野很小。工人们利用现场安装钢梁、钢屋架的丰富经验，仅用10天就高质量地完成了任务。塔顶红星计划在苏联订货，后因工期紧，来不及，也交由丰台桥梁工厂制作。工人、干部在没设备、没经验的情况下，群策群力，硬是用手工制作出来。红星长宽各近4米，重达500公斤，原计划从脚手架抬上去安装。但因脚手架、起重机过早拆除，安装又遇上大难题。当时已是4月28日，还有40个电灯需在红星就位后安装，如果红星29日镶不到塔顶，五一节红星就亮不起来。安装工作只有一天时间。正当领导和苏联专家万分焦急之时，工人们提出用土办法安装的建议，保证用半天时间将红星镶到塔顶。29日早晨，起重工们开始安装。他们在塔顶上立上两根木杆，中间拉上钢丝绳，利用屋侧的提升机架，把半吨重的红星拖上去，沿着钢丝绳牵扯到位。整个过程迅速、准确，令人叹为观止，不到半天时间就完成了任务。当苏联专家午饭后再来工地时，惊异地发现红星已在塔顶上闪耀，感到不可思议，连声称赞：中国工人了不起！

青年突击队是社会主义建设高潮中的新生事物，受到团中央和北京市团市委的高度重视，专门派人深入到苏联展览馆工区同各突击队员们吃住在一起，总结他们的经验。1954年6月29日，《人民日报》《北京日报》刊登了团市委撰写的《北京苏联展览馆工区青年突击队经验》，并发表了以推广青年突击队为主要内容的社论，对青年突击队给予很高的评价和充分的肯定。10月17日，中共北京市委高度赞扬青年突击队是“组织青年工人积极参加劳动竞赛，发挥其首创精神，从而推动竞赛进一步高涨和对青年工人进行共产主义教育的一种有效的组织形式和工作方法”。同年12月，中共中央向全国批转了北京团市委的报告。

青年突击队像一股春风，迅速由北京吹到全国。到1954

年12月底，共建立青年突击队650支，突击队员人数达到1.2万人，他们在国家各项建设事业中发挥了积极带头作用，成为“一五”计划时期的生力军。青年突击队由工厂发展到农村，由建设工地、矿山扩展到垦荒、植树造林、扫盲、向科学进军，他们集中体现了在大规模经济建设高潮中广大人民群众开创伟大事业的满腔热情。

结　语

2004 年，笔者在《当代中国史研究》上发表一篇论文，题目叫“全面推进社会主义事业的 1954 年”，这与本书的标题“大业宏图”可谓相互辉映。2008 年，笔者又主编了《中华人民共和国史编年 1954 年卷》，这对本书的写作是一个重要的准备和积累。

1954 年在共和国历史上确实是大展宏图的一年，社会主义事业在各方面渐次推进。资本主义工商业的改造正处在由加工、订货、统购、统销、包销的低级形式向公私合营高级形式过渡的阶段，步伐是稳的。农业合作化运动经过初级社，正向高级社阶段进展，尚未出现第二年急速扩张的问题，尽管有些反复，所谓“春天反冒进，秋天大发展”，也属运动中正常波动。突出的成就是召开了第一届全国人民代表大会，制定了共和国第一部《宪法》，实行人民代表大会制度。这部《宪法》又称为“五四宪法”，主持制定 1982 年《宪法》的彭真认为它“比较成熟”。所谓成熟，就是它合乎当时中国的社会现状，并且为后来制定新《宪法》提供了足够的思想和理论素材。外交上令新中国露脸是出席日内瓦会议，中国外交和周恩来在会议上展现出焕然一新的风格和气派。这年恰逢新中国成立五周年，逢五小纪念，逢十大纪念的惯例就是打此起的。但由于是第一次，所以那一年逢五也大纪念了，赫鲁晓夫应邀来华参加国庆活动。就是在赫鲁晓夫访华期间，毛泽东提出希望苏联帮助中国发展核武器，这可是事关国运的关键一着。

政治、经济发展都比较平稳，是1954年的特点。当然也有紧张的一面。一是发生了高饶事件，好在仅局限在党内。另一是批判《红楼梦》研究，埋下了意识形态领域过火斗争的种子。再有就是年底美国和台湾当局签订了美台共同防御协定，这个东西对于中国完成统一大业的阻碍作用，将被后来的历史反复证明。